A CHAVE
DO
GRANDE MISTÉRIO

Coleção "Literatura e Arte" - 106

volumes publicados

1. Ninguém Escapará....................................Hans H. Hirst
2. O Amor Tudo Vence..........................James C. Gozzens
3. Anatomia do Crime..................................Flobert Traver
4. O Demônio do Escurial..........................Herman Kesten
5. Ao Deus Desconhecido...........................John Steinbeck
6. As Amorosas......................................Kathleen Windsor
7. Alvorada Vermelha....................................Hans H. Kirst
8. A Vida Não se Importa.........................Natalia Ginsbtirg
9. O Arco-Íris e a Rosa.......................................Nevil Shute
10. Rebeldia de um Bravo..............................Gerard Greem
11. Conflito..Charles Mergendahl
12. O Livro de Mamãe......................................Albert Cohen
13. Nome: Clotilde..C. Saint-Laurent
14. Entre Duas Paixões.........................Charles Mergendahl
15. Chão Trágico...Erskine Caldwell
16. A Cidade do Ódio..................................Erskine Caldwell
17. Narciso Negro..Rumer Godden
18. Passageiros para Hong-Kong......................Simon Kent
19. O Destino Viaja de ônibus.....................John Steinbeck
20. O Novo Caminho............................Frank G. Slaughter
21. Os Lincoln..Cameron Hawley
22. O Coração de Pedra Verde........Salvador de Madariaga
23. Ambições Perdidas..............................Alberto Moravia
24. Volta à Caldeira do Diabo...........................Nevil Shute
25. O Homem que se Encontrou.......................Nevil Shute
26. Os Trapaceiros............................Françoise D'Eaubonne
27. As Botas do Diabo............................Kurt Falkenbtirger
28. A Tentação do Dr. Carte...................Frank S. Slaughter
29. O Rouxinol Sempre Retorna....................Romain Gary
30. Os Primos......................................Jehanne Jean-Charles
32. Amores de um Milionário..................Cameron Hawley
32. Os Donos da Terra.............................Erskine Caldwell
33. Frenesi de Verão..................................Erskine Caldwell
34. Obsessão.....................................Tom Gurr e H. H. Cox
35. Orfeu Negro...Violante do Canto
36. Três Destinos..Erskine Caldwell
37. Eva...Meyer Levin
38. O Revolucionário - A História Real
    do Apóstolo São Paulo...........................Emile Bradford
39. Os Bruxos...Francisco Brasileiro
40. Kamikaze - Piloto Suicida..........................Saburu Sakai
41. 3 Mulheres de Xangô...Zora Seljan
42. Como Fisgar um Marido...............................H. E. Bates
43. Vidas Falsas..Grace Metalious
44. Zumbi dos Palmares...................L. M. de Albuquerque
45. O Romance Modernista de Plinio
    Salgado...A. Garcia Doria
46. Prisioneiro do Paraíso...................................Garst Rogers
47. Cartas de Amor...John Fostini
48. O Amor Conjugal...................................Alberto Moravia
49. O Lago do Fogo..Heitor Marçal
50. O Painel de Gardênia..............................Lígia Junqueira
51. Baianos..A. L. de Souza
52. Trópico de Câncer...Henry Miller
53. Trópico de Capricórnio.................................Henry Miller
54. Primavera Negra..Henry Miller
55. O Chapéu Mexicano...................................Aldous Huxley
56. Fogo Falso...Aldous Huxley
57. Duas ou Três Graças...............................Aldous Huxley
58. A Cidade Perdida...........................Jerônimo Monteiro
59. Salim, O Mágico..Malba Tahan
60. Mário de Andrade............................Henrique L. Alves
61. Espaço...G. Carmo
62. Cartada Diabólica......Archer W. Smith e Aries L.Smith
63. Os Degradados Filhos de Eva.........Francisco Brasileiro
64. Três Sargentos..Aldo Nay
65. Coro Senhor Arcanjo, Cheio de Estrelas
    por me não me escutais?.......................Mário Graciotti
66. Anita Mea...................................Marcelina M. Morschel
67. O Voo da Paz...Vários Autores
66. O Capitão Jagunço.......................................Paulo Dantas
69. Setas do Arco-Íris...............................J. M. Cunha Lima
70. Odisseia no Planeta Terra..................................G. Carmo
71 . Outro Caminho da Libertação.............Mário Graciotti
71. Esta Moeda Salva o Mundo..................Mário Graciotti
73. Em Manhattan do Terceiro Mundo................P.Sampaio
74. Terra - O Planeta Poluído....................................G. Carmo
75. Presença dos Irmãos Grim na Literatura Infantil
    e no Folclore Brasileiro.........................Adelino Brandão
76. Nhanduti de Palavras e Emoções (poesias).........Carmo
77. Os Pavões e os Urubus (contos)..................Aliette Papi
78. A Presença dos Cordelistas e Cantadores
    Repentistas em São Paulo...........................Assis Ângelo
79. Montando Estórias..Milton Neves
80. O Bicho-da-Seda e seu Casulo......Germano do Carmo
81. Arrelia - Uma Autobiografia.............Waldemar Seyssel
82. Orações que o Povo Reza................Mario Souto Maior
83. De Trens e Emoções............................Oliver Hossepian
84. E o Mundo Ainda não Acabou......Germano do Carmo
85. Contos e Poesias A Literatura
    nos Trilhos...Vários Autores
86. Interpretando a Vida...........................Thiago Mesquita
87. Por Todos os Cantos..................................Celia e Celma
88. Manual da Incompetência
    Feminina...Paulo Mundin Praze
89. Manual da Incompetência
    Masculina................................Paulo Mundin Prazeres
90. Lições de Vida...........................Paulo Mundin Prazeres
92. Assalto à Bagdá................................Germano do Carmo
92. Andando sem Poder Andar...............Ronaldo Denardo
93. A Incrível Roda do Tem.....................Adriana A. Vilela
94. A Democracia dos Homens...........Germano do Carmo
95. O Banquete do Primeiro Mundo..........Fátima Berggen
95. A. Deus Existe...Paulo G. Freitas
96. A Colheita dos Anjos..............Alberto Bezerra de Melo
97. Sol das Almas...João Milanez
98. Sonhos sem Fim.........................Jucelino Nóbrega da Luz
99. Os Quadros do Escrivão e outras
    histórias...João Milanez
100. As Cartas do Tio Eugênio e As Ostras.......G.do Carmo
101. Testa de Ferro..Carlos Bohm
102. O Semeador de Algodão.................. Inocêncio Erbella
103. Latitude de Klare...............................Ronaldo Denardo
104. A Rocha...Carlos Bohn
105. De Alma Lavada.............................Naomi Yamaguchi
106. A Chave do Grande Mistério.................Rosa de Souza

Rosa DeSouza

A CHAVE DO GRANDE MISTÉRIO

SÃO PAULO | 2019

IBRASA

LIVROS QUE CONSTROEM

Fundação Biblioteca Nacional
Registro 2010RJ10511
24 de julho de 2010

Direitos exclusivos para a língua portuguesa da
IBRASA
Instituição Brasileira de Difusão Cultural Ltda.
Rua Ouvidor Peleja, 610 – Tel. (11) 3791.9696
e-mail: ibrasa@ibrasa.com.br – home page: www.ibrasa.com.br

Editoração Eletrônica: Armenio Almeida (MK Design)
Publicado em 2019

Dados Internacionais de Catalogação na Publicação (CIP)
(Câmara Brasileira do Livro, SP, Brasil)

D488c DESOUZA, Rosa.
A chave do grande mistério. / Rosa DeSouza. – São Paulo :
IBRASA, 2019.

380 p.
ISBN 978-85-348-0373-1

1. Literatura. 2. Ficção - Realismo Fantástico. 3. Suspense. I. Título.

CDU 82-31

Vivian Riquena CRB 8/7295

Romance: 82-31
Romance de Ficção - Realismo Fantástico: 82-31
Suspense: 82-312.4

IMPRESSO NO BRASIL - PRINTED IN BRAZIL

A melhor forma de passar uma mensagem fora do comum, que tanto pode ser poderosamente útil para muitos como perigosa para alguns, é acompanhá-la por uma fantasia ou ficção. O efeito das aventuras, irreais ou possíveis, são alimento para a imaginação a fim de que o subconsciente de quem vê, lê ou ouve, absorva o essencial.

Autora

Ninguém fez um erro maior
do que aquele que fez nada
porque só podia fazer um pouco.

Edmund Burke

1

Egito, Deserto Branco
Século I d.C.

Os três beduínos pararam num oásis. Refrescaram-se e comeram pão, queijo e algumas tâmaras. Os camelos dormiam satisfeitos. O Delta do Nilo e o Deserto Negro havia muito que tinham ficado para trás, porém, ainda estavam bem longe do seu destino. Retomaram a viagem passando por territórios perigosos e inóspitos, apenas parando quando o sol estava a pique. À noite seguiam as estrelas e dormiam sentados nos camelos. Dois deles sempre vigilantes, porque sabiam que a carga que levavam era preciosa.

Uma alvorada, Eleazar desenrolou a caixa de topázio, envolta num pano de linho branco que guardava dentro da túnica e que apoiava no dorso do camelo. Olhou-a com admiração enquanto desse objeto tão misterioso emanava uma fraca luz dourada. Os dois companheiros aproximaram-se, não deixando de serem embalados pela cadência dos camelos. Bar Giora parou abruptamente.

— Esconda isso. – disse apontando o horizonte.

Doze figuras desciam a duna a uns 400 metros do lugar onde se encontravam os três irmãos, exatamente do lado leste, onde os primeiros raios de sol anunciavam a entrada do astro rei naquele lado do mundo. Bem rápido, Margalot fez um buraco no chão, onde Eleazar enterrou a caixa de topázio. Voltaram a montar os camelos, deixando-se ficar arqueados sobre eles, até que a luta começou. Os intrusos desconheciam a lendária bravura dos três irmãos. Tarde demais. Um a um iam caindo dos camelos feridos ou mortos. Já no chão e bastante ferido, um deles conseguiu derrubar Eleazar enquanto este lançava uma flecha para outro que tentava fugir. Eleazar caiu, ao mesmo tempo que o camelo dava uma reviravolta bem em cima do lugar onde estava a caixa de topázio, retirando a terra que a cobria. O atacante viu o brilho que a caixa irradiava, percebendo imediatamente que se tratava do tesouro tão cobiçado. Empunhando o sabre tentou eliminar Eleazar, mas Bar Giora cortou-lhe o braço sem dó nem piedade.

Com o sabre, Margalot deu o golpe de misericórdia nos que se contorciam na areia já incapazes de falar, enquanto pensava que a maneira mais rápida de sair dali seria montar os camelos dos agressores, levando os outros pela arreata. Os camelos dos "selvagens", assim lhes chamou, pareciam frescos, seu paradeiro não deveria estar longe, o que poderia ser prenúncio de outra leva de atacantes. Os irmãos concordaram que melhor seria evitar os oásis. O pão, queijo e tâmaras dos mortos eram frescos, mas poderiam estar envenenados. Era uma cilada comum daquela época. Bar Giora deu um pouco de queijo, tâmaras e água a um dos camelos e como este continuou andando depreenderam que não havia perigo.

Do que restava apenas faltava dar o golpe de misericórdia no "selvagem" que estrebuchava com a flecha enfiada no estômago. Sem esperança de conseguir alguma informação, os irmãos perguntaram-lhe em aramaico, porque os atacaram e o que procuravam. Talvez na intenção de uma vida eterna mais amena, o moribundo respondeu:

— A Chave tem de ser guardada em Qasr Al Farafra, no túmulo de Kaluk.

— Porquê? – perguntou Margalot?

— É o lugar onde o Escolhido a irá procurar.

— Quem são vocês? – ainda Margalot.

— Somos os guardiões da Porta.

Sem saber bem porque Margalot continuou perguntando:

— O que os guardiões da Porta pensam de Jofri, Califa da cidade subterrânea de Badr?

— Ele é o inimigo. Aquele que procura o tesouro com palavras suaves e mansas, mas de olhos e coração cheios de malícia. – Respondeu estrebuchando, enquanto a comoção o fazia vomitar mais sangue. Mas continuou:

— O Escolhido... terá a ajuda dos que vivem nos barcos que brilham e voam na companhia das estrelas, mas... sem... a Chave... não po...de...rá... tra...ba...lhar.

O homem que se dizia guardião da Porta estrebuchou pela última vez. A sua missão tinha sido cumprida, a qual não era roubar o tesouro, mas interceptar o caminho.

Os irmãos sabiam que estavam a dois dias da vila subterrânea de Badr, lugar onde o tesouro encontraria um lar. Durante a penosa caminhada, e cada um dentro do seu silêncio, tiveram bastante tempo para pensar. Bar Giora foi o primeiro a perguntar o que a todos preocupava.

— O que há no túmulo de Kaluk?

— Quem é o Escolhido? – Margalot respondeu perguntando.

— E... como sabiam eles do tesouro?

Os três irmãos tornaram a ficar em silêncio. Suas perguntas não tinham respostas. Eles eram os guerreiros que defendiam a Chave que vinha da mais pura e legítima linhagem dos deuses, o que lhes dava autoridade. A missão de que foram incumbidos era uma grande honra, mas seria isso o bastante? Tinham sido encarregados de entregar a caixa de topázio, em mãos, a Jofri, o Califa da vila subterrânea de Badr. Margalot lembrou que Onias, quando lhes entregou o precioso tesouro, não parecia muito confiante. Era claro que tinha medo de que esse suposto depositário do precioso tesouro fosse um impostor. Contrariando a ordem que recebera, Bar Giora parecia acreditar mais no seu atacante que se dizia um dos guardiões da Porta. Qual seria o bom caminho?

Eleazar voltou-se na direção sudoeste. Olhou os irmãos e disse-lhes que muito poucos eram os que sabiam dos barcos alados que brilham no céu como estrelas. Confiava mais no guardião da Porta do que no Califa da cidade subterrânea de Badr, que apesar de ser considerado um grande chefe militar e sacerdote, seu povo sofria grandes humilhações e era temido como sendo muito cruel para os escravos que seus soldados capturavam nas cidades vizinhas. Todos concordaram, mas continuaram na direção tomada desde o início da viagem. Confiavam que o Altíssimo lhes indicasse o caminho a seguir.

Agora a caminhada parecia ser ainda mais difícil. Os mantimentos estavam acabando e os três guerreiros sabiam que tinham de tomar uma decisão. Estavam beirando aquele ponto da jornada onde a qualquer momento os homens de Jofri, poderiam vir ao seu encontro, no pretexto de proteção e boas-vindas. De repente, como que impelidos por uma vontade acima da sua, os três irmãos decidiram tomar outra direção, a que levava ao túmulo de Kaluk.

Pararam no lago El Mufid. Era um oásis que não podiam evitar, devido à falta de água e ao tremendo calor. Quando terminaram de se refrescar, Margalot não resistiu e perguntou a outro beduíno que estava por perto se tinha ouvido falar da "Porta". Ele respondeu que ouvira falar sim.

— Dizem que é a entrada para um longo subterrâneo que leva a uma antiga cidade onde vivem monstros e gente que voa. Um lugar construído muito antes de Jeová! Porém, jamais alguém descobriu esse lugar. Quanto a mim, são contos para adormecer crianças.

Os três homens continuaram atravessando o deserto branco. No crepúsculo, quando as primeiras estrelas deram o sinal de que a Terra não estava só na imensidão do Universo, uma delas parecia aproximar-se cada vez mais. Os irmãos pensaram que era uma estrela cadente, mas esta era bem diferente, aproximando-se sem pressa e tornando-se cada vez maior, até que ficou pairando a alguns metros de distância. Chegara a vez dos guerreiros, que até aí tinham sido tão temidos, terem medo. A estrela aparentava estar sentada numa nuvem circular. Os irmãos, como que impelidos por uma força desconhecida, caminharam com desejo na direção do perigo.

Um vento terrível assustou os camelos, que se deitaram na areia, querendo enterrar-se nela. Uma luz intensa iluminava o deserto. Era uma passarela azul. Os irmãos caminharam, deixando os camelos para trás, até chegarem junto a uma escada. Dela desceu um ser, um anjo ou um deus, que os acolheu e convidou a subir.

Quando voltaram a descer sabiam exatamente o que teria de ser feito. Uma mulher, que mais parecia uma criança, com uma vara que tinha na mão, abriu um profundo buraco na terra. Os guardiões do tesouro entenderam que esse seria o lugar onde a caixa de topázio deveria descansar. Por momentos viram-na deslizar nas areias verticais. Atrás dela uma placa também de mármore selou o receptáculo que a esperava no fundo daquele imenso poço e a terra ficou como se nunca tivesse sido tocada.

Quando os beduínos acordaram a lua ia alta e tudo o mais era escuridão. O tesouro tinha desaparecido. Olhando o céu sem bem entenderem o que lhes tinha acontecido, deram-se conta de que todos tinham tido o mesmo sonho. A forma como o interpretaram foi que alguém os ajudara a esconder a chave que daí a muitos séculos, ajudaria a abrir a mente de seus descendentes.

2

Egito, Deserto Branco
Século XXI

O sol quente dessa manhã de maio no deserto Branco entre o Egito e a Líbia, não incomodava os dois cientistas que caminhavam na areia desenhada com estranhas formações de pedra.

— O que os levou a escolher-me para tamanho empreendimento? – perguntou Daniel Salinas, o paleontólogo, arqueólogo, antropólogo e linguista brasileiro, que embora apenas tivesse completado 42 anos, já era reconhecido mundialmente.

Rashid Tibal, um homem aparentemente taciturno, mas de boa aparência, era um obscuro arqueólogo tunisino, de 50 anos, mas nem por isso deixando de ser muito bem relacionado com altas individualidades das várias esferas políticas e financeiras ao redor do globo. Tinha sido ele quem escolhera Daniel Salinas para esse projeto.

— Este sítio arqueológico foi descoberto por um egípcio. Era um piloto militar, filho de um arqueólogo do Cairo, que num voo de reconhecimento notou irregularidades no solo. Depois do achado ter sido comunicado a seu pai, Dr. Monder Al-Sahid, descobriram vestígios de uma antiga civilização. O sítio foi entregue aos cuidados da universidade do Cairo e dos museus do Cairo e Badr, que ficaram encarregados da administração. Poucos meses depois alguns jornais e revistas mundiais não científicos deram início a uma série de artigos, declaradamente de propaganda antirreligiosa, dizendo que esse sítio traria à luz a prova de que as instituições religiosas não tinham fundamento nem razão de existir. Também afirmavam que a descoberta dos segredos aí encerrados levaria a uma reavaliação da história humana.

— Sim, mas isso já se dizia sobre a câmara sob as patas da esfinge de Giza e muitos outros lugares da Ásia, Europa e América. É uma lenda que reflete a imensa vontade humana de saber a verdade sobre o seu passado. Afinal, foi esse mesmo desejo que nos levou a escolher arqueologia no lugar de qualquer outra profissão. Não? – Daniel disse isso sem grandes demonstrações de entusiasmo.

— Infelizmente, Monder Al-Sahid, o primeiro encarregado deste sítio, morreu com seu filho num acidente de automóvel. Foi depois da sua morte que se veio a descobrir que tinha sido ele quem fomentou essa noção de que mitologia é o relato da realidade histórica. Quando fui escolhido para o substituir temporariamente, a União das Nações propôs que o arqueólogo que chefiasse este sítio fosse cidadão de um país católico, o que apaziguaria os ânimos quando os achados fossem levados a público. Além disso, a proposta incluía que todos os profissionais que aqui trabalhassem fossem cidadãos de várias nações e seguidores de várias religiões, incluindo judeus, budistas, hindus e muçulmanos. Como o Brasil é o país mais católico do mundo e o seu nome está entre os mais brilhantes da nossa profissão, não tive dúvida em chamá-lo para chefiar o sítio do deserto de Cristal. Tanto o museu como a universidade do Cairo como o museu de Badr, as três entidades envolvidas no projeto, concordaram e aqui estamos para o que der e vier. – Disse Rashid contente por ter feito a descrição dos acontecimentos, sem ter deixado transparecer mais do que devia. Depois adiantou:

— A hierarquia desta operação é um pouco diferente do comum. Você é o diretor do sítio que eu administro. Encarrego-me de tudo o que seria nocivo à atenção que você precisa, o que vai de encomendas até à informação dada à imprensa e recursos humanos, etc. Nasser Isa Rukh, hindu, é o seu assistente direto. Será ele quem levará as suas ordens adiante. Se assim o quiser, você não precisa falar com mais ninguém, além de mim e Nasser.

Daniel quase nem o ouvia, pensando ainda no arqueólogo Monder Al-Sahid. Sem bem se dar conta do que dizia, perguntou:

— E se os achados nos levarem aos primeiros passos para o descobrimento da história secreta da raça humana?

— Melhor ainda, mas os relatórios terão de ser feitos de maneira a não provocar pandemônio ou descrença nas instituições seculares, sejam elas quais forem. Isso é uma das minhas tarefas.

— Bom, tudo o que tenho a dizer é que me sinto muito honrado em ter sido escolhido para chefiar esta missão. Espero corresponder às expectativas, – disse Daniel Salinas enquanto dava a mão a Rashid para o ajudar a subir um morro de pedras.

∞

As escavações continuaram por vários meses, sem grandes resultados. Encontravam muros e túneis, mas nenhumas ossadas, inscrições ou artefatos. Em dezembro, Daniel Salinas tirou umas férias para visitar a família em São Paulo. Raramente saía do sítio arqueológico, o qual já era conhecido pelo nome "A Porta", devido às insinuações do falecido arqueólogo Monder Al-Sahid, que, em certa medida e em algumas esferas, se tinha tornado um mártir. Muitos diziam que tinha sido assassinado por saber demais.

As tendas montadas ao redor da escavação tinham sido a casa de Daniel por quase sete meses. O Natal aproximava-se e o retorno a seu país, família e amigos era o seu único pensamento nos últimos dias antes das férias. Daniel era essencialmente um homem de família. Adorava sair com a esposa, Marília, e filhos, Eliana de 13 anos e Gustavo de 15. Os quatro gostavam de caminhar nas trilhas das lindas florestas brasileiras, acampar e deitar-se de barriga para o ar vendo o aparecimento das primeiras estrelas, enquanto sonhavam com descobertas impossíveis. Tinha sido ele quem ensinara os filhos a reconhecer as constelações, quando ainda nem tinham idade para ir à escola.

∞

No aeroporto Charles de Gaulle, quando Daniel fez uma pequena escala em Paris a caminho de São Paulo, foi abordado por um jornalista da revista Science et Vie.

— Dr. Daniel Salinas, quando o senhor pensa poder dar informações mais concretas sobre A Porta? – questionou o jornalista em tom ansioso.

— Quando descobrirmos dados suficientes para poder fazê-lo. Até o momento nada foi descoberto, além de muros e túneis.

— Há rumores de que a universidade do Cairo pretende terminar com as escavações se nada for encontrado até o fim do ano.

— Não creio, rumores são isso mesmo, rumores. – respondeu Daniel em tom sarcástico, para esconder a repentina preocupação.

De um momento para o outro, esse homem bem-humorado, atlético, de um metro e oitenta de altura, olhos verdes sempre reluzentes e sorridentes, experimentou uma sensação de velhice, cansaço, tristeza e desânimo, como se algo dentro dele tivesse ficado sem vida.

Chegando a São Paulo o arqueólogo tinha perdido metade do entusiasmo com que saíra das areias do deserto. Sua vontade era retornar imediatamente. Rashid estava incomunicável. Também tinha saído de férias. Contra todos os protestos de sua mulher, o arqueólogo sentia uma vontade inexplicável de voltar. Ia além da razão.

Na manhã do dia de Natal, Daniel Salinas estava de volta, voando sobre o Atlântico. Ninguém o esperava no aeroporto do Cairo. Quando o helicóptero se aproximou do sítio, para sua grande surpresa, encontrou-o invadido por várias pessoas falando árabe, inglês e italiano, as quais se identificaram como jornalistas. Porém, Daniel sentiu imediatamente que, pelo menos uma parte, eram agentes de vários governos. Enquanto tentava em vão telefonar para Rashid, vários jeeps e helicópteros cercaram o acampamento.

O Dr. Al Sheikir, diretor da universidade do Cairo, era um sujeito entroncado, corado e de olhos aparentemente travessos com um fundo cruel. Daniel conhecia Al Sheikir havia muitos anos, mas nunca o tinha visto com aquele semblante, onde escondia o nervosismo com uma vergonha pretenciosa.

— Recebemos ordem para fechar o sítio.

— Impossível, não há razão para isso...

Al Sheikir nem o deixou terminar.

— São ordens do governo. Muita despesa, muitos rumores e muita gente fazendo pressão...

— Quem é toda esta gente?

— Os patrocinadores. Sem esse financiamento...

— Espere, espere... como podem ter ou não interesse em financiar uma coisa que ainda não foi descoberta. Arqueologia é assim mesmo. Quem financia sabe que demora tempo. Será que Monder Al-Sahid descobriu muito mais do que o divulgado? Exijo que esclareça o que está acontecendo, porque aquilo que me estão apresentando não dá para entender.

— Daniel, não coloque ainda mais pressão sobre os meus ombros.

— Pressão? Onde está Rashid?

Daniel tremia de raiva e a insegurança inundava todo o seu ser.

— Rashid foi passar uns dias na Europa, ninguém sabe exatamente onde, e a pressão vem de vários setores, entre eles políticos e religiosos. Querem saber o que foi encontrado, o que não foi e eu não tenho paciência. Daniel, você não sabe como eu quero que a escavação continue, mas é muita pressão em cima de mim.

— Você conhece-me há muitos anos. Nos Estados Unidos fizemos uma parte da universidade juntos, por favor permita-me continuar. Dê-me até o fim de fevereiro. Sei que você tem grande influência no governo. Não me abandone. Estamos quase lá. Agora não podemos desistir. Estamos num momento crítico. Há algo que me impele a prosseguir... parece até ser mais forte do que eu.

Al Sheikir pegou na mão de Daniel, como é comum entre amigos nos países árabes, e caminhou para um dos jeeps. Sentaram-se e ficaram em silêncio. Daniel sabia que esse era um momento decisivo. Teria de aguentar esse terrível vazio por quanto tempo fosse necessário. Finalmente, o diretor da universidade do Cairo resolveu falar.

— Vamos fazer o seguinte: tanto eu como o governo, anunciaremos que as escavações estão interditadas até uma nova ordem. Porém, num raio de 2 quilômetros, manteremos vigias de dia e de noite. Ninguém poderá vir aqui exceto viaturas do exército com mantimentos e outras necessidades. Seus homens não poderão sair. Daqui a um mês voltarei e tomarei outras decisões.

— E Rashid? – inquiriu Daniel assustado.

— Não se preocupe.

3

Calcutá, Índia

Dois homens e uma mulher de magníficos olhos negros, evidenciando que na sua juventude deveria ter tido uma beleza muito acima do comum, estavam sentados numa enorme varanda virada para os lindos jardins da mansão da família Jani. Sanjit Jani e sua esposa Maheen Jani, conversavam com o seu maior amigo, Arjuna Patil. Os três falavam calmamente, mas seus corações estavam cheios de esperança e entusiasmo. Sentiam que os objetivos de suas vidas tomavam o rumo onde o sonho corre alegremente para os braços da realidade.

Maheen, alguns anos depois de ter enviuvado, casara com Sanjit, um dos homens mais ricos do mundo. Nem ela sabia em quanto a sua fortuna estava avaliada e isso também não era importante. A única coisa que realmente importava era o projeto em que sua família e Arjuna Patil estavam empenhados havia muitos anos. Seus filhos, Anna e Nasser, este do primeiro casamento, comungavam dos mesmos desejos, onde a avidez por aprender e encontrar respostas a perguntas impronunciáveis eram a razão da sua existência. Foi ela que incitou os filhos a investigarem o caminho da verdade. A procurarem saber a verdadeira história da Humanidade e principalmente a conhecer as tradições orais da Índia, da Polinésia e da Ásia. A maior confidente de Maheen era sua filha Anna. A cumplicidade entre as duas mulheres não era mostrada publicamente nem em família. Isso era uma intimidade que só às duas dizia respeito, enquanto se transformava numa arma poderosa e eficaz.

Arjuna Patil estava a cargo do Centro de Pesquisa e Comunicação Espacial, CPCE. Obra inteiramente privada, sem nenhuma subvenção do governo, para que os resultados de suas pesquisas fossem guardados dentro do sigilo necessário que evitava qualquer intervenção que pudesse afetar o andamento das propostas, descobertas e conclusões dos empresários dessa obra grandiosa. Tanto ele como Sanjit Janil e Maheen, assim como os filhos, Anna Jani e Nasser Isa Rukh, eram os proprietários do CPCE. Nasser tinha ido trabalhar num sítio arqueológico no Egito, não só porque arqueologia era uma das suas paixões, mas também por que a família tinha outras razões que o levaram a aceitar essa missão.

Na Índia, a classe alta falava português entre si, visto muitos dos empregados domésticos saberem inglês. Essa tática vinha da herança portuguesa, que até o século XX tinha colonizado Goa, Damão e Diu, e que foi adaptada pelas classes mais privilegiadas, quando seus membros não queriam que outros entendessem as suas conversas, invadindo a sua privacidade. O grupo de amigos sentado na varanda da suntuosa residência da família Jani falava português, língua que seus filhos também dominavam perfeitamente.

Arjuna Patil olhando o céu falava, como se só ele pudesse ouvir:

— A Via Láctea tem bem mais de 200 bilhões de estrelas, portanto, no mínimo, o número de planetas terá de ser três vezes maior. Embora o nosso planeta pareça ser habitado por uma raça ainda no processo básico de evolução, estamos prestes a descobrir muitos segredos e assim fazer parte da elite de alguma federação galática, se é que existe. O meu coração parece estar prestes a explodir só de pensar naquilo que adivinho ser o próximo futuro.

— Melhor ainda! Iremos desvendar os Mistérios dos Avatares – disse Maheen com um sorriso tranquilo. Sanjit adiantou:

— Vamos chamar esse apetrecho de Chave?

— Boa ideia. – opinaram os outros dois ao mesmo tempo.

— Os antigos falavam de um apetrecho que seria o elo de ligação entre a superfície e os povos do interior da Terra assim como do espaço. Se alguém o encontrar porá a sua vida em risco, mas se sobreviver e o apetrecho também, no dia em que todas as comunicações falharem seremos os únicos capazes de emitir e receber qualquer mensagem, tanto da Terra como de fora dela. Disse Maheen com satisfação.

Arjuna Patil sorria quando candidamente deixou sair de seus lábios palavras quase proibidas:

— Embora conhecendo eu toda a tecnologia que envolve o CPCE, ainda não consigo imaginar a extensão do que estamos construindo, nem o que pode advir desta pesquisa científica. A minha imaginação não consegue ir além de um certo ponto de entendimento.

— Ninguém consegue – disse Sanjit Janil.

— Só sei que o mundo irá passar por uma fase terrível. Mas será isso também um novo princípio? De quê? Não sabemos, ninguém sabe. Agora só nos resta esperar que as profecias sejam verdadeiras.

— Já temos provas de que não mentem. – afirmou Maheen, enquanto servia mais chá.

4

Deserto de Cristal, Egito

As chuvas torrenciais, tão desconhecidas nessa região, inundavam o sítio a que chamavam A Porta. Daniel e Rashid sentados nas cadeiras de lona, fumando seus respectivos cachimbos, olhavam a desolação que os rodeava. Era impossível fazer alguma coisa. Apenas esperar. Na semana seguinte Al Sheikir, voltaria para uma inspeção, da qual todos já sabiam o resultado. A Porta seria fechada e continuaria enterrada nas areias do deserto esperando ventos mais propícios.

Daniel sentia uma profunda angústia, a qual mais se acentuava quando olhava para Rashid e via um rosto impávido e sereno, como se essa tragédia arqueológica não o afetasse. Rashid pareceu entender os pensamentos do colega.

— Se Al Sheikir decidir fechar a Porta, temos muitas outras coisas para fazer neste país.

Daniel olhou o colega abanando a cabeça, como se não acreditasse em tanta frieza profissional.

— Rashid, você tem sonhos?

— Claro que tenho, mas tanto me faz desvendar os segredos da história aqui ou noutro lugar. O importante é ter onde trabalhar e ganhar o suficiente para proporcionar uma vida confortável a minha família. Quero estar bem com todos e ter um certo prestígio, o qual me poderá abrir portas importantes para outras ambições que possa vir a ter. E você, em que se baseiam os seus ideais? Desenterrar mistérios proibidos? Ficar na história como um idealista? Para mim o importante é ser lembrado como um homem tenaz que ajudou na sobrevivência deste mundo e seus deuses, mesmo sacrificando sonhos em nome de realismos. Enquanto que para você o importante é ser um peão das utópicas mudanças do planeta, para mim é lutar para a continuação do mundo tal como é. Não acredito em mudanças como benefício, porque sempre vêm amarradas à desordem. As nossas grandes diferenças estão aí.

— Não pode haver maior ideal do que a busca pelo conhecimento e pela verdade, o que inexoravelmente tem de levar a mudanças para melhor.

Rashid não respondeu. A chuva aumentou o volume. Dava a impressão que todos os oceanos desabavam naquele pedaço de deserto. A enorme vala que fora cavada ladeando as tendas não dava conta, e todos os que trabalhavam no sítio sentiam que estavam numa ilha navegada por fantasmas debruçados sobre cristas de areias proibidas. Era com grande turbulência que o passado tentava recuperar o tempo. De repente ouviram um grande estrondo que mais parecia querer despertar os mortos. A tempestade rachava o céu, expelindo raios de luz que iluminavam o centro das escavações, o qual parecia ter implodido, para em seguida jogar um enorme funil de água e detritos no ar. Depois de outro grande estrondo, a chuva diminuiu, enquanto a ventania urgentemente levava para muito longe as nuvens que não pertenciam a esse lugar.

Os dois homens foram rodeados por seus assistentes e ajudantes. Todos tinham muita vontade de ver o que tinha acontecido no sítio, mas Daniel, embora ardesse de curiosidade, achou melhor usar a prudência, assegurando-os que se esperassem os resultados seriam melhores. Poderia ser perigoso. O mar que a chuva tinha deixado para trás teria de ser engolido pela areia.

No dia seguinte o sol nasceu vermelho e quente, como se tivesse pressa em secar a terra. Daniel não tinha podido dormir ansiando o novo dia. Aos primeiros raios da manhã já rodeava o sítio, onde tinha trabalhado por quase um ano e o qual parecia prestes a desvendar alguns de seus muitos mistérios.

Algumas horas mais tarde, todos rodearam o que anteriormente tinha sido a entrada, agora um imenso buraco cheio de água. Os trabalhos de drenagem começaram imediatamente. Quando a lama secou, os esforços pareciam render como nunca. Todos os que trabalhavam na Porta pareciam ter adquirido forças sobrenaturais, trabalhando sem trégua.

∞

Naquela noite, depois do banho com água fornecida por um caminhão cisterna, e um jantar de cous-cous e cordeiro, Nasser Isa Rukh, estava muito calado, mas os olhos brilhavam enquanto olhava atentamente os rostos de seus companheiros. Estes faziam conjecturas sem fim, enquanto Daniel e Rashid decidiam de que lado escavar primeiro, se o lado norte ou sul do que se tinha transformado numa autêntica cratera. Muitos dos muros tinham sido derrubados pela implosão e pela chuva. Do lado norte adivinhava-se uma estrutura, que poderia ser uma escada levando a lugares mais profundos. Durante o dia as picaretas tinham catado a terra de mansinho. Era algo como a melodia de um som oco, alimentando as esperanças de encontrar uma câmara a poucos metros da superfície.

Nasser era alto, magro e um pouco cheio de si, talvez por saber que a sua aparência poderia fazer rodar a cabeça de muita mulher. O jovem aproximou-se dos dois homens a cargo das escavações. Ele tinha o hábito de mascar pau de canela. Elegantemente sentou-se noutra cadeira de lona e depois de um tempo olhando o sítio deu uma gargalhada. Daniel e Rashid olharam para ele sem entender, enquanto Daniel perguntava qual o motivo.

— Vocês não sabem nada de mim, apenas as minhas aptidões acadêmicas. Contudo, eu venho de uma família de religiosos e místicos hindus, assim como arqueólogos e físicos. Na minha família sempre se falou muito nos achados arqueológicos que estão prestes a acontecer. Eles trarão consigo uma espada de dois gumes. Por um lado, a alegria da descoberta e o conhecimento das raízes da Humanidade o que nos levará ao ponto assimétrico da História, onde está poderá tomar um rumo inteiramente diferente. Por outro, pode ser o princípio do fim. Há muitos que não estão interessados no que está ali dentro. – afirmou Nasser apontando o sítio com um longo pau de canela.

— Quem poderá afirmar que de tantos sítios que estão sendo descobertos, logo este será O Tal? – perguntou Daniel fazendo uma careta e abanando a cabeça.

Nasser olho-o bem nos olhos dizendo:

— Sei que é este, e também sei que a tranquilidade em que temos vivido está terminando. Brevemente saberemos a razão porque mataram Monder Al-Sahid.

Quando todos dormiam Rashid tocou no ombro de Nasser. Este abriu os olhos e Rashid fez-lhe sinal para sair da tenda. Os dois caminharam até à cratera em silêncio. Enquanto acendia o cachimbo, Rashid perguntou:

— O que dizem os seus místicos sobre o que iremos encontrar?

Nasser sentou-se no chão, olhou o céu estrelado e respondeu:

— Descobrir os mistérios da História da Terra, não é o mesmo que descobrir uma múmia. Até aqui a arqueologia mostrou-nos partes da História, mas este sítio desvendará um grande segredo.

Por trás dos dois homens Daniel aproximava-se enquanto ouvia as palavras de Nasser. Entrando na conversa perguntou:

— E você tem medo ou entusiasmo?

— Os dois. – disse Nasser, enquanto Rashid dava uma palmadinha nas costas de Daniel, como que mostrando satisfação com a sua presença. Porém, Daniel não viu os olhos frios e sem brilho.

Daniel resolveu circundar a cratera, deixando Rashid e Nasser entregues às suas divagações. A certo ponto, do lado oposto àquele onde tinha deixado os dois arqueólogos, fez sinal com a lanterna e gritou:

— Rashid, Nasser, venham aqui. Já!

Ambos correram, enquanto Daniel apontava para o fundo, mostrando uma luz muito tênue, como se algo radioativo estivesse por baixo da primeira camada de areia e que só naquela escuridão poderia ser visível. Os três homens desceram para o fundo da cratera e com as mãos tentaram descobrir a origem dessa luminosidade. Daniel pediu a Nasser para acordar todo mundo no acampamento. Todos correram, levando consigo lanternas, cordas e outros utensílios.

Quando os primeiros raios da aurora clarearam o céu, uma caixa, aparentemente de topázio, que com a luz do dia parecia ter perdido o brilho, era retirada de uma urna de mármore, enterrada nas areias brancas onde tinha ficado alojada durante tantos séculos. A urna tinha uma tampa que estava fora das ranhuras, talvez devido aos naturais movimentos da terra ou ao inusitado temporal.

Rashid e Daniel, usando escovas, tentaram limpar um canto da urna de mármore, na intenção de melhor ver os símbolos, visto a poeira empedernida não lhes permitir ter uma visão clara do que estava diante deles. Não podiam limpar muito visto a poeira ser imprescindível para a datação desses preciosos objetos. A caixa de topázio era oval, com mais ou menos 30 centímetros de comprimento, 20 de largura e 8 de altura. A parte de cima era abaulada e a inferior plana, a qual tinha algumas ranhuras e símbolos estranhos. Também se tornou evidente que continha algo. Quanto às inscrições que, à primeira vista poderiam parecer hieróglifos, eram uma escrita que não se parecia com a de nenhuma civilização conhecida. Daniel também era linguista e perito em sumeriologia e acádio. Sabia muito bem que tinha nas mãos algo muito importante e inteiramente desconhecido do ser humano. O arqueólogo revolvia a caixa de topázio e num desabafo disse:

— Não aguento esperar até à noite, para ver se ainda é luminosa.

Nasser respondeu que outra coisa mais importante era conseguir abrir a caixa, a qual aparentemente não tinha aberturas nem ranhuras.

— Devíamos ter cuidado, não sabemos se essa luminosidade é radioativa.

— Como pode ser radioativa uma coisa que pertence a uma civilização tão antiga? – perguntou Daniel, acrescentando: – dentro do conhecimento científico isso seria impossível, a menos que seja um mineral ainda desconhecido.

Nasser olhava Daniel e Rashid sorrindo. Rashid bateu com a mão na mesa dizendo,

— Não gosto desses ares enigmáticos. O que está escondendo ou insinuando?

Nasser olhava a caixa enquanto dizia,

— Calma, calma, todos estamos ansiosos e nervosos. Eu só estou lembrando as conversas que ouvia quando era criança e o que isso fez na minha imaginação. Rio de mim mesmo, ou melhor dizendo, para mim mesmo.

A noite chegou. Da caixa em cima da mesa, cercada de esponjas, pinças, escovas, bisturis etc., emanava placidamente uma luz tênue e dourada. Daniel pensou que um artefato desses poderia ser alvo de todo o tipo de crime. Roubo, homicídio, incriminações etc., e isso ainda sem saber o que era ou os mistérios que encerrava. Perto da entrada da tenda estava a urna com alguma areia e pedras da camada onde esses tesouros tinham sido encontrados. Na semana seguinte tudo seria levado para a Escola Politécnica de Zurique, com o fim de ser analisado.

A datação do artefato era primordial. Porém, a matéria de que era feito e seu conteúdo estavam acima de qualquer cogitação. Daniel sentia o coração explodir de curiosidade, mas também medo de adormecer e alguém roubar o mais precioso dos tesouros. Num impulso incompreensível, cavou um buraco na areia, onde colocou uma mochila contendo a caixa de topázio que parecia irradiar douradas luzes de imaginações. Desdobrou o saco de dormir e deitou-se em cima. Nessa noite dormiria à luz das estrelas. Rashid olhava-o sem dizer uma palavra.

Mal a aurora se fez sentir já Daniel, Rashid e Nasser bebiam café enquanto olhavam a caixa dourada, tentando descobrir como abri-la.

— Onde arranjaremos coragem para explicar ao mundo científico que encontramos uma caixa que só pela sua aparência parece ter sido criada por seres altamente desenvolvidos tecnologicamente, num sítio com talvez muito mais de seis mil anos? – questionou Daniel, como que falando consigo mesmo. Rashid respondeu:

— Por que não manter segredo?

— Impossível. – respondeu Daniel.

Nesse mesmo momento, ouviu-se o ruído de vários helicópteros, aproximando-se.

Zahiem Al Sheikir trazia o equipamento solicitado para ajudar a decifrar o enigma da caixa de topázio, assim como mais homens para guardar o sítio. Ávido por ouvir as novidades, era todo sorrisos, enquanto caminhava, com o braço por cima dos ombros de Daniel, na direção do acampamento. Desde que foi informado do achado não se conseguia concentrar em nada além dessa caixa que agora estava ali na sua frente. Nasser cobriu a caixa e o diretor com uma manta de plástico negro, para que este visse a luz que daí emanava.

— Mas isto é fantástico, não vejo nenhuma explicação. Temos de abri-la antes de ir para Zurique.

Perto do meio-dia, a caixa continuava sem ser aberta. Nesse dia, o sol abrasador provocava uma lentidão exasperante nos que trabalhavam no sítio. Al Sheikir, Rashid e Daniel resolveram investigar o local onde a caixa foi encontrada, usando detectores de metal e de radiação. Nada foi detectado. Parecia ter caído do céu.

— Em poucas horas devem chegar aqui alguns caminhões com as perfuradoras mais sofisticadas. – disse Al Sheikir.

Ninguém respondeu. Naquele ponto da descoberta ninguém perfura, por que pode danificar coisas, restos ou vestígios altamente importantes. Porém, a tecnologia já era tão avançada que só um grande azar poderia provocar um acidente. Apesar das escavadoras serem eletrônicas e terem sistemas de raio X, seriam utilizadas apenas para retirar a areia ou terra de lugares aparentemente seguros.

Daniel pensava no privilégio de ser ele o encarregado de um sítio arqueológico que poderia responder a tantas perguntas, assim como criar muitas outras. Sim, ele também sabia os perigos que corria, tanto na sua reputação como possivelmente na sua vida. Se essa caixa guardasse algo incomum, ele teria também de recorrer a todo o apoio de seus colegas. Olhava seu celular e via as fotos que tinha tirado, tanto de dia como de noite. Mas não queria contatar ninguém até abrir a caixa ou descobrir algo mais nas ruínas que tinha na sua frente. Tinha sido decidido que as escavações continuariam por mais uma semana, antes do envio da carga para Zurique. Ele seguiria um dia mais tarde, levando consigo a urna de mármore e a caixa de topázio. Al Sheikir já tinha tratado de toda a parte burocrática para o envio da mercadoria. Entretanto, tudo teria de ser mantido em segredo. Alguns membros do governo egípcio, que obrigatoriamente tinham de saber dos achados, foram informados dentro do maior sigilo. Daniel viajaria num helicóptero da armada americana estacionado na Líbia. Segundo Rashid, segurança passara a ser primordial, não só no que dizia respeito à sua preciosa bagagem como a si mesmo.

Depois de almoço era impossível trabalhar. Nesse ano, o calor ultrapassava todas as expectativas. Enquanto todos tiravam uma soneca, Daniel caminhou até à cratera. Sentado de costas para o acampamento, no topo de um monte de areia, acariciava o celular. Olhou ao seu redor. O calor distorcia o visual enquanto que ele sentia o sangue pulsar como se tivesse febre. Então decidiu. Discou o número de Ronaldo Ciciliato, seu maior amigo, professor de história na Universidade Federal de São Paulo, cujo prestígio ia além das fronteiras brasileiras, sendo convidado todos os anos para dar palestras e cursos em muitos outros países.

— Ronaldo? Estou enviando umas fotos e um pequeno relatório. Guarde-os no cofre do banco e não diga a ninguém. Estou tão entusiasmado quanto preocupado. Esse achado é grande demais e ainda nem sabemos o que é.

Daniel nem deixou o amigo de infância responder. Desligou o telefone e voltou ao acampamento. O que acabara de fazer não era ético, mas ele sentia que devia ser feito. Nos últimos dias Daniel tinha ímpetos inusitados; ele mesmo se desconhecia.

Todos continuavam dormindo. Por trás das tendas, do lado oposto à cratera estavam os helicópteros. Daniel pareceu ver um movimento, mas logo pensou que algum piloto deveria ter decidido dormir com mais conforto do que o resto do pessoal. O que ele não viu foi uma câmara com uma lente de longo alcance tirar várias fotografias, as quais foram imediatamente enviadas para alguém na Europa. Porém, o sexto sentido dizia-lhe para ter ainda mais cuidado.

Um vulto aproximava-se. Era Al Sheikir. Daniel foi ao seu encontro. O rosto do amigo era grave.

— A partir daqui você andará por terrenos tão perigosos quão desconhecidos. Pelo que sei, este sítio não era para ter sido descoberto. Todos os que trabalham aqui poderão ter a vida em perigo.

— Como pode imaginar uma coisa dessas? Provamos que não há radioatividade neste lugar.

— Há coisas que não nos é dado saber, para que o mundo continue dentro da ordem programada.

— Tem isso algo a ver com a morte de Monder Al-Sahid?

— Não sei, não sei nada. Vá para Zurique e não volte. Este sítio será fechado brevemente.

— Quando?

— Brevemente.

— Isso é inconcebível.

— Eu sei...

5

São Paulo, Brasil

Ronaldo Ciciliato acabara de colocar as fotos e o pequeno relatório no DVD quando o telefone tocou. Era Marília, esposa de Daniel.

— Ronaldo, o Daniel telefonou. Está viajando para Zurique. Eu queria ir encontrar-me com ele. Como as crianças estão de férias seria uma oportunidade única para passarmos uns dias na Suíça. Mas o Daniel disse que agora não era uma boa altura. Acho isso muito estranho, ele sempre quer encontrar-nos, quando trabalha fora do Brasil. Você tem tido notícias dele?

Ronaldo era incapaz de mentir. A sua integridade era mais forte do que tudo. No entanto, naquele momento sentiu que teria de omitir alguma coisa.

— Sim, falamos ainda hoje. Tudo parece normal. Fique tranquila.

— Bom, falarei com ele outra vez sobre esse assunto, mais tarde torno a te ligar. – disse Marília em tom indeciso.

Ronaldo tirou o carro da garagem do seu lindo apartamento em Jardins. Acenou para o guarda e seguiu para o Banco do Brasil na Av. Paulista. Estacionou não muito longe da porta do banco, mas quando colocou o pé no chão, dois moços chegaram perto dele, apontaram uma arma e vasculharam seus bolsos. Num abrir e fechar de olhos ambos fugiram de motocicleta e com eles a carteira, o celular e o DVD também sumiram.

Ronaldo não sabia o que fazer. Tivera a impressão que não tinha sido um roubo normal. Os bandidos pareciam estar ali à sua espera propositadamente. Mas como? Se não tinha dito nada a ninguém, nem Marília. Já na universidade ligou para Daniel.

— O seu telefone pode estar grampeado. Sinto algo que não tá batendo certo. Acabaram de me roubar à porta do banco. Levaram o DVD com as fotos e o celular.

Ronaldo sentia que a vida do amigo tinha tomado uma direção onde o mistério e o perigo eram uma espiral, rodopiando tenebrosa num espaço desconhecido, só em aparência benévolo. Sentia que um anjo proibido e invisível pairava entre areias, cidades e segredos e que transloucado arrastaria pedaços de conhecidas certezas, deixando apenas rastros de incertezas. A segurança não teria mais refúgio. Seria isso benéfico? Para quê? Até onde ou até quem as novas descobertas poderiam alongar os tentáculos que queimam antes de se mostrar?

6

Deserto de Cristal, Egito

Daniel desligou o telefone imediatamente. Sabia que a partir daí teria de ter muito cuidado. Mas... quem teria grampeado o seu telefone? Talvez fosse apenas um roubo, como tantos que acontecem diariamente em São Paulo. Não podia perder tempo pensando em coisas que apenas faziam parte do quotidiano paulista. Toda a sua concentração tinha de ir para o seu trabalho e responsabilidades.

O resto do mundo deixou de ter importância. Aquela caixa era tudo, absolutamente tudo. Seria uma catástrofe se não a conseguissem abrir e fossem obrigados a usar a força para descobrir o que encerrava. Era evidente que continha algo.

A busca continuava naquela tarde abrasadora, mas Daniel não sentia calor, apenas o desejo provocado pela ânsia da descoberta. Olhou a caixa em todos os seus pormenores. Acariciou-a, virou-a. Olhava inebriado a perfeição de algo que segundo as probabilidades teria milhares de anos. Porém, ele sentia que o mais importante não era a antiguidade, mas o conteúdo. Era um sentimento profundo, inebriante. Ele não entendia o que estava acontecendo, mas o seu íntimo tinha adquirido algo desconhecido, o que ia muito além da curiosidade profissional. O sol entrava na tenda inundando a mesa onde Daniel examinava a caixa. Tornou a virá-la. No fundo, exatamente no centro, estava gravado um símbolo ou letra de algum alfabeto desconhecido. Daniel passou os dedos pelos contornos. Depois espalmou a mão contra o símbolo e teve a sensação de que, com o toque, a matéria de que era feita se tornara maleável, permitindo que a mão se ajustasse, como um corpo num colchão de água. Fechou os olhos, sentindo correr pelo seu corpo um impulso, como um pequeno choque elétrico derramando-se por todas as suas veias. Quando os abriu a caixa deu um pequeno estalido e a parte superior parecia entreaberta. Daniel teve uma reação que acordou todo o mundo. Numa fração de segundo ainda se perguntou se lhes deveria dizer como isso tinha acontecido, mas não teve tempo de pensar nas consequências. As interjeições, perguntas e observações sobrepunham-se e ninguém era ouvido, nem precisava de ser. Daniel, com um toque do polegar escancarou a caixa, como se os milhares de anos em que esteve fechada não tivessem deixado marcas.

Um Ank dourado, de 28 centímetros, resplandecia no fundo da caixa de topázio. Estava orlado de símbolos e no ponto em que o laço termina, para transformar as suas pontas em braços, havia uma concavidade e duas saliências. Daniel olhava-o desejando estar só. Os que o rodeavam eram um tormento, perdera a concentração a que se tinha entregue até a caixa abrir. Porém, era hora de recomeçarem o trabalho no sítio e todos partiram para suas tarefas cheios de entusiasmo. Daniel ficou a sós com Rashid e Al Sheikir, depois de mandar Nasser supervisionar os trabalhos. Era evidente que ele também queria ficar, e foi contrariado que obedeceu às ordens do diretor.

— Como conseguiu abri-la? – perguntou Rashid olhando Daniel nos olhos.

— Não sei bem, toquei em tudo e por si só abriu.

Rashid estendeu a mão, para agarrar esse objeto que simbolizava Vida na simbologia egípcia. Daniel com a rapidez de um tiro de revólver tentou segurá-la, porém, não tão rápido quanto deveria. Rashid foi projetado, caindo no chão e gritando de dor enquanto segurava a mão direita com a outra.

— Fui queimado...

— O que aconteceu? – repetia Al Sheikir sem entender o que tinha acontecido, embora tudo se passasse debaixo da sua visão.

Daniel ajudou Rashid a levantar-se. Estava perplexo, ele mesmo não entendia. Um enfermeiro apressou-se a tratar a mão de Rashid, usando pomadas e creme de aloe vera.

— Porque você tentou segurar a minha mão?

— Pensei que não deveríamos tocar nisso ainda. Quem sabe se não encontraremos algumas impressões digitais? Mas o que aconteceu?

— Não sei, quando toquei no Ank fui arremessado e senti como se tivesse sido queimado. Olhe os meus dedos!

— De fato, estão queimados, mas isso é inexplicável... Vou pegar no Ank só para ver o que acontece.

Dizendo isso, Daniel pegou no topo do laço do objeto dourado. Nada aconteceu.

— Teria sido qualquer outra coisa? Algum outro fenômeno? Eu não quero manusear o Ank porque talvez tenha impressões digitais, que pelo fato de ter sido guardado dentro da caixa de topázio poderiam ter sido preservadas.

— Impossível, elas desaparecem com tempo. – disse Al Sheikir, enquanto Rashid olhava para ele de olhos esbugalhados. Daniel sabia que até serem apagadas as impressões ficariam gravadas, não importava o tempo.

Al Sheikir olhava o Ank dentro da caixa de topázio como que hipnotizado. Olhando os outros dois, colocou a mão sobre o precioso objeto. Lentamente desceu apenas dois dedos e quando lhe tocou, tal como acontecera com Rashid, foi jogado para trás, perdeu o equilíbrio e gritou de dor.

Quando o enfermeiro terminou de fazer o curativo, o telefone tocou. Era Nasser dizendo que o sítio tinha mais surpresas. Enquanto caminhavam lentamente, Al Sheikir olhava a mochila nas costas de Daniel e dizia em tom preocupado:

— É muito fácil roubar um artefato tão pequeno. Ainda se fosse outra coisa, mas esse parece ser mais importante do que possamos imaginar. Contudo, aqui no sítio não creio que sejam precisas tantas precauções...

— Nunca é demais. Você conhece os pilotos dos helicópteros? Porque não foram embora?

— Estão me esperando.

— Os três??

— Burocracias...

— Gostaria de poder viver sem dormir... – respondeu Daniel de feições fechadas.

∞

Dois trabalhadores gesticulavam no cimo de um monte de areia e pedras que ladeava a cratera, indicando por onde descer. Os três cientistas apressaram o passo. Lá em baixo, todos os que trabalhavam no sítio estavam reunidos admirando as paredes dessa imensa galeria. Os recém-chegados olhavam para Nasser enquanto desciam até o fundo da escavação, onde este se encontrava. Seus semblantes cheios de interrogações. Nasser contou-lhes que inesperadamente a terra ao redor daquele lado do muro tinha cedido. Felizmente ninguém se tinha magoado. Ao redor podiam-se ver estelas, murais de desenhos e pinturas inigualáveis. Daniel, Rashid e Al Sheikir davam voltas sobre si mesmos olhando as paredes, estupefatos. Alguns voluntários já passavam pincéis onde a terra e a areia tinham teimado em ficar. Tudo era deslumbrante. As cores eram tão vivas como no dia em que tinham sido criadas. Muitos contornos eram pintados a ouro ou assim parecia. Inscrições e muitas das figuras eram inteiramente desconhecidas. Era evidente que as inscrições nas paredes pertenciam à mesma cultura que incrustou os símbolos na caixa de topázio. Rashid apontou para a figura central da ala leste. Era um disco alado, que poderia representar o sol, ou seria assim tão simples de identificar? Daniel tirava fotos. Admiração era a única coisa visível nos rostos de todos presentes.

— Esse disco é idêntico a um dos principais símbolos dos deuses sumérios, o sol alado, ou o seu planeta de origem... – dizia Daniel enquanto Zahiem El Sheikir, de voz alterada logo retrucou:

— Não venha com essa não, somos cientistas, não misture extraterrestres com realidade, esse disco representa o sol. Nada mais.

Daniel olhou Nasser, que sorria arrogantemente, enquanto com os olhos indicava algo no lado oeste. Daniel seguiu a direção de seus olhos. A uns quatro metros de altura, na parede, encontrava-se um desenho de algo inteiramente desconhecido, como um enorme inseto azul assente em três pernas, rodeado por canoas aladas e a algo parecido com submarinos e helicópteros, o que também se podia encontrar noutros murais egípcios descobertos no século XX. Num dos lados estava representado o mar e saindo dele uma espécie de ovo, metade escuro e metade brilhante. Junto ao chão, como se não houvesse mais espaço, encontrava-se o desenho de uma gruta imensa, cheia de luz que irradiava de uma pirâmide colocada bem no seu centro. Outro canto mostrava um espaço que tinha apenas um símbolo, o Ank. Por baixo dele estava a entrada de outra gruta com uma figura feminina no meio, a qual também tinha o Ank na mão. Rashid aproximou-se de Daniel e disse:

— A deusa Isis, saindo do mundo inferior. Se não fosse o Ank lembraria as figuras cristãs da virgem de Lourdes e outras, sempre no limiar de imensas cavernas.

Minutos depois, Daniel chamou Nasser de lado.

— Diga. – disse Nasser em português.

Daniel animou-se, pois, podia falar numa língua que mais ninguém entendia. Por vezes esquecia que Nasser falava a sua língua materna.

— Nunca vi nada igual.

— Nem eu – disse Nasser, adiantando, – algumas estelas vão ao encontro das lendas dos anciãos que ouço desde criança, falando da existência de outros mundos no interior da Terra, no mar e no espaço. Quem desenhou estes murais e estelas queria que isso não fosse esquecido ou passar adiante um conhecimento guardado até o momento certo.

— Não acha muito estranho que de um momento para o outro toda essa terra que tapava os muros tivesse caído como se fosse uma cortina? – perguntou Daniel.

— Já nada me admira. Creia que aquilo que descobrimos até aqui é apenas o topo do iceberg.

— Parece que de repente alguém tem urgência em desvendar segredos. Temos de trabalhar dia e noite, para descobrir se há mais câmaras e o que tudo isto significa.

— Quando conseguirmos decifrar tudo isso, descobriremos se é apenas um relato do que se conhecia no passado ou uma esperança para o futuro.

— Como assim, uma esperança?

— Daniel, talvez tenham existido sobre a Terra civilizações mais desenvolvidas do que a nossa, como os Atlantis. Para onde foram esses seres? Onde se abrigaram durante as grandes catástrofes, como dilúvios, quedas de meteoros, eras glaciais e outras?

Daniel sorriu e respondeu:

— Segundo Platão, ao longo de muitas gerações esses seres tornaram-se arrogantes para mais tarde degenerarem. Nós somos os seus descendentes. Estamos todos aqui em cima.

— Sim, os que continuaram na superfície da Terra. Mas muitos encontraram outros lugares onde continuaram evoluindo. Segundo as lendas dos meus antepassados, os mais evoluídos procuraram abrigo em subterrâneos. Aqui, debaixo desta terra. Os menos evoluídos ficaram na superfície. Alguns dos que viviam no interior da Terra continuaram administrando os que viviam em cima, enquanto lutavam contra outros que há muito habitavam as cavernas subterrâneas, muito abaixo da superfície.

Zahiem Al Sheikir e Rashid aproximavam-se, tentando fazer-se ouvir no meio do barulho que os outros companheiros faziam falando a esmo, perante esses incríveis achados. Todos os que trabalhavam no sítio estavam naquela sala.

— Não quero que nenhuma foto seja publicada. Ainda é muito cedo para tornar este achado público. Isto aplica-se também às vossas universidades, de São Paulo, Calcutá e Tunis. – referindo-se a Rashid. – Entendem? – disse Al Sheikir muito corado.

— Sendo assim, do que estaremos esperando? perguntou candidamente Daniel.

— Nada. Não teremos tempo para decifrar tudo isto.

— Como?

— É muita informação... demasiada informação...

— Incrível... – disse Daniel virando as costas ao amigo para atender um grupo de pessoas que o chamavam do lado oposto.

Dentro do arqueólogo brasileiro havia algo inconsolável. Saindo do sítio dirigiu-se ao lado leste e sentou-se na areia. Passados poucos minutos Nasser sentou-se a seu lado. Ficaram em silêncio durante algum tempo, até que o assistente disse:

— Não se perde nada. O importante é a caixa ou o seu conteúdo. O segredo deve estar no Ank. Algo acontecerá que você irá esquecer tudo isto para só pensar nele.

— Como é possível ninguém aventar a possibilidade de que este sítio possa ser o legendário túmulo de Kaluk?

— Daniel, você sabe que as coordenadas desse lugar não são estas.

— As lendas são uma aproximação da verdade. Não são exatas, mas fundadas em verdades.

— Seja ou não o túmulo de Kaluk, encerra fatos históricos e esconde grandes mistérios. Talvez este sítio seja o que os antigos chamavam “o portal do maior de todos os segredos”.

Os dois amigos levantaram-se e seguiram para o acampamento. A meio do caminho Daniel deu uma tapinha nas costas de Nasser, dizendo:

— Esta descoberta subiu-nos à cabeça. Tenhamos calma, muita calma. Pergunto-me como você pode ser tão peremptório em tudo o que diz. Isso não é uma maneira científica de analisar fatos.

Nasser não respondeu, apenas sorriu, mas tinha ar de quem se sentia muito confortável consigo mesmo.

7

Zurique, Suíça

O Dr. Salomon Levy da Escola Politécnica de Zurique, era o cientista designado para dirigir a equipe de cientistas que estavam trabalhando nos achados da Porta. Ao redor da mesa redonda, na pequena e quase íntima sala de conferências, estavam o Dr. Salomon Levy e seu direto assistente, Dr. Hassen Goldlock; Daniel Salinas; Rashid Tibal; Zahiem Al Sheikir; o diretor do museu do Cairo, Majid Umarah e Aristides Pinhel, diretor da Universidade de São Paulo. O Dr. Levy, olhando cada membro do pequeno grupo, um por um, disse que a camada de terra do sítio do deserto de cristal, retirada a 50 metros de profundidade, onde restos de uma civilização, ainda por identificar se encontrava, tinha sido datada. O resultado era 15.000 anos. No que dizia respeito à camada que envolvia a caixa de mármore, tinham sido encontrados elementos mistos, de datas bem diferentes. Além de ter vestígios de grãos de cereais, o que os levava à mesma época – 15.000 anos atrás. Inexplicavelmente também tinham sido encontrados vestígios com apenas 2.000 anos. Todas as datas tinham sido confirmadas por múltiplos testes de carbono.

O Dr. Salomon Levy, fechando os olhos, como que tendo relutância em continuar a falar, mostrou um filme a três dimensões da caixa de topázio, dizendo que não podia ser datada. Informou também que o material de que era feita não era exatamente topázio, nem tão pouco âmbar, como alguns cientistas tinham aviltado. Aproximava-se muito do topázio, mas era muito mais resistente e incompreensivelmente maleável.

O Ank, de ouro puro, tinha um pormenor: uma espécie de radiação magnética, mas absolutamente inofensiva para a saúde humana e animal. Como era do conhecimento dos presentes, o Ank estava presentemente nos Estados Unidos, entregue ao diretor do Laboratório Nacional de Aceleração de Partículas Atômicas, Fermi, no estado de Illinois, para análise do material. No entanto, uma particularidade atrasava as investigações: todos os que tocaram no Ank sofriam graves queimaduras. Isso era um mistério que ninguém conseguia decifrar. Para transportá-lo foram usados braços eletrônicos de plástico, carregando uma espécie de imãs no seu interior. Era um processo altamente sensível que permitia a movimentação do Ank sem que este fosse tocado.

Quando saíram da Escola Politécnica, Rashid estava com pressa para ir visitar amigos na Itália, os outros também tinham compromissos. Daniel e Aristides foram almoçar com o Dr. Levy.

Num quiosque, perto do restaurante, Daniel comprou o Tribune de Geneve. As manchetes eram todas referentes ao assunto do dia: a entrada da Terra em uma profunda área do cinturão de fótons estava provocando muitos estragos nas comunicações. Vários satélites tinham sido estranhamente desativados. Mesmo a estação espacial estava tendo sérios problemas de comunicação. Alguns grupos religiosos afirmavam que as mortes repentinas que estavam acontecendo em todo o planeta, eram devidas a que o ser humano estava passando por um julgamento celeste. Outros apregoavam o Apocalipse e a necessidade de redimir os pecados. Pânico, desespero e pandemônio assolavam grande parte do globo terrestre. Os países mais ricos eram os que mais sofriam porque tudo dependia da eletricidade, e também por não estarem habituados a viver com faltas, e os apagões eram contínuos. Todos os dias novas igrejas apareciam, abrindo as suas portas a um público exigente de milagres. Ninguém queria enfrentar a realidade nem procuravam outras razões e verdades, apenas clamavam por salvações miraculosas. Por isso, como pipoca no micro-ondas, novos profetas "popavam" a cada instante. O dinheiro era a inspiração da maior parte das igrejas, enquanto usavam fórmulas idênticas para em grandes quantidades extraí-lo de seus fiéis – como sempre ao longo da história, através da culpa, do medo, do castigo e do perdão, que diziam ser divino.

∞

Quase finalizando um almoço informal de conversas forçadas, como se falar do que os preocupava fosse proibido, o Dr. Levy saindo da pose em que até aí se tinha mantido, de profissional impecavelmente impessoal e destituído de emoções, perguntou aos dois brasileiros se tinham alguma ideia do que o achado do Ank e da caixa de topázio poderia provocar. Evidentemente que ninguém poderia sequer imaginar as repercussões, mas todos sabiam que seriam tremendas. O Dr. Levy iniciou toda uma explicação sobre repercussões religiosas e sociais, mas não disse nada que os dois amigos já não tivessem pensado. Seu telefone tocou, tinha de ir. Chamou o garçom, pagou a conta e partiu. Porém, antes de se levantar, disse:

— Daniel, o Ank está em boas mãos, mas não por muito tempo. Você está em perigo de vida e o Ank em vias de desaparecer nas mãos erradas. Tome muito cuidado. Sei muito bem o que estou dizendo.

— Falando com Ronaldo antes de viajar, ambos tivemos a mesma impressão. – disse Aristides preocupado.

— Sinto o mesmo, mas não posso apontar nada nem ninguém. Por isso quero dar esta entrevista. Se a minha vida estiver em perigo, e me tentarem calar, será tarde demais. Vou dizer tudo o que sei e penso. Contudo, Rashid, Nasser e muitos outros também devem ser precavidos. O meu conhecimento não é superior ao deles.

— Ainda é cedo para você entender, Dr. Daniel Salinas. Pergunte-se qual a razão porque você pode tocar no Ank sem se queimar. O único que pode abrir a caixa de topázio. Nem a tecnologia mais avançada conseguiu e você tem de acompanhar a caixa lá para onde ela for só para abri-la... Diga-me Dr. Daniel Salinas, já ouviu falar de algo assim? – retrucou o Dr. Levy, para logo sair correndo e sem se despedir formalmente, como se alguém o perseguisse. Aristides e Daniel ainda ficaram uns minutos para terminar o cafezinho.

— Diga-me, quais foram os resultados das impressões digitais? – perguntou Aristides.

— A Pathanamthitta Police da Índia, conceituados por serem os maiores peritos em impressões digitais do mundo, continuam trabalhando nisso. Seus técnicos viajaram para os Estados Unidos, tiraram fotos, usando os aparelhos mais sofisticados e voltaram à Índia, onde continuam trabalhando. O que me disseram ontem foram duas coisas. Uma, que as impressões conservam-se até serem apagadas, e outra, que os registros apresentam impressões digitais aparentemente incompletas. Mesmo assim, parece que todas são da mesma pessoa. Acontece, porém, que têm menos núcleos e linhas do que o normal. Eles associam isso ao fato de serem muito antigas.

— Quem teria tido esse poder? Como você, pode tocar o Ank sem se queimar? – perguntou Aristides, como que falando consigo mesmo.

Daniel sorriu, dizendo que cientistas são proibidos de aviltar ou mesmo pensar dessa maneira. Os dois amigos saíram do restaurante de bom humor. De taxi seguiram para as instalações da CNN em Zurique, onde tinha sido anunciado que Daniel daria uma entrevista. Quando chegaram perto, ambulâncias e carros de bombeiros corriam pela avenida. O prédio da maior estação de notícias do mundo estava em chamas. Daniel sentiu o estômago dar uma volta. O telefone tocou, mas ele não atendeu, por que nesse mesmo momento duas balas atravessavam os vidros do carro, mas como por milagre, não machucaram ninguém. Entretanto, o taxi ficou entre uma ambulância e um carro de bombeiros. De frente vinham duas motocicletas. Qual não foi o espanto dos passageiros quando, em menos de um segundo, o motorista materializou uma pistola, atirando em ambos motociclistas. O carro passou sobre alguns destroços, entrou numa viela e daí para outra rua.

Daniel pediu ao motorista para lhe emprestar o telefone, por desconfiar que o seu estava grampeado. Ligou para um jornalista brasileiro seu conhecido, correspondente da Globo na Europa e que convenientemente se encontrava em Zurique. Devolvendo o telefone, deu a direção de um pequeno hotel ao motorista, que entretanto corria pelas ruas da cidade, normalmente tão calma. Os carros da polícia, ambulâncias e carros dos bombeiros ajudaram a que o motorista conseguisse despistar qualquer perseguidor, no meio de tanta confusão. Quando chegaram ao destino Daniel entregou uma larga soma de dinheiro ao motorista, compensando-o pelos danos e pela desenvoltura.

— Tire uma semana de férias; não seria aconselhável ter este carro circulando por alguns dias. Quem quer que fosse, pode ter tomado nota da matrícula para mais tarde o obrigarem a dizer qual era o meu destino.

∞

Antunes de Sabóia esperava no saguão. Imediatamente seguiram para o seu quarto onde, sem perda de tempo, Daniel fez uma declaração que foi transmitida para a TV Globo no Brasil, para ir ao ar uma hora depois de terminada. Daniel relatou tudo o que tinha sido descoberto no sítio do deserto de cristal no Egito. Falou também da urna de mármore, dizendo que continha uma outra caixa feita de um mineral não identificado e um Ank de ouro, estando ainda sendo estudados pelos maiores peritos mundiais. Terminou dizendo que a razão para essa comunicação pública era o fato de haverem rumores de que algumas identidades, religiosas e políticas, não queriam que esse achado fosse do conhecimento público, mas que no seu ver a Humanidade deveria estar a par dos acontecimentos pois acima de tudo eram descobertas que possivelmente ajudariam a expor o outro lado da História e as raízes da civilização. Finalizando:

— A meu ver, tanto o conteúdo da caixa de topázio, assim lhe chamaremos por enquanto, como o sítio a que chamamos A Porta, indicam que a Terra, num período anterior à civilização mais antiga que se conhece com apenas 6.000 anos, a Suméria, era o lar de seres muito mais desenvolvidos tecnologicamente do que nós somos no século XXI. O mais incrível é que as estelas parecem indicar que alguns desses seres viviam em cidades subterrâneas usando objetos altamente sofisticados, tanto que nem a nossa tecnologia mais avançada consegue desvendar. Uma das muitas perguntas que me faço é: se as impressões digitais encontradas no Ank não forem humanas, quem o teria usado e com que propósito? Porque o deixaram enterrado no deserto? Mais pesquisas terão de ser feitas nesse sentido. Se esta notícia ficar no esquecimento, como muitas outras ao longo dos tempos têm ficado, é porque forças bem terrenas continuam tentando abafar, escarnecer ou matar uma verdade que seria a chave para entendermos porque ainda somos tão primitivos, com nossas guerras, violência, miséria, corrupção, ignorância e subdesenvolvimento emocional. Acima de tudo, esclareceria a razão por que somos governados por dirigentes mais corruptos, ambiciosos e ignorantes do que outros muito mais desenvolvidos e inteligentes, os quais acabam por morrer no obscurantismo. O meu compromisso a partir de agora é decifrar tudo o que envolva este achado e comunicar as minhas descobertas a todos os cantos do mundo. Mesmo que a minha vida corra algum risco, só a morte me poderá deter. Continuarei na senda da busca pela Verdade, o que a partir de hoje considero a minha missão. Um dos grandes absurdos da nossa cultura tem sido pensar que se outros seres inteligentes vivessem entre nós ou nas nossas vizinhanças, correríamos o risco de sermos exterminados ou escravizados. Sempre tendemos a pensar que os outros são como nós. Se esses seres existem, e essa fosse a sua intenção, já o teriam feito há muito tempo. Desde o tempo de Alexandre o Grande, Cristóvão Colombo, Marco Polo, Almirante Bird e principalmente na antiguidade o que podemos constatar na mitologia ou na própria Bíblia, que a História nos fala de seres não terrestres com relatos bem detalhados. Não devemos ter medo. O medo jamais nos encaminhará a qualquer tipo de solução. Esse terror que os nossos dirigentes, sejam eles religiosos ou políticos, nos incutem, é a prova de que essa descoberta se tornou a maior ameaça às suas instituições. Eles têm razões para ter medo, nós não. São eles que procuram, não só encobrir a verdade, como destruir todos os achados que nesse sentido já foram feitos. Continuarei na senda da busca pela Verdade, a qual, repito, a partir de hoje será a minha missão.

Durante o almoço, o Dr. Salomon Levy tinha dado a Daniel um DVD com imagens da caixa de topázio e do Ank a três dimensões, a qual Antunes de Sabóia também incluiu na transmissão. Quando a gravação terminou, Antunes de Sabóia entregou uma cópia da gravação a Daniel que imediatamente colocou nas mãos de Aristides.

— Se algo correr mal, você tem uma cópia.

∞

A bordo do avião da força aérea brasileira, via Chicago no estado de Illinois, Daniel e Aristides ouviam as notícias. O discurso de Zurique, como ficaria conhecido, não foi mencionado.

Os dois amigos eram esperados pelo diretor do Fermi na pista do aeroporto. Os três homens tomaram café dentro do avião enquanto este se abastecia. Em seguida, o Dr. Joseph Bird despediu-se de Daniel dizendo:

— Continuo pensando que esse artefato deveria ficar aqui, pelo menos por mais uns meses. No entanto, compreendo perfeitamente as suas apreensões. Quando alguém como você descobre algo deste calibre, ou desaparece ou os seus maiores achados são riscados da história. Isso aconteceu na minha própria família. Dr. Salinas, o Sr. sabe que pode contatar-me a qualquer hora. Estou aqui para ajudá-lo no que for preciso.

Daniel despediu-se do Dr. Joseph Bird e de Aristides Pinhel com afeto e apreensão. O avião decolou, desta vez, rumo ao Cairo, lugar a que, por lei, os artefatos pertenciam.

8

Cairo, Egito

O diretor do museu do Cairo, Majid Umarah, tinha dado ordens para que se adaptasse um quarto/escritório à sala anexa à suíte da sua própria sala. Foi muito simpático da sua parte fazer todos os arranjos para que Daniel pudesse passar uns dias liderando as escavações da Porta, sem ter de viver no deserto, onde certas informações e acessos eram restritos. Como, no momento presente, mais importante do que as escavações era descobrir os possíveis segredos do artefato, Daniel teria uns dias para trabalhar nesse sentido sem ser perturbado. Mais tarde, a caixa de topázio e o Ank seriam entregues aos cuidados do diretor do museu e este se encarregaria de mandá-lo para outro instituto da sua escolha e confiança para mais pesquisas.

Durante um almoço privado, onde os dois poderiam falar à vontade, Majid Umarah parecia desejoso por essa oportunidade.

— Daniel, você nunca se perguntou porque no que diz respeito à Porta, o diretor da universidade assume as funções que pertenceriam ao diretor do museu do Cairo?

— Algo passou pela cabeça, mas não dei muita importância.

— Pois fique sabendo, é tudo política. Zahem Al Sheikir é um vendido. Tenha cuidado Daniel, tenha muito cuidado. Você não pode confiar em ninguém. Na verdade, eu não confiarei em mim, quando eu mesmo for o responsável pela caixa de topázio e seu conteúdo.

Já estou ficando paranoico, mas tenho razões para isso. Não é só a caixa que é preciosa, você também Daniel, por ser o único que lhe pode tocar e abrir. Pessoalmente, acho que você é um enviado de Alá. Não só para os muçulmanos, mas para a Humanidade.

— Não diga essas coisas. Sem dúvida que isso é apenas um fenômeno explicável, como a frequência da minha vibração ou algo parecido que a ciência logo irá desvendar e explicar.

— Não Daniel, pense bem. Eu quero que você tenha muito cuidado. Já pensou? Você pode cair prisioneiro de algum grupo de pessoas que o queiram usar enquanto o chantageiam com a sua família. Sei lá... Estou muito nervoso, muito mesmo.

— Está por acaso pensando em Monder Al-Sahid?

— Sim, mas o seu caso é totalmente diferente. Você é um instrumento vivo.

O telefone tocou e Majid Umarah teve de sair correndo, mas antes ainda disse:

— Acredite Dr. Daniel Salinas, nem comigo você está a salvo. Cuide-se.

∞

Depois de descansar, sentindo-se fisicamente como nunca e cheio de vigor, Daniel colocou a caixa de topázio em cima da mesa. Tudo o que queria era estar só. Marília telefonou, tinha muita saudade. Desesperadamente queria encontrar-se com ele. Queria senti-lo, queria amá-lo. Fazer amor como só eles sabiam. Daniel também, mas tinham de esperar para outra altura. Ela chorou, mas ele tinha outra coisa mais importante no pensamento. Era como uma obrigação e o impulso era mais forte do que ele. Era uma busca milenária que lhe abrasava os genes e a alma. Ele não entendia o que estava acontecendo. Desconhecia-se. Sentia-se impotente e ao mesmo tempo um super-homem. Seria possível que no mais íntimo do seu ser Marília tivesse passado para segundo plano? Ela sempre foi tudo. Amava-a mais do que aos próprios filhos. Esses pensamentos desgastaram-no. Sentia-se sem ânimo. Porém, logo que tornou a tocar na caixa de topázio, tudo esqueceu.

O paleontólogo sabia que ainda havia muito para descobrir. Virou a caixa. Acariciou-a, como que pedindo para que ela se comunicar com ele. Para lhe contar seus segredos. Enquanto isso, espalmou a mão direita na parte inferior da caixa, como fazia para abri-la.

Na altura em que o cientista brasileiro tinha levado a caixa de topázio para Zurique ninguém a conseguiu abrir, apenas Daniel. O mesmo aconteceu em Chicago, onde mantinham a caixa aberta. O Ank passou a ser guardado dentro de uma redoma de vidro, forrada de veludo preto. Porém, quando o Dr. Joseph Bird, diretor do Laboratório Nacional de Aceleração de Partículas Atômicas, Fermi, em Chicago, lhe entregou os artefatos, o Ank tinha sido colocado dentro da caixa de topázio e esta encontrava-se fechada.

Daniel rodou a palma da mão por cima do sinal gravado no centro do fundo da caixa que logo abriu mostrando o Ank. Intuitivamente, quase sem pensar, empurrou uma das saliências na base do laço que pareceu mover-se como se fosse gelatina ou silicone. O que sentiu foi um vácuo, como se alguém o pudesse escutar. Disse uma palavra em acádio, "Elu", que significa El, de onde veio a palavra deus. O aparato repetiu, "Elu". Daniel ardia de entusiasmo, e pronunciou a palavra "deus". O aparato repetiu "deus". Agora Daniel não sabia o que fazer, ou dizer, ou como continuar. Decidiu tirar a mão do Ank e repetiu a mesma palavra, agora em francês, "dieu", e o aparato repetiu "dieu". Continuava sem saber o que fazer, talvez devido à estupefação perante o que estava acontecendo. Entretanto, o aparato "desligou". O que tinha acontecido? Não podia ser uma gravação, por que a voz que respondia não era a sua. Porém, era humana... ou parecia ser. Repetiu o processo, mas desta vez falou em inglês. Quem é você? Foi nesse momento que sentiu dentro da sua cabeça uma voz dizendo, "Foge. Agora. Foge, foge. Agora..."

Daniel olhou à sua volta. Num abrir e fechar de olhos, retirou o Ank da caixa, a qual fechou, deixando-a em cima da mesa. Meteu o Ank na mochila, que ainda continha algumas roupas.

Em vez de abrir a porta que dava para o corredor onde estavam outros escritórios e salas, desceu pela escada em caracol que levava a uma pequena biblioteca. Não tinha tempo de pensar. Ir onde? Estava fugindo de quê? Que loucura. O telefone celular tocou, era Aristides.

— O programa foi ao ar, mas apenas uma vez e em parte. Forças ocultas não querem que...

— Depois falo, agora tenho de fugir.

Enquanto corria pelos corredores alguém deu um tiro que acertou nas suas costas, mas não atravessou a mochila. Depois mais dois tiros. Daniel perdeu o equilíbrio e caiu num vão de escada. Sem pensar levantou-se tentando descobrir quem teria sido, mas só ouviu passos correndo. Pareceu-lhe serem duas pessoas. Pensando que os agressores deveriam acreditar que o atingiram, logo ficou desolado imaginando que o artefato poderia ter sido destruído, mas, não havia tempo a perder. Entrou num banheiro e viu um Kandurah ou túnica usada pelos homens árabes, a qual imediatamente vestiu por cima da roupa. Pegou também um keffiyeh que colocou na cabeça. Devido à sua tez morena podia passar por árabe. "Só falta o bigode", pensou. Saiu do edifício por uma porta lateral, e mais à frente juntou-se a alguns visitantes. Caminhou sem destino. Estava na Pyramid Road, perto do campo de golfe do Mena House Oberoi, quando um carro parou e Nasser gritou o seu nome. E... foi nesse mesmo instante que se ouviu uma tremenda explosão.

Daniel não sabia se deveria obedecer ao chamado de Nasser ou fugir. Resolveu fugir, mas Nasser logo o alcançou.

— Dr. Salinas, eu entendo muito bem a sua insegurança, mas creia em mim, venha comigo sem perda de tempo. Talvez já seja tarde demais. A sua vida está em perigo e a partir de agora a minha também.

Daniel entrou no carro que disparou pelas ruas de uma das cidades do mundo com o pior trânsito. Entraram numa casa, mudaram de carro e logo saíram, não pelo mesmo portão, mas por uma rampa interna, que de novo os levou à Pyramid Road. Nasser dirigiu até o subsolo de um prédio. Estacionou o carro e abriu a porta do elevador, carregando no oitavo andar, que subiu vazio. Os dois homens desceram pela escada ao segundo subsolo, onde havia uma pequena porta. Nasser bateu de mansinho. Uma mulher de véu negro abriu a porta, mas pelos olhos notava-se que era jovem e possivelmente muito linda. Ela olhou Nasser bem nos olhos e disse, também em português:

— Alguém destruiu o edifício administrativo do museu do Cairo com um projetil de longo alcance.

Nasser, sem responder, abriu um alçapão que ficava por baixo de uma cama, num canto do pequeno quarto, e os dois homens desceram. Daniel já não se sentia inseguro, embora reconhecesse que a ameaça continuava pairando. Nasser e Daniel caminharam pelos esgotos do Cairo. Daí subiram uma velha escada de metal que os levou à Dokki Street, mesmo em frente aos escritórios da estação de televisão americana, TNT. Um pouco mais à frente entraram num prédio modesto. Era um apartamento onde os estilos árabe e hindu se mesclavam. Tomaram banho antes de comer um caril de galinha, ervilhas e arroz regado a chá de canela.

Finalmente Nasser Isa Rukh decidiu falar. Contou que sua família estava na posse de manuscritos muito antigos. Estes referiam-se a um artefato que seria encontrado no princípio do século XXI. Enquanto falava, Nasser desdobrou um monte de papéis na frente de Daniel.

— São seus. Porém, o mais importante, você tem de sair do Egito imediatamente. Espero que tenha consigo a caixa de topázio. Leve-a junto com estes documentos.

— Mas serei considerado desertor, ladrão...

— Prefere morrer? – perguntou Nasser numa pose arrogante, como se falasse com um inferior.

— Como você sabia onde encontrar-me? Quem é a sua fonte de informação? Nasser respondeu que isso não era importante, embora o tivesse visto sair do museu.

— Mesmo vestido de árabe a sua maneira de caminhar é como uma impressão digital. Sabia que sua vida estava em perigo, desde que ouvi Rashid falar com alguém ao telefone. Ele não sabia que eu estava por perto. Falava quase em código, mas deu para entender que se referia a um esquema, onde o público seria informado de um tiroteio iniciado pela polícia para impedir a sua fuga com a caixa de topázio e seu conteúdo, o que terminaria numa explosão, transformando a sua imaculada imagem num terrorista suicida. Você e o diretor do museu morreriam e o artefato seria destruído. Porém, o que bem entendi, é que Rashid tem um plano para ficar com o artefato e secretamente entregá-lo a alguém. Agora... como minha irmã Anna nos informou, uma parte do museu foi pelos ares, isso só confirma o perigo que você corre. Nunca confiei em Rashid.

— Nasser, você é muito criativo! Se falavam em código, o que você depreendeu pode ter sido produto da sua imaginação.

— Pense o que quiser. O importante é que tirei uns dias de férias, com a única intenção de procurá-lo e entregar-lhe esses documentos. Há algum tempo que a minha família criou todo um esquema de comunicação, mas não sabem exatamente o que fazer com ele. Creio que tem algo a ver com o Ank e com você.

Depois de um silêncio Nasser explicou que se o artefato caísse nas mãos erradas, a razão porque foi encontrado deixaria de ter razão de ser. Ele não sabia os pormenores, a única coisa que sabia era que o Ank, quando nas mãos da pessoa certa, seria útil à Humanidade.

— Não tenho a caixa de topázio comigo. – desafiante Daniel continuou: – encontramos artefatos o tempo todo, qual a razão para que esse seja tão importante?

Nasser olhava-o quase ameaçadoramente, quando respondeu:

— Se não tem a caixa, tem o conteúdo. Isso é mais uma prova de que você é o Escolhido. Lembre, o Ank não queima a sua carne, como aconteceu com muitos. Daniel... isso que você tem aí não é um artefato qualquer. É a chave para o mundo dos deuses.

Daniel olhou-o com ironia. A seu ver, Nasser vivia entre o mundo da fantasia e o mundo da realidade, e muitas vezes não conseguia distinguir a diferença entre os dois. Havia mais contradição nas convicções que não expressava em palavras, mas que deixava transparecer no olhar e na atitude. Perguntou-se se seria também a hora de lhe contar o que tinha descoberto, mas resolveu ficar em silêncio. Afinal era tão pouco o que tinha para dizer...

Daniel leu um pouco dos documentos, os quais não passavam de uma tradução e adaptação. Ele teria de analisar os originais para entender palavras e símbolos. Eram metáforas indecifráveis, não podendo fazer sentido fora do contexto que só nos originais poderia encontrar.

Daniel encostou-se na cadeira e ficou algum tempo olhando Nasser, enquanto este revia as páginas do documento que para ele era tão precioso. Passado uns momentos continuou:

— O que poderá ser esse artefato, além daquilo que aparenta? O Ank significa Vida. As pesquisas e exames mostram que tem magnetismo e é um condutor de um tipo de energia desconhecida. Para que servirá? A grande incógnita é ter sido enterrado há apenas 2000 anos, enquanto que estava rodeado de elementos muito mais antigos. Comparado com a urna de mármore onde se encontrava, é muito recente. Quem o teria usado? E por que o encontramos agora? Irá acabar num porão de museu? Nasser sorriu e respondeu:

— Quem sabe se não anuncia a vinda do segundo Messias, outro Cristo, ou o Mestre Maitreya que, como Cristo, Visnu e outros Mestres, aparecerá para liderar a Humanidade na mudança para outro nível de consciência e dar início a outra raça mais consciente e desenvolvida... Muitos têm tanto medo que a figura de Maitreya venha a destacar-se contra a fé estabelecida que já estão criando livros, filmes e demagogias, dizendo que Maitreya é o anticristo.

Daniel olhava Nasser de olhos esbugalhados, e só foi capaz de dizer:

— Você enlouqueceu... Precisaríamos sim, de alguém que uma vez por todas nos falasse da Verdade... Quem somos nós? Para onde vamos? Foi nessa esperança que decidi ser arqueólogo. – levantando a voz – Quero que as pedras falem... Entre as frestas do hipócrita silêncio dos homens as pedras têm de falar.

— Em todas as eras Iniciados vieram ajudar os humanos nas grandes mudanças. Isso sempre aconteceu em momentos onde o sofrimento chegou a pontos de exaustão, o que levou a raça humana a desejar uma grande mudança. O maior Iniciado da História foi Manu, que ajudou o ser humano a alcançar outro nível de consciência, e nos transformou no que chamamos de pré Homo Sapiens. A maior de todas as mudanças está batendo à nossa porta. Este Messias, Mestre, Iniciado, Jesus, Maitreya ou enviado dos deuses, não importa qual o título, já está entre nós.

— Tudo bem. Então, supondo que esse Mestre das profecias aparece. Para quê o Ank? Seus poderes serão muito superiores a qualquer ferramenta.

— O Ank é um símbolo concreto que serve para o ajudar a lembrar quem você é.

— Nasser, você está virando um fanático. Pense bem.

— Daniel, segundo a filosofia de todos os tempos, todos temos poderes, mas ninguém consegue usá-los. – Gritando – Eu quero esses poderes, entende?

— Acalme-se Nasser. Claro que conseguimos desenvolver-nos, através da vontade e da consciência. Mas isso é outro tipo de poder. É o poder interior ou da mente.

— Mas você nunca pensou nesse mesmo poder como sendo multissensorial, embora inerente ao ser humano? Isso vai muito além do esforço para usar a vontade. É a entrada noutra dimensão de pensamento que nos transforma organicamente, ao ponto de desafiar todas as leis da física conhecida na Terra.

— Baixe o balão! Olhemos a realidade. Eu sou um homem comum, tendo uma família que adoro e uma profissão que me realiza. Tudo o que mais desejo é poder contribuir para que a Humanidade de hoje se transforme noutra melhor do que esta, mas para isso há que mudar a maneira de pensar. Como não sou filósofo creio que as descobertas na Porta me podem ser úteis como informação que pretendo passar ao resto do mundo, no intuito de que isso nos ajude a ver o mundo e nós mesmos sob outro ponto de vista. Neste momento só sei que alguém me considera persona no grata. E se eu entregar o Ank a um museu?

— Já lhe disse, tem de sair do Egito. Tem de se disfarçar, criar uma nova identidade. Se o apanham, todos os seus ideais cairão por terra.

— E qual é a finalidade dessa fuga, além de salvar a minha pele?

— Descubra os mistérios do Ank.

— Nasser, você está sempre sonhando. Isto é sério...

— Talvez mais sério do que você pensa... Tente...

— Tentarei.

9

Paris, França

A viagem de barco embora descomplicada foi tortuosa. Finalmente Daniel chegou no sul da França e daí seguiu para Paris como ajudante num caminhão de mercadorias. As notícias no Cairo eram que ele tinha morrido, mas seu corpo não fora encontrado. A caixa de topázio tinha sido encontrada intacta no meio dos escombros, porém, com menos peso. Daniel ouviu as notícias pensando em Nasser e sentindo-se bem por não ter aceito as cópias dos antigos manuscritos.

Num pequeno restaurante Daniel foi brutalmente retirado de seus profundos pensamentos quando a locutora da TV nacional dava as últimas notícias. "Devido ao fato do corpo de Daniel Salinas ainda não ter sido encontrado, a perícia de vários países chegou à conclusão que a explosão na universidade do Cairo, na qual pereceram 74 pessoas, poderia ter sido obra do arqueólogo, talvez para encobrir evidências de outros crimes, como a morte do diretor do museu do Cairo, Majid Umarah e o desaparecimento do conteúdo da caixa de topázio. Visto esta ter diminuído de peso, depreende-se que Daniel Salinas ande foragido e tenha o seu conteúdo, o que pode ser muito perigoso. Máscaras e escafandros anti-Ank já se encontram à venda."

Daniel pagou a conta enquanto a locutora dizia que a Interpol e outras organizações internacionais o estavam procurando. Algumas pessoas afirmavam tê-lo visto perto do porto de Alexandria.

∞

Daniel não podia mais usar qualquer tipo de comunicação com sua família e amigos, nem tão pouco cartões de crédito ou fazer transações bancárias. Todas as pessoas das suas relações deviam ter os telefones grampeados. Nasser Isa Rukh tinha-lhe dado dinheiro suficiente para viver modestamente durante um ano ou mais, assim como um passaporte falso, no nome de Samih El Rouis. Nasser seria também o intermediário de qualquer informação, usando telefones pré-pagos. Antes de se despedir de Daniel, Nasser prometeu que por portas e travessas, meios que só ele sabia, entraria em contato com Ronaldo Ciciliato para informá-lo de que Daniel estava bem, e que no dia 18 de abril poderiam encontrar-se na livraria Saint Michel, na avenida com o mesmo nome, na Rive Gauche, em Paris.

Daniel usava boné e deixara crescer a barba, como era moda entre muitos jovens. Vestido de calças largas, blusão e devido a ter perdido muito peso, não parecia a mesma pessoa. Instalou-se num sétimo andar sem elevador. Era um prédio perto da Porte de Vanves, onde as águas furtadas eram habitadas apenas por ele, duas empregadas domésticas espanholas e uma estudante tunisina da École Nacional de Statistic. Frente às circunstâncias, não poderia ser melhor.

Durante a viagem, Daniel nunca teve oportunidade de estar a sós e com a segurança necessária para desfrutar da companhia do Ank que continuava enrolado na sua roupa dentro da mochila. O artefato estava intacto, todavia, o arqueólogo encontrara uma bala chamuscada e derretida no fundo da mochila.

Daniel colocou o Ank em cima da mesa, pensando que lhe devia a vida, e sorriu lembrando as palavras de Nasser, sobre os seus "messias". Quanta loucura a cabeça do amigo era capaz de engendrar.

10

Cairo, Egito

Anna esperava Nasser no restaurante que fica no topo do Hotel Sheraton do Cairo. Quando o irmão chegou ela sentiu algo como se tudo ao redor estivesse iluminado por uma luz etérea.

— Sigo hoje mesmo para casa.

— Voltarei amanhã à Porta. Preciso investigar umas coisas.

— Tenha muito cuidado. Não é só a sua vida que estará em jogo, mas a de todos nós e os nossos sonhos.

— Seu pai tem muito poder. Somos praticamente intocáveis.

— Você está totalmente errado. Há forças que não podem sentir-se ameaçadas. Meu pai e nossa querida mãe nada podem contra elas.

— Pelo visto, essas "forças" foram bem abaladas com estas descobertas. Creio que vão mandar aterrar a Porta. Acredita?

— Destruir um sítio arqueológico não é nada, comparado com tudo o que têm feito neste mundo, principalmente depois da descoberta do petróleo.

— Anna, Anna, e antes disso?

— As atuais forças ocultas que regem o mundo não são mais as mesmas de antigamente. Presentemente até as Igrejas lhes deve obediência, visto seu poder também depender delas. Entendeu?

— São como uma trança muito bem elaborada. Umas fazem parte das outras.

— Nasser, e o cristal? Quando o iremos encontrar?

— Tudo vem na hora certa querida mana. Nunca esqueça isso.

Enquanto comiam falaram de trivialidades, amigos e novas invenções. A ternura entre os dois era palpável. Era sólida e transparente.

Por fim Anna perguntou:

— Ele está bem? Em segurança?

— Para ele nada neste planeta é seguro. Vai ser uma muito longa viagem...

Os dois irmãos despediram-se com afeto,

— Meus respeitosos pedidos de benção a seu pai. Muito carinho a nossa querida mãe.

— Cuida-te irmãozinho querido.

11

Paris, França

Daniel Salinas sabia muito bem que a sua vida não mais seria a mesma. Depois das descobertas da Porta tudo tinha mudado. Sentia que estava dando os primeiros passos que marcariam um novo começo. Mas qual?

Daniel apagou a luz do quarto, o qual ficou docemente iluminado com aquela cor de ouro que tanto o deslumbrara. Apertou levemente na junção do laço com os braços do Ank, sentindo que este o queria guiar telepaticamente. Seria possível? Mas isso era inconcebível! Estaria ele sendo atacado pelo mesmo mal de que Nasser parecia sofrer? Daniel não queria ouvir a voz do seu subconsciente. Era imperioso ser realista. Ele não era um lunático, mas um cientista.

Durante toda a viagem e preparativos para se instalar confortavelmente, dentro da medida do possível, Daniel tinha-se preparado mentalmente para esse momento. Porém, olhava o Ank sem saber o que fazer, resistindo à tentação de cair nos laços do imaginário. Perguntava-se o que queria que acontecesse. Não sabia, não tinha a menor ideia. Viu-se caminhando num deserto sem nome. Todo o seu ser foi assolado por uma grande aridez e profunda solidão. Sentia-se mais só do que nunca. Não enxergava o próximo passo, muito menos o fim de uma estrada que nem tinha sido escolhida.

Sorriu pensando nas quimeras de Nasser e seus antepassados. Olhou o Ank e imaginou-o sob uma redoma de vidro no centro de uma sala em algum museu. Era isso mesmo. Deveria ir ao Louvre entregá-lo. Não lhe pertencia. Era simplesmente um artefato, nada mais. Mas... por que não o queimava? Talvez o cientista de Zurique tivesse tocado em algo antes de pegar no Ank, o que provocou uma reação. Sim, teria sido isso com certeza... Mas... Rashid e Zahiem? A luta interior chegava ao limite da lógica. Conjecturas da desrazão o levavam a descobrir incógnitas. Procurava razões para um caminho que obrigatoriamente teria de tomar, embora sem destino e sem aparente sentido.

Daniel levantou-se na intenção de colocar o Ank entre as roupas que ainda estavam na mochila. Foi quando se lembrou dos resultados dos peritos, afirmando que o artefato era um grande condutor eletromagnético.

Nesse instante, do centro do Ank, ainda sobre a mesa, formou-se uma luz azul que mostrou um mapa a 3 dimensões. As linhas abriam-se e desdobravam-se diante do arqueólogo. Primeiro mostrou-lhe o mundo, mas em seguida, pareceu transportá-lo pelos ares numa fantástica viagem, Daniel sentiu-se como se pilotasse uma cápsula espacial, dentro de outra dimensão. Depois de sobrevoar o mar da Galileia, tão azul quanto histórico, a concentração focou um único ponto como se mais nada existisse: os misteriosos buracos ao longo da estrada que passa por Eilat, no sul do deserto de Negev em Israel e que só podem ser reconhecidos quando vistos do espaço. O mapa focou o que estava mais ao sul, dando as coordenadas. De um momento para o outro a viagem terminou e o mapa desapareceu. O Ank continuava em cima da mesa, como se nada tivesse acontecido. Naquele recanto de um sétimo andar sem elevador, numa região quase fora de Paris, um ser humano viajou pelo espaço sentado numa cadeira comum. Nesse trajeto aconteceu algo inexplicável. Daniel viu o reflexo dos seus desejos mais íntimos, aqueles que jamais contara, que jamais iria admitir e que, mesmo a si próprio, sempre negou.

∞

Daniel guardou o Ank dentro da mochila. Havia ruído no corredor. A vizinha estudante tinha trazido companhia naquela noite. De mansinho, a noite foi rolando entre silêncios e gemidos. Daniel, não podendo dormir, passou o resto do tempo escrevendo cartas para Marília, seus filhos, familiares e amigos. Pensando em Marília, sentia a angústia da saudade sem promessa. Ela agora parecia ser parte de uma vida onde ele não mais pertencia. Contou-lhe um pouco dos últimos acontecimentos, mas entre outras coisas, omitiu o que o Ank lhe tinha mostrado e a cidade onde se encontrava. Nada podia prometer. Talvez nunca mais voltasse. O certo é que teria de continuar incógnito por muito tempo.

Nesse dia encontrar-se-ia com Ronaldo a quem entregaria essas cartas. Já pronto para sair, deitou-se em cima da cama e adormeceu. Sonhou com a livraria, onde tinha encontro marcado com o amigo de infância. A loja ainda não tinha aberto. Viu o amigo inquieto fumando cigarro atrás de cigarro, até que por fim caminhou desconfiado e inseguro até ao jardim de Luxemburgo, onde se encontra o Senado francês. Quando Daniel acordou o sol já ia alto, eram nove horas da manhã. Dentro do metrô, pensava no sonho e chegou à conclusão de que se a livraria estivesse aberta, ele faria um pequeno sinal a Ronaldo e continuaria caminhando até o jardim de Luxemburgo.

Quando Daniel saiu da estação de metrô La Sorbonne, nem olhou ao seu redor, dirigiu-se apressadamente à livraria St. Michel, que estava aberta e já cheia de clientes. Olhou para dentro da loja despercebidamente. Na sua imaginação, Ronaldo deveria esperá-lo junto à porta. O que teria acontecido? Entrou no metro novamente e saiu na gare du Nord. Colocou a mochila num compartimento, retirou o Ank, que embrulhou num casaco e voltou a St. Michel. Ronaldo estava na fila para pagar um livro, rodeado por várias pessoas. Daniel passou por ele e apenas disse, "Jardim de Luxemburgo, junto à fonte".

Finalmente os dois amigos encontraram-se. Nas mesas junto à Fontaine Médicis, tomavam café-au-lait e comiam croissants de olhos bem atentos ao que os rodeava. Daniel sentia que Ronaldo Ciciliato estava estranho. Nunca o tinha visto assim, nervoso com expressão de quem toma uma decisão arriscada. Mas apesar disso Ronaldo também transpirava uma estranha segurança. Depois de terem falado de suas famílias, de Ronaldo ter entregue várias cartas a Daniel e este também lhe ter dado as que escrevera durante a noite, Ronaldo perguntou à queima-roupa:

— Você se lembra que várias vezes lhe perguntei se queria entrar para a minha Ordem? – Daniel olhou o amigo com espanto.

— Com tudo o que está acontecendo é isso o que tem para me dizer?

Ronaldo encostando-se na cadeira, levantou os olhos para o ar, para depois os baixar bem devagar, até fixá-los no amigo.

— Desde a infância que você sabe da minha paixão por mistérios. Tentar desvendá-los tem sido a força motriz da minha vida. A Ordem foi um passo que dei sem bem ter consciência do que estava fazendo. Agora que me sinto com os pés no chão e tenho uma vida com propósitos que vão muito além de mim, convido você mais uma vez. A este ponto da sua vida, a Ordem poderia ser outra forma de proteção ou, num sentido mais pragmático, uma retórica que o poderia ajudar a melhor entender o que está vivendo. Repare que você nem sabe do que está fugindo. Não tem a menor ideia daquilo que possui, além de não saber qual a extensão do perigo que corre, assim como a sua própria família. Daniel cortou o amigo, dizendo:

— Nada me poderá proteger. Estou começando a entender que os meus inimigos são também inimigos do resto do mundo. Todos os que tentam desvendar segredos, mistérios, a própria História, tentar algo novo ou reformar uma igreja, passam imediatamente a ser alvo dos que querem manter a ordem mundial dentro dos parâmetros que os protegem, assim como a todos os seus interesses. Ninguém perde tempo em servir os povos ou a Verdade.

Daniel fumava cachimbo sem tirar os olhos do amigo, a ponto de esquecer o perigo que ambos corriam. Depois continuou:

— Eu sei muito bem que muito do que atualmente se diz sobre várias Ordens vem tanto de propaganda muçulmana fundamentalista com fins terroristas, como de muitos ocidentais que querem proteger os seus interesses, acusando outros e provocando confusão. Muitos vídeos, filmes e comunicados que inundam a Internet foram criados no sentido de confundir os povos para que estes cheguem ao ponto de serem os primeiros a implorar pela mão aparentemente benéfica e protetora da Nova Ordem Mundial. Contudo, todos sabemos que a desordem, a escravidão, doenças, humilhação e indiferença pelo sofrimento que assola o mundo, é a única ordem ou comando dado pelos que se dizem os Grandes Protetores, os quais se julgam acima dos deuses. A desordem, sob a falsa aparência da ordem, provocada pela Nova Ordem Mundial infiltra-se nas sociedades através de leis, religiões, conceitos, ciências e filosofias, onde até mortes em massa, devido a lutas raciais, guerras ou genocídios, dos quais os jornais nem falam, impede-nos de procurar os verdadeiros culpados, tão reais como você e eu. Os terroristas tentam destruir as nossas mais preciosas fundações, usando fatos para destruir conceitos de maneiras intricadamente inteligentes. Muitas vezes acabamos por nos sentir órfãos, sem identidade e portanto sem força para sermos criativos e mentalmente independentes a fim de procurarmos descobrir quem somos. Revoltados contra a injustiça e corrupção acabamos por tomar o caminho da desrazão, e cegos terminamos por não querer ver a realidade, que muitas vezes só se encontra no caminho do meio. Isso nos faz cair na armadilha pensando que lutamos contra essas forças, mas na realidade estamos ajudando a manipulação dos povos, cegando-os da realidade e do amor através do ódio.

— Tal como a religião. – adiantou Ronaldo.

— Mas quem criou esse terrorismo? Essa desordem tão necessária? A Nova Ordem Mundial. Quem criou a necessidade de armas que tanto enriquecem alguns, enquanto os povos as olham como uma imperiosa necessidade para a paz? Quem vende e revende o petróleo à custa do meio ambiente e dos altíssimos preços que tanto dificultam a vida dos povos, enquanto outros meios de energia que foram inventados, como motores gerados a ar, hidrogênio e água do mar, energia eólica ou solar são muito caros ou banidos, ao mesmo tempo que seus criadores são assassinados ou ridicularizados? A maior fonte de energia é o mar e ninguém a usa. Os medicamentos que os povos pensam ser tão necessários para combater doenças e epidemias, muitas delas provocadas ou inventadas pelas próprias farmacêuticas – as mesmas que vendem os remédios e vacinas para combatê-las...

— Como a gripe suína...

— Quem inventou a necessidade, lenda ou superstição de dar um diamante no dia de noivado, senão os grandes magnatas dessa indústria? O garimpeiro, que vive nas condições mais desumanas e encontra um diamante de grande valor, recebe $10.00 dólares, para que a mesma pedra seja vendida em Antuérpia por um milhão e meio de dólares ou mais, o que seria suficiente para edificar uma vila com escolas, hospitais, casas dignas, centros culturais e de desporto para essa comunidade garimpeira – um único diamante...

— De certeza que teria uma igreja. – adiantou Ronaldo com ironia.

— Porém, se isso acontecesse, a educação não permitiria o desaforo de tanta exploração. Isto é o exemplo extremo de tudo o que acontece no mundo. Agora diga-me meu amigo, como poderia a sua Ordem ajudar-me a combater os meus inimigos, se todos os povos aceitam essas condições como forças do destino, ajuste de karmas ou caminhos para o céu? Se eu tiver comigo uma prova real de que todas as fundações religiosas são de barro, que a História tem de ser recontada, e puder mostrar que o ser humano é muito mais do que pensa, quem vai ajudar a manter o fanatismo religioso e ideológico que tanto beneficia os nossos "protetores"?

Ronaldo olhou ao seu redor, antes de falar, e olhando o amigo bem nos olhos disse:

— Daniel, eu sei que a melhor forma de destruir um setor do mundo não é só jogar bombas, mas também usar o pânico através de informação tendenciosa e bem manipulada, de forma a jogar uns contra outros. A propaganda terrorista tenta colocar ainda mais confusão, usando o coletivo que ao mesmo tempo denuncia como sendo um dos perigos impostos pelos governos ocidentais, enquanto ele mesmo o usa de uma forma extremamente eficaz. Contudo, a causa de tudo isso é a nossa própria cultura, governos corruptos, religiões primitivas e povos ignorantes que usam exatamente os mesmos métodos. O mal do mundo sempre foi trocar o mal pelo bem, fatos reais por mentiras e exageros fora de contexto, para que a verdade continue escondida e ninguém saiba como e onde procurá-la. Sim, existe um grupo chamado Nova Ordem Mundial, mas acima daqueles que a formam, existe um grupo muito pequeno e acima dele outro a que chamam trindade.

— Quem? Os Rothschild?

— Muito acima dos Rothschild...

— Lembro de David Rockefeller dizer "Deus criou o mundo e eu coloquei ordem na criação". Ele mesmo assumiu a existência da Nova Ordem Mundial, afirmando que esta nunca seria administrada por pessoas eleitas por voto popular. Eu sei que essa elite apenas requer que a deixem em paz para dirigir o mundo segundo os seus caprichos, mas não vai além do poder econômico...

— Tem um poder muito mais embriagador, O Poder. Porém, Daniel, sempre houve neste mundo um grupo de gente que tem tido por função evitar que as coisas sejam ainda piores. Essa Ordem para a qual o convido a entrar, tem tido diferentes denominações segundo as épocas e culturas em que seus membros têm vivido e está espalhada por todos os continentes. É para essa Ordem que o convido. Nossos conhecimentos são muito antigos e podem ser-lhe úteis. Serão como uma âncora ou uma bússola que o poderão ajudar a não se desnortear. Porém, e principalmente, ao dar o seu primeiro voto, fica automaticamente ligado a uma energia que muito o poderá ajudar.

Enquanto Ronaldo falava, a garçonete – linda, de cabelos negros e tez escura, aproximou-se para limpar a mesa, colocando um copo de água e um guardanapo na frente de Daniel, onde estava escrito, "A sua vida está em perigo, desapareça neste momento". Ele já tinha visto aqueles olhos, mas não teve tempo para pensar nisso.

Ronaldo perguntou quando o amigo pensava voltar ao Brasil.

— Não, ainda não. Você não tem ideia da gravidade da minha situação. Agora tenho de ir, não me sinto confortável. Gostaria muito de continuar aqui falando com você, mas sinto que devo ir embora. Preciso te falar, tenho estado muito solitário, mas tenho de ir.

— Onde e como nos poderemos voltar a encontrar? Você está tendo uma intuição de preservação?

— Nos vimos de hoje a um mês no Templo de Jerusalém.

— Como poderei estar daqui a um mês em Israel? – perguntou Ronaldo sussurrando, mas quase fora de si.

— Não há nada que eu possa fazer aqui em Paris. Esta cidade pode parecer segura, mas não tem nada para me oferecer. Além disso, sinto-me inseguro, como se a minha vida estivesse permanentemente em perigo. Talvez noutro canto do mundo eu possa encontrar respostas e descubra qual o caminho a seguir. Dizendo isto, Daniel desapareceu no meio de um grupo de estudantes.

Daniel voltou para o metrô. Tomou a direção de Montparnasse. Não sabia o que fazer. Ir à Gare du Nord para pegar a mochila, era tudo o que mais queria, mas algo lhe dizia para ter muito cuidado. Saiu e entrou em vários metrôs e finalmente chegou na Gare du Nord. Retirou a mochila do cacifo e seguiu para a Gare d'Austerlitz. Queria ainda pernoitar no sétimo andar, mas decidiu começar a longa viagem nesse mesmo dia. Ainda na Gare d'Austerlitz, Daniel tomou a direção de Château de Vincennes com intenção de ir para a Gare de Lyon e daí seguir para o sul. Já na plataforma, olhou a escada rolante onde um homem vestido com uma gabardina cinzenta apartava todas as pessoas da sua frente para poder passar. Porém, o que chamou a atenção de Daniel foram as luvas, no fim de um dia que tinha sido ensolarado e quente. O trem aproximava-se da plataforma e o homem de cinzento encontrava-se cada vez mais perto. A estação estava cheia de gente.

De um momento para outro, antes das portas do trem abrirem, Daniel sentiu algo pontudo em suas costas e um sussurro que dizia – "Não se mexa ou você morre". Havia muito que Daniel não fazia karatê, mas os reflexos ainda estavam lá. Sem pestanejar e com a maior concentração, o paleontólogo virou-se, saltando para o lado oposto. Tinha consigo a navalha que o teria morto. O homem de cinzento rodopiou sobre si mesmo e caiu, batendo com a cabeça no chão. Ouviu-se um "crack", como se alguém tivesse pisado o seu crâneo. Os transeuntes fugiram e o atacante ficou inerte na plataforma, quase vazia. Daniel sabia que tinha tido a ajuda de alguém. O golpe de karatê que fez era para se defender, não para matar. Tudo isto aconteceu num abrir e fechar de olhos. Daniel tinha que sair rapidamente dali pois os seguranças não tardariam em chegar. Entrou no trem no exato momento em que as portas se fechavam. Rapidamente pensou na melhor maneira de ludibriar a polícia, no caso de ser seguido. Na estação seguinte saltou para entrar noutro trem. Contudo, os seguranças, que já o procuravam, milagrosamente receberam sinal para parar a busca. Tinha sido um caso de legítima defesa, onde o pânico da multidão levara alguém a pisar o crâneo do ladrão. No dia seguinte os jornais apenas diziam que o ladrão mais procurado do metrô de Paris, italiano imigrante de paradeiro incerto, tinha morrido acidentalmente.

12

Deserto de Negev, Israel

Daniel chegou a Israel num cargueiro de mantimentos. Sabia que seu passaporte seria detectado como falso pelas autoridades israelenses, por isso, a mais ou menos dez milhas da costa, resolveu mergulhar e nadar até lugar seguro. Salvar-se foi um milagre, fruto de um esforço heroico, e o fato de não ter morrido era um feito menor do que não ser apanhado. Durante a viagem o paleontólogo brasileiro sentia que a cada dia a sua percepção multissensorial se desenvolvia mais e mais. Olhava cada pessoa e sentia a alegria, a tristeza ou amargura que a envolvia. Em todos reconhecia o grande paradoxo de um grande desejo de viver, enquanto se acomodavam dentro da caixa da resignação.

Caminhando por ruas que não eram mais do que um emaranhado de linhas atravessando inimigos, Daniel avistou muito além do lugar onde se encontrava. Viu crianças serem tratadas como escravos, algumas carregando armas, na idade em que só brinquedos deveriam encher essas pequenas mãos. Viu outras jogarem pedras a soldados, enquanto estes detonavam balas na sua direção. Viu homens apunhalando seus irmãos, e mulheres chorando de ódio, raiva, solidão e impotência. Viu ricos e poderosos cuidando seus negócios, enquanto outros procuravam comida no seu lixo. Viu ignorantes ricos e pobres. Viu gente humilhando-se, aparentemente de livre vontade, a deuses ou exigentes virgens. Viu autoridades perdoar privilegiados e prenderem inocentes. Viu pecados em nome de virtudes e virtudes culpadas por serem pecados. Notou com toda a clareza que o sol não era suficiente para clarear a mente da Humanidade. Algo tinha de acontecer. Algo drástico, algo inesquecível. Ele sentia também, no mais fundo do seu ser, que a sua vida já não lhe pertencia. O arqueólogo bonitão, reconhecido mundialmente e amado por tanta gente, tinha desaparecido para sempre no convés de um cargueiro francês. Ele sentia que estava a serviço de algo muito maior do que ele mesmo poderia imaginar e que esse serviço pedia muitos riscos e renúncias, mas tudo o que mais desejava era continuar. Os perigos eram parte de um esquema que tinha estratégias desconhecidas. Olhando dentro de si parecia ter sido iniciado em alguma Ordem anciã, onde o sabor da morte não era causa para medo, mas um impulso que trazia uma misteriosa alegria e esperança. Isso dava-lhe a força sobrenatural que ele precisava para enfrentar o desconhecido.

Ninguém no mundo sabia onde ele se encontrava, mas assim mesmo sentia a ameaça de uma sombra negra que nunca o deixava sozinho, mas que era suplantada por uma sensação de segurança, que o levava a pensar que esse futuro tão incerto, na realidade não era um grande perigo. Daniel sempre foi uma pessoa racional, descrente de dogmas religiosos, mas essencialmente espiritual, amante da natureza e apaixonado pela Humanidade. Desde pequeno sempre desejou descobrir a verdadeira história do planeta, o que se transformou numa paixão e esta passou a ser a força motriz da sua existência.

∞

Finalmente, Daniel conseguiu chegar no Mar da Galileia. No deserto circundante haviam várias grutas. Ele olhava aquele deserto de pedra sem saber para onde se dirigir. Teria de pernoitar em grutas e continuar caminhando até Eilat, que ficava ao sul do deserto de Negev. Era aí que se encontravam os misteriosos buracos que só podiam ser reconhecidos quando vistos do espaço. O perigo de ser descoberto era imenso. Era impossível ludibriar a polícia ou as forças militares de Israel.

Daniel tinha marcado as coordenadas dadas pelo Ank no seu GPS. A certo ponto a mochila nas suas costas parecia empurrá-lo numa certa direção. Caminhando entre pedras, desequilibrando-se por vezes, conseguiu chegar a um monte de areia, que àquela hora já fazia sombra suficiente para o acolher num desejado descanso. Abriu uma lata de salsichas e enquanto comia verificou que estava exatamente no local que procurava. Mas se esse lugar era o seu destino, qual a razão por que não havia nada mais além de pedras e areia? O cansaço e o calor convidavam a uma soneca. Fechou os olhos pensando em continuar, mas... para onde? "Isto é ridículo", pensou enquanto bebia um pouco de água. Ainda caiu no velho hábito de pensar dentro dos princípios a que estava acostumado, perguntando-se se tudo aquilo valeria a pena. Longe da família, a insegurança, a falta dos confortos mais básicos. E agora? O que iria acontecer? Por que não entregou o Ank às autoridades egípcias ou ao curador do museu do Louvre? Por que Majid Umarah teria de ter morrido? Quem jogou uma bomba no museu do Cairo? Por que Nasser Isa Rukh tinha sido tão prestativo? Quem o tentou matar no Cairo, em Zurique e em Paris? De quem estava fugindo? A quem, ele mesmo, parecia estar perseguindo? Nesse mesmo momento a sua mente pareceu ter vida própria. Mostrou-lhe toda a sua existência, desde o presente até o nascimento. O que tinha vivido era como um filme, que transformava anos em milionésimos de segundos, tal como acontece com todos nós na hora da morte. Daniel Salinas sentiu que esse exame retrospectivo e cognitivo anunciava a sua última hora, o momento final. Porém, o instinto de sobrevivência pode ativar todos os mecanismos do Ser, mesmo aqueles que durante uma vida normal nunca são usados.

∞

Daniel abriu a mochila e tirou o Ank. A energia voltou como que por encanto. Sentiu uma grande vontade, uma vontade verdadeira. De quê? Não sabia, não era importante. Era apenas vontade. Olhando as pedras à sua volta, encontrou uma que se distinguia por ser muito plana e rosada. Olhou-a de perto. Acariciou-a com os olhos e com as mãos. Interessante! À medida que ia passando os dedos na pedra, esta produzia, bem no meio, uma ranhura que a pouco e pouco "desenhou" o formato do Ank. Devia ser uma miragem, pensou o arqueólogo. Dentro dele havia uma luta ferrenha entre o cientista bonitão, por vezes frívolo, satisfeito com o que a vida o presenteava, e o outro Daniel que queria realizar seus ideais e consciente de algo sem explicação. O idealista ganhou a luta. O braço que segurava o artefato de repente parecia paralisado, não queria se mover. Foi com um grande esforço que Daniel colocou o Ank em cima da ranhura, onde este se encaixou perfeitamente. A sensação de paralisia é fruto de uma inibição intrínseca, como levantar a mão para dar uma palmada numa criança e não conseguir movê-la.

A terra rugiu, o chão tremeu. Daniel rapidamente pegou na mochila para guardar o Ank. Nesse mesmo momento, como um enorme animal pré-histórico de boca aberta, a terra abriu-se engolindo tudo. O homem enterrava-se cada vez mais e mais nas profundezas do mundo, e com ele o passado também morria. A vida nunca mais seria a mesma. Tudo o que era conhecido e tido como seguro e verdadeiro implodiu, e o primeiro dia de um novo futuro começou a ser desenhado.

13

Povo do Vril

Atordoado, sem bem entender o que tinha acontecido, Daniel limpava os olhos, ajeitava a roupa e apalpava um galo na cabeça, enquanto olhava ao seu redor. Dois seres com asas, que mais tarde veio a saber serem mecânicas, aproximavam-se com ar de quem dizia 'bem-vindo'. Eram aparentemente uma mulher e um homem, adultos, mas com rosto de adolescentes. Não tinham cabelo, mas eram lindos e pelo menos, meio metro mais altos do que Daniel.

Em perfeito inglês apresentaram-se como sendo Isha e Lamo.

— Que lugar é este? Quem são vocês?

Daniel fazia perguntas sem esperar respostas. Olhava ao seu redor com receio e admiração. Estava no que parecia ser um jardim, todo decorado de flora como ele nunca tinha visto. A profusão de flores, as cores e disposição dos próprios arbustos era em si uma obra de arte inteiramente ladeada de cristais. A luz lembrava um dia de sol, mas sem sombras. Tudo era esplêndido, limpo e harmonioso. Lamo e Isha de cada lado de Daniel, pegaram-no pelas axilas e voaram. Não dava para pensar. Daniel simplesmente rendeu-se pensando que estava dormindo e tendo um sonho, que tanto podia ser bom como um pesadelo.

O balcão da habitação era adornado por flores que iam além do exótico. Ficava em frente a uma enorme praça, onde caberiam pelo menos 5.000 pessoas. No centro haviam dois pedestais. Um sem adornos, como se esperasse que alguém aí colocasse uma estátua. De cada lado havia uma escada que levava ao topo do pedestal. Alguns vasos com flores adornavam o sopé dessa obra aparentemente inacabada. No outro pedestal encontrava-se uma enorme pinha feita de um material desconhecido, que mais parecia um gigantesco rubi lapidado e trabalhado com o maior esmero. Esse pedestal também estava ladeado por duas escadas, ligeiramente em caracol. O sopé era adornado por cristais que mais pareciam diamantes.

Um homem parecido com Lamo, embora um pouco mais velho, caminhava na direção do paleontólogo, interrompendo as suas observações.

— Bem-vindo, Daniel, – fez uma pequena vênia. Daniel imitou-o, mas logo em seguida perguntou:

— Não sei o que dizer, não sei onde estou, será isto um sonho? Como sabe o meu nome? Caí e bati com a cabeça, será que estou tendo alucinações? Morri e isto é um plano do astral?

Isha e Lamo retiraram-se, deixando os dois a sós. Daniel foi conduzido a um banco do terraço, sentando-se na frente do desconhecido. "Não estou entendendo o que está acontecendo. Por que estou aqui? Será tudo isto uma armadilha para que me roubem o Ank?"

Estes eram os pensamentos de Daniel, que deixava transparecer a inquietação no rosto transtornado. Olhou o desconhecido, aparentemente benevolente, mas que lá no fundo também lhe parecia um monstro disfarçado de gatinho. O anfitrião parecia ler o pensamento do visitante.

— Daniel, pode ficar descansado, que o seu artefato não é alvo da nossa cobiça. Apenas serviu para que você abrisse um dos portais onde as nossas esferas se encontram. O meu povo tem os seus próprios meios para visitar o seu mundo. Respondendo à sua pergunta, sabemos da sua existência desde que tocou o Ank pela primeira vez. Saiba também que embora sejamos diferentes, não temos intenção de dominá-lo ou fazer algo desonroso. Abra a mente e absorva o que ouvir e vir. A razão porque você está aqui é aprender.

Agora já sabe que há outros povos, além dos que conhece, mas saber não é suficiente. Terá de ficar aqui por algum tempo para entender.

— Repito, que lugar é este? Não estou entendendo.

— Meu nome é Ramol e sou o Grande Conselheiro Geral do Povo do Vril. Há mais de 12.000 anos que as camadas internas da Terra são o nosso lar.

— Mas isso é um mito... – balbuciou Daniel, para logo ser interrompido por uma mão na frente de seu rosto, como que dizendo 'pare'.

— A realidade é que você se encontra no interior da Terra.

— Povo do Vril?

— Sim.

— Há muitos anos li um livro escrito por um aristocrata inglês do século XIX, Lord Bulwer Lytton, que falava de um povo no interior da Terra, o povo do Vril-ya. Seria uma super raça, tão maravilhosa quanto terrível.

— Sim, somos uma super raça se nos comparar com os povos da superfície. Terrível, não vejo porque. Conheço esse livro, A Raça do Futuro. Contudo, Lord Lytton, além de confundir eventos, esqueceu muito do que viu antes de voltar à superfície. Suas memórias ficaram confusas e a descrição que fez do nosso povo não representa a verdade.

Muitos escritores da superfície falaram sobre a existência de povos no interior da Terra. Um foi Luís de Camões. A Ilha do Amor não é uma invenção poética, elaborada na mente do poeta, mas uma imagem do que então pensou ser o centro do mundo. Algo muito sério e comparável a uma frase de Dante na Vida Nova: "Ego tanquam centrum circuli, cui simili modo se habent circunferentise partes; tu autem non si", ou seja, "Eu sou como o centro do círculo, ao qual de modo semelhante se referem as partes da circunferência; tu não". A descoberta do Novo Mundo trouxe outras descobertas e a referência à ilha "nas entranhas do profundo Oceano" seria o seu centro apenas identificável à cidade de Jerusalém da superfície a que chamavam o "umbigo do mundo". Os navegadores atravessaram, como Dante, uma selva espessa, árdua e difícil que os levou ao cume de um monte, a um campo coberto resplandecente de lume claríssimo, o sol oculto, o Vril. Porém, no mundo da superfície falar dos povos no interior da Terra é mais perigoso do que falar de povos vindos do espaço. Em janeiro de 1956, quando o Almirante Byrd dirigiu uma expedição ao Polo Sul, no seu relatório afirmou que tinham penetrado duas mil e trezentas milhas na direção do centro da Terra. Byrd disse que os polos eram apenas duas das muitas entradas para o interior do planeta e que esse lugar aparentemente de trevas tinha o seu próprio sol. A sua teoria era de que os polos eram côncavos em vez de serem convexos, como se pensa. A imprensa americana anunciou essa descoberta, mas foi imediatamente suprimida pelo governo secreto, o qual comprou, roubou e destruiu quase todas as cópias da revista "Flying Saucer", quando esta publicou as descobertas do Almirante Byrd. Não contente, também arruinou as chapas de impressão. A revista National Geographic publicou um artigo sobre a mesma descoberta do Almirante Byrd, mas o governo americano imediatamente adquiriu ou fez desaparecer quase todas as cópias.

O diálogo foi interrompido por Lamo que colocou um tabuleiro com refrescos, nozes e frutas em cima de uma mesa.

— Como vê também comemos, bebemos, dormimos e fornicamos. O que nos diferencia é o domínio que temos sobre a mente e as energias da Terra, além da forma como pensamos. As grande diferenças físicas são devidas a não sofrermos o efeito da radiação solar; ao desenvolvimento da glândula pineal e à energia do Vril – Disse Ramol com vestígios de displicência no olhar.

Nesse momento entrou Isha na companhia de uma mulher com rosto de adolescente, mas aparentemente mais velha. Fizeram uma vênia, para em seguida se sentarem nos bancos restantes. Daniel olhou-as com curiosidade.

— Eu sou Ninan, esposa de Ramol e mãe de Isha e Lamo. Nesta sociedade tenho o título de Grande Guardiã. Sou a responsável para que a sua estadia seja produtiva. Desde agora você iniciará a aprendizagem que lhe será útil para quando voltar ao seu mundo, num futuro próximo.

Daniel não tinha muitas alternativas, mas aventurou uma pergunta que também não representava o seu desejo. Sentia-se um imbecil...

— Vocês permitiriam que eu voltasse à superfície, hoje mesmo?

Ninan sorriu dizendo que não acreditava ser essa a sua verdadeira vontade. Daniel abanou a cabeça e sorriu rendendo-se. Isha olhou a mãe, o pai e o irmão enquanto pegava na mão de Daniel, encaminhando-o para dentro da residência de vidro. Daniel sentia vontade de conversar com Isha, mas não sabia como. Acabou por dizer a primeira coisa que lhe veio à cabeça:

— Têm muitos visitantes do mundo da superfície?

— Não. Você é o terceiro que veio na vida de meu pai e o primeiro da minha vida. O registro dessas visitas pode ser lido nos livros de história da biblioteca.

— Como aprenderam a falar inglês tão bem?

— Todos os habitantes do meu povo conhecem pelo menos as três línguas principais do mundo da superfície. Inglês é uma delas. Assim estamos preparados para entender os vossos meios de comunicação que conseguimos captar, e também para uma eventualidade como esta, de termos alguma visita. – Isha abriu um reposteiro – Esta sala são os seus aposentos. A água naquela pedra côncava está aquecida. Até amanhã.

∞

Daniel despertou, quase esquecido na nova situação. A pouco e pouco foi lembrando onde estava. Passado algum tempo Lamo apareceu e ambos saíram para a praça em frente à casa. Naquele lugar o som da carícia do vento era inexistente, e só nesse momento Daniel se deu conta de como o mundo é triste sem a mão invisível da natureza. No ar havia uma eterna melodia, bem suave, aparentemente longínqua, com sons de algo parecido com harpa e flauta. Lamo pareceu ler os seus pensamentos e respondeu que a polinização das plantas sem vento, abelhas ou pássaros seria impossível, se não fossem os ventos artificiais que durante a noite percorriam todos os cantos do seu território.

Daniel também notou que todos os membros do povo do Vril mantinham uma pequena vara luminosa na mão ou no cinto. Perguntou a Lamo qual a função desse objeto.

— Daniel, o meu povo é admirado e temido pela energia que usa. Esta vara produz o que no mundo da superfície chamariam raios laser, porque ainda não conhecem outras formas de energia mais sutis. A energia a que chamamos Vril é onde o nosso poder se funda. A vara é o equivalente a uma espada ou um revólver, usados no mundo da superfície. Contudo, é muito mais do que isso. Ela destrói os inimigos ou animais, quando somos ameaçados, mas também abre caminhos. Ela orienta quando estamos perdidos. Esta vara é condutora do Vril, uma energia sutil e poderosíssima, por isso a usamos para cura, limpeza e até jogos recreativos. Ela é a nossa luz, o nosso vento, a nossa sobrevivência. O grande temor é que outros povos se apropriem dela. Isso poderia provocar grandes calamidades ao Povo do Vril. Consideramos que todos os povos ao nosso redor são inimigos potenciais.

∞

Quando Lamo e Daniel caminhavam pela praça, o arqueólogo aproximou-se do pedestal onde estava a gigantesca pinha de rubi e perguntou se podia subir. Lamo acompanhou-o. Era tão linda que Daniel ficou extasiado, quase esquecendo onde estava.

— Daniel, você sabe o que essa pinha representa?

— Não sei qual o significado que possa ter aqui, no interior da Terra. Para nós são flores diferenciadas ou o órgão reprodutor onde são formados os micrósporos ou pólen. Seu formato de cone também se assemelha à glândula pineal, por isso seu símbolo, localizada no centro do cérebro, tendo o tamanho de um grão de arroz. Desde a antiguidade a pinha é um símbolo mítico, um dos poucos que veio do tempo dos sumérios até os nossos dias passando por quase todas as civilizações.

— Bravo! Mas nem todos os que vivem na superfície sabem disso. Aliás, muito poucos.

— A glândula pineal tem sido um grande mistério. Ainda hoje não se sabe bem quais as suas funções. Muitos chamam-lhe o terceiro olho.

Lamo não respondeu. Os dois voltaram para a habitação e sentaram-se no balcão em frente ao monumento. Ninan veio-lhes fazer companhia. Ela sempre parecia saber os pensamentos que atravessavam a mente dos que a rodeava. Daniel começou a se sentir desprivado do mais básico dos seus direitos, a liberdade de pensamento.

— Na superfície, poucos dão valor aos símbolos. A meu ver, se se interessassem seriam muito mais civilizados. A Pinha é um símbolo tão antigo como a vida inteligente na Terra e acima de tudo representa a glândula pineal. Está representada no bastão do deus Enki da Suméria; no cabelo de Shiva no hinduísmo; no bastão do deus Dionísio, Baco para os romanos; no cetro de Osiris, da mitologia egípcia; o deus Athon da Babilônia segura uma pinha; no budismo o cabelo de Buda tal como da deusa Shiva, tem a forma de uma pinha; também nas virgens de Buda, tanto na ilha de Lantau como no Camboja ou noutros lugares. Na praça do Vaticano encontra-se uma estátua bem alta de uma pinha, e o próprio cetro do papa tem uma pinha. Teríamos mais exemplos, mas creio que estes chegam para demonstrar como esse símbolo superou o tempo. Sem dúvida que representa a glândula pineal ou epífise, que além de segregar a melatonina, tem magnetismo. Para nós, Povo do Vril, a glândula pineal é o transmissor e receptor do corpo humano. René Descartes referia-se a ela como sendo "A sede da alma racional" ou "Glândula do saber, do conhecer". Nostradamus considerava a glândula pineal "a antena mais fina e alta de nosso sistema nervoso central, a nossa central elétrica". Muitos afirmam que a epífise é o centro da relação humana com outras dimensões. Na realidade sabemos que embora os animais também possuam essa glândula que os ajuda no instinto, seja ele migratório ou outro, é nos seres conscientes, racionais e inteligentes onde ela se manifesta com todo o seu esplendor. Os habitantes da superfície da Terra pouco usam o raciocínio e muito menos a intuição, por isso o líquido da glândula pineal calcifica na medida em que a idade avança. Essa é a maior prova do atraso em que ainda vivem. O envelhecimento precoce é devido à calcificação dessa glândula e por consequência a diminuição de melatonina no corpo. A epífise do Povo do Vril é muito maior do que a dos habitantes da superfície porque a nossa prioridade é desenvolvê-la. O povo do Vril não quer que as seguintes gerações esqueçam a importância do órgão que nos faz ir além do que somos, como uma força constante na nossa evolução, assim como a importância de não deixá-la calcificar, mas sim desenvolver. Por isso o único monumento que temos no nosso território é a Pinha.

— Quais são os vossos deuses?

— Nós somos os nossos deuses – respondeu Lamo e Ninan acrescentou:

— Os povos da superfície nem se dão conta que tanto eles como seus deuses têm identidades falsas. É muito difícil para um povo que durante milénios adotou o conceito "de fora para dentro", mudar rapidamente para o novo conceito "de dentro para fora", que só agora está tomando vulto como uma nova ideia. Sendo assim, todos têm muita dificuldade em compreender que a maior parte dos seres a que chamam extraterrestres podem não vir do espaço, mas de dentro do planeta ou que seus deuses não estão lá fora, mas dentro de si mesmos. Para o meu povo, o desenvolvimento da glândula pineal e tudo aquilo que através dela podemos conseguir é a única coisa sagrada além do Vril.

∞

Daniel ia conhecendo o território do Povo do Vril, enquanto mantinha longos diálogos com os seus anfitriões. Sentia-se como se estivesse vivendo um sonho que o embalava entre a realidade e a irrealidade, mas que ele já nem sabia qual era qual. Vivia entre o fantástico e a realização de sonhos jamais contados, aqueles que só fazem parte das sombras da alma e de um inconcebível desejo, espelhado em premonições secretas que o acompanhavam desde a infância.

Naquela tarde Ramol parecia estar faminto por falar com Daniel. Parecia intuir que a calma que tinha percorrido os primeiros tempos da estadia do arqueólogo estava terminando. Sentados no balcão, como era seu costume, Ramol iniciou o assunto do dia.

— Daniel, você entrou na trilha que conduz a uma compreensão mais ampla da História da Terra. A utilidade desse conhecimento é descobrir as suas possibilidades como indivíduo e como participante ativo no desenvolvimento da Humanidade e da comunidade terrestre. A Terra está ameaçada e o inimigo é o próprio homem. Enquanto muitos combatem a poluição e defendem o meio-ambiente, outros se servem dessa fachada para esconder o verdadeiro mal.

— Como assim?

— O povo da superfície só pensa – e mal – esporadicamente. Aquilo a que chamam raciocinar, é o uso do mecanismo do pensamento, como hábito. Todos os vossos impulsos, ações e até emoções são mecanicamente condicionadas aos hábitos. Sendo assim, nada de novo pode brotar, a menos que um acontecimento drasticamente diferente do usual os possa obrigar a sair desse tenebroso conforto, que representa a repetição do comum e do conhecido, não os deixando evoluir e estagnando emocionalmente.

— Mas na procura por nós próprios, por verdades e novos meios que instiguem a vontade de melhorar a qualidade de vida raciocinamos, e isso é constante e evidente.

— Daniel, a maior parte da Humanidade não se interessa por nada disso e não gosta de pensar. Essa é a razão por que, mesmo quando parecem muito senhores de suas opiniões, apenas repetem o que lhes foi dito por outros que pensam um pouco mais do que eles, e é porque pensam mais do que eles que os dominam psíquica, emocional, econômica e politicamente. Os que realmente usam o raciocínio e vivem de uma forma atenta a cada uma das suas reações, também não o fazem de uma maneira constante, e quando tentam, é sempre dentro do princípio da simetria, do comum, do conhecido, do coletivo e do vulgar. Quando algo cria um ponto assimétrico, como um quadrado no meio de um conjunto de círculos, provoca mais medo do que curiosidade. O medo não é do quadrado, mas das mudanças que daí poderão advir, o que combatem com desprezo e escárnio. Porém, qualquer supersistema que deseje sobreviver não pode ser homogêneo ou similar, o que se aplica à maneira de pensar, a qual tem obrigatoriamente de encontrar pontos assimétricos para sair do conhecido e do comum. Se assim não acontecer o povo da superfície terá remotas chances de sobreviver, e os que o conseguirem entrarão num sistema involutivo perfeitamente liso, que como uma pedra de gelo, os levará inexoravelmente à irracionalidade.

— Eu sei que é imperioso mudar a forma como usamos a mente, mas isso só pode acontecer ao longo de várias gerações. – sussurrou Daniel, rendendo-se a uma evidência, que pensava não ter solução.

— Não, as grandes metamorfoses acontecem de um momento para o outro. São instantâneas. Porém, para isso é preciso entender a necessidade de mudar e ter vontade para o fazer. É por isso que você está aqui, Daniel.

— Então seria necessário que o mundo estivesse prestes a sofrer uma catástrofe ou algo dessa envergadura, não?

— Acontecimentos geológicos, planetários, políticos, econômicos e sociais têm sido identificados a teorias e conceitos propositadamente criados para esconder a Verdade. Esses conceitos foram transformados numa cultura cheia de tentáculos que têm por finalidade suprimir a individualidade de cada um, glorificando os benefícios de um pensamento coletivo que precisa ser guiado ou dirigido, o que é uma terrível forma de domínio. Essa técnica reduz e atrofia o uso do pensamento, não permitindo que seja usado de maneira a que cada indivíduo descubra toda a sua potencialidade. Isso serve para que uma minoria esconda os seus verdadeiros propósitos, os quais são a força motriz do seu poder e das suas ações. Para isso, também criaram um imenso sistema de dragões que guardam ciumentamente a hermética caixa dos segredos, o que termina por criar cada vez mais caos, ignorância e fanatismo. Uns proíbem que a verdade por trás do mito seja procurada; outros ridicularizam-na quando algum de seus véus é levantado. Se alguém tenta entrar nessa câmara proibida, é perseguido ou assassinado. O que é o seu caso, Daniel.

— Mas eu não fiz nada, não criei nada, apenas ando fugido e procurando uma saída.

— Você é a única pessoa que pode tocar no desejado Ank. Nunca se perguntou porquê? Seria você o escolhido? Será a sua integridade acima do comum?

— Tenho ideais e amo descobertas, de resto sou um homem como qualquer outro...

— A partir daqui Daniel, aceite a sua realidade dentro deste novo sistema de pensamento, e reconheça a responsabilidade que, de uma maneira fascinante e poderosa, será o ponto assimétrico do seu próprio Ser e por extensão do mundo em que tem vivido. Para isso precisará de muita coragem, domínio e desprendimento.

Daniel não queria pensar em obrigações ou responsabilidades além dos seus deveres familiares que nesse momento mais pareciam restos de uma vida há muito gasta pelo tempo. Ele não queria nada, não tinha desejos nem vontades além do seu dia a dia. Sentia-se hipnotizado, mas isso também não tinha importância. Nada era importante. Nada. Dentro desse estado de espírito, tentando evadir-se de várias realidades, a pergunta que fez a Ramol só poderia ter provocado uma imensa gargalhada.

— Será o Povo do Vril a sociedade perfeita?

Depois de rir, como talvez há muito não o fazia, Ramol respondeu:

— Nem somos deuses, nem vivemos em paz. Somos apenas diferentes e temos um grande poder, o Vril. Somos intolerantes com os povos que seguiram o caminho da involução. A esses dominamos ou destruímos sem piedade. Existem outros povos no interior da Terra que involuiram. Eles tiveram as mesmas oportunidades que nós, mas escolheram o caminho mais fácil. Deixaram de raciocinar.

Trocaram a razão pela força física, tal como o povo da superfície está fazendo. Temos de lidar com eles, porque precisamos de minérios que só essas raças podem conseguir, os quais extraem de lugares que nos são inteiramente inóspitos. O nosso território tem o formato de uma estrela. Entre cada triângulo vive o povo Jinni, cujo território é muito amplo, rodeando e ilhando a estrela. Com os Jinni mantemos um relacionamento de intercâmbio. O que eles mais necessitam são sementes, especiarias e óleos, o que lhes fornecemos em troca de pedras preciosas, ouro e outros metais. Há ainda outros povos, inteiramente selvagens, dos quais nos temos de defender e que os Jinni dominam através da força, usando alguns como escravos. Tal como os povos da superfície, cada raça tem as suas próprias características, limitações, perfeições e imperfeições, as quais têm de ser resolvidas ou desenvolvidas, para passar pela transmutação necessária que leva à raça seguinte. Por isso, cada uma se divide em sub-raças. O seu mundo é habitado pela sexta sub-raça da atual raça raiz, a ariana, a qual está prestes a dar lugar à primeira sub-raça da próxima raça raiz, que será muito mais evoluída. Os que não conseguirem desenvolver-se o suficiente para sobreviver ao impacto que a Terra está prestes a experimentar, serão eliminados pelas próprias leis naturais, que não são apenas terrenas, mas universais. Respondendo à sua pergunta, sim, somos superiores a outros povos, porque temos mais poder, o qual depende inteiramente da forma como usamos a mente e dominamos o Vril.

— E a consciência? – perguntou Daniel enquanto se levantava para caminhar em círculos. Ramol levou uns momentos para responder.

— Consciência é uma coisa muito relativa. Na nossa língua essa palavra não existe. O poder da mente implica poder sobre nós mesmos e sobre os outros. Essa é a realidade com que temos de lidar a cada momento. Todavia sabemos que nos falta muito que evoluir. Física, emocional e universalmente.

Ramol fez uma longa pausa, permitindo a Daniel fazer uma retrospecção do que estava vivendo, mas o que ele precisava era de solidão para poder assimilar a extensão de tudo o que Ramol dizia. Contudo, apesar desses pensamentos veio-lhe à mente uma pergunta:

— Se o mundo da superfície é a sexta sub-raça de uma raça raiz, vocês de onde vêm?

— Nós descendemos da quinta sub-raça da anterior raça raiz, da qual vocês também descendem. Foi nesse ponto de evolução que nos separamos e seguimos caminhos muito diferentes.

— Não entendo.

— A atual raça raiz, raça ariana, foi precedida pela raça a que vocês chamam atlante. Nós a denominamos de outra maneira, mas isso não vem ao caso. Ambos descendemos dessa raça. Contudo, é importante que você saiba que há povos que habitam o interior da Terra há muito mais tempo, e que descendem da raça anterior aos atlantes. Um desses povos evoluiu muito, e outros involuiram, degradando a sua espécie. O mesmo acontece atualmente na superfície. A sexta e a sétima sub-raças coexistem. Uma está no caminho da degradação e a outra evolui. O que aconteceu há pouco mais de 70.000 anos, foi que depois de grandes catástrofes, que obrigaram todos os povos da Terra a migrar para novas paragens, houve grupos que continuaram na superfície, seguindo caminhos extremamente difíceis, como viver nos Himalaias, depois de sempre terem vivido em climas temperados. Outros refugiaram-se em cavernas profundas que davam para imensos subterrâneos. Os da superfície, devido aos grandes esforços contra as intempéries e tribos muito primitivas, sofreram grandes mutações, físicas e psicológicas, enquanto esqueciam cada vez mais o poder intuitivo e multissensorial, que era a maior característica da raça atlante, ao mesmo tempo que aguçavam os cinco sentidos, devido à constante e impiedosa luta pela sobrevivência. Os perigos eram terríveis. Antes de chegarem à plataforma que os levou a outra raça raiz, sofriam como animais acossados pelo frio, desânimo, perigo e solidão. Essa condição que tanto os fazia sofrer ao ponto de esquecerem de usar outros sentidos, só os poderia levar à extinção ou a uma mutação que desenvolvesse o raciocínio, de forma a encontrar novas soluções e vontade de migrar e expandir. O sofrimento foi tanto que os cabelos, os olhos e a epiderme começaram a clarear. Os corpos ficaram mais perfeitos e atléticos. Todavia, com isso perderam o natural reconhecimento do mundo através do poder intuitivo e multissensorial, para se limitarem aos cinco sentidos e à razão. Por outro lado, deixaram definitivamente de pertencer a uma mente coletiva, desenvolvendo a vontade individual, o que vocês chamam livre arbítrio.

— Mas Ramol, como disse antes, as mutações levam milhares de anos para acontecer. Dependem de todo um processo que desenvolve uma imensa necessidade.

— Mas Daniel, também como já lhe disse, essa necessidade quando é absoluta, o pensamento não consegue desviar-se, concentrando-se de tal forma que a mutação é praticamente instantânea. Tudo o que existe é dominado pelo pensamento, por isso é tão importante saber controlá-lo e usá-lo. Quando migramos da superfície para o interior da Terra, alguns involuiram, outros, como nós também se desenvolveram, mas de uma maneira diferente dos povos da superfície. Vocês têm carros e aviões, nós temos asas mecânicas. Vocês usam um forma de energia que prejudica o meio-ambiente, nós usamos outra, que é limpa e vivifica. Nós continuamos a usar o poder da mente e somos seres multissensoriais, vocês apenas usam os sentidos da matéria. Repare Daniel, só seres multissensoriais poderiam descobrir e manipular a energia do Vril. Nós respeitamos o nosso semelhante como se cada um fosse parte de nós mesmos, vocês torturam física e psicologicamente, matam e destroem toda a dignidade dos vossos iguais. No entanto, a nossa sobrevivência depende dos povos da superfície. Por isso você foi convocado. Entende?

— Estou muito confuso. Há pouco não disse que dominavam os Jinni?

— Esses não são nossos semelhantes.

— Na superfície matam aqueles com quem têm diferenças de opinião e os que querem explorar, principalmente se suas terras forem ricas. No meu ponto de vista não é muito diferente.

— Por isso queremos que passe um tempo conosco. Mas o mais importante de tudo o que tenho para lhe dizer é o seguinte: as guerras da superfície nunca nos afetaram, até à descoberta da bomba atômica. É imprescindível que o uso desse tipo de armas pare. Por outro lado, devido ao que está prestes a acontecer, sabemos que alguns povos, grupos ou mesmo indivíduos, farão o mesmo que nossos antepassados, refugiando-se em grutas, cavernas e subterrâneos. Também não queremos que isso aconteça.

∞

Passaram-se dias, meses, anos? Daniel tinha perdido a noção do tempo. Isha tinha sido, desde o início, uma grande amiga, que com uma infinita paciência lhe ensinou a língua do seu povo e dos Jinni. Mostrava e explicava tudo o que podia. Sempre parecia ansiosa por transmitir todos os segredos. Daniel pensava que ela era a pessoa mais transparente que jamais conhecera. Mas isso ainda era no tempo em que ele comparava esse mundo com aquele onde tinha vivido toda a sua vida.

Uma manhã Lamo convidou Daniel para acompanha-lo a uma competição de voo. O estádio era imenso, mas o Povo do Vril tinha o poder de ver nitidamente a grandes distâncias. A competição era dividida em partes. Uma, para quem voava mais alto, outra para quem voava mais baixo – bem rente ao chão, o que era ainda mais difícil e ambas a uma grande velocidade. Qualquer competição era muito perigosa. Como as asas eram mecânicas, qualquer movimento, principalmente de manobras, poderia soltá-las e o atleta cair de uma grande altura. No fim havia um jogo, onde os jogadores tinham asas mais pequenas do que o normal, o que dificultava os voos. Eram três, os times participantes. Cada um teria de colocar 12 argolas em vários polos de alturas diferentes. Desde que levantavam voo não mais poderiam tocar no chão nem nos polos. As argolas tinham de ser enfiadas uma a uma, onde a primeira iria até o chão, e as outras teriam de ficar a meio metro da anterior, onde havia um gancho de um só lado que as segurava. Era um jogo dificílimo, principalmente porque os adversários tentavam por todos os meios levar os outros a cair, por vezes tocando-lhes para os desequilibrar ou voando perto dos polos de maneira que os oponentes os tocassem com as asas. Os espectadores eram levados ao clímax do entusiasmo, quando alguém do outro time perdia as asas, caindo e assim invariavelmente ficando para sempre incapacitado de competir. Cada um dos 12 jogadores se auto iluminava com a luz do Vril, que emitia a cor do seu time. Nesse dia um era verde, outro azul e o time de Lamo vermelho. Vistos das bancadas, os jogadores pareciam pontos de luz incandescente.

Entre competições e durante as muitas pausas Daniel e Lamo conversavam. Lamo explicou:

— O Povo do Vril mantém o Povo Jinni dentro do seu território e este faz o mesmo com o povo Brutus, que insiste em transitar por territórios alheios. Assim, não necessitamos de lutar com os Brutus porque os Jinni o fazem por nós. Essa obediência é facilitada através de doutrinas dogmáticas. Para isso usamos uma amálgama de crenças religiosas que nem sequer têm coerência, mas que eles seguem cegamente.

— E se algum desobedecer?

— É castigado, tendo de trabalhar nas minas por muito tempo. São muito raros os que saem de lá. É um lugar muito quente e sem muito oxigênio e os cristais são impiedosos, cortando-os, levando-os a sangrar até morrer.

— E os que desobedecem e não são apanhados?

— Isso é quase impossível. Há pouco tempo apanhamos alguns Jinni assistindo a uma competição como esta. Disfarçaram-se de caixotes do lixo.

— Têm esse poder?

— Alguns.

— E se alguém pedir um favor a um Jinni?

— Obterá tudo o que deseja, pois ninguém melhor do que eles conhecem os tesouros da Terra, mas tudo tem um preço.

Eles querem ser recompensados com algo que não tenham ou não possam conseguir. O sonho de uma fêmea Jinni é ser fecundada por uma raça superior, mas não com o Povo do Vril. Não sei porquê. Talvez porque eles sabem que os consideramos inferiores. Cuidado Daniel, nós sabemos que o povo Jinni não irá descansar até você fecundar algumas fêmeas.

O jogo estava no auge. Daniel sentia o horror da ameaça, mas sabia que o Povo do Vril nunca permitiria tal coisa. Lamo tocou com a mão aberta no plexus solar de Daniel que imediatamente sentiu um grande alívio. Nada o poderia prejudicar, a proteção dessa família, principalmente de Isha, era suficiente. Contudo Lamo ainda tinha algo importante a dizer:

— A importância da sua vinda ao seio do meu povo é para que no futuro você saiba que evitar a destruição da Humanidade da superfície não é suficiente. Os povos do interior da Terra sofrem as consequências de tudo o que acontece no mundo exterior. Embora vocês nem saibam da nossa existência, tudo está interligado. – levantando o braço, Lamo gritou: – como nesta competição, que morram os mais fracos e que os mais fortes dominem com sabedoria.

∞

Ramol, Ninan, Isha e Lamo, depois de terem sobrevoado uma grande parte do seu território levando Daniel com eles, pararam numa pequena elevação de onde se viam campos cultivados e iluminados pela luz do Vril. Lamo olhava com orgulho os feitos do seu povo. A certo ponto cortou o silêncio que Daniel usou para dentro de si louvar tudo o que estava vivendo. Nem parecia que estava debaixo da terra onde haviam tantas cidades, estradas, pontes, desertos, geleiras e mares imensos.

— O grande problema do mundo da superfície, está chegando a um fim que não pode deixar de ser muito doloroso. Os conflitos dos deuses sempre se refletiram na Humanidade. Por isso as religiões são o reflexo da arrogância dos chamados deuses nas misérias dos homens. A vossa cultura tem de ser inteiramente renovada devido ao fato de que foi baseada numa mentira tão perversa e de tal forma manipulada e sujeita aos interesses dos que só vos olham como gado ou números, que os humanos da superfície nem sabem o que são, andando continuamente à procura de si mesmos sem nunca se encontrarem. Essa cultura tem de ser queimada e consumida até que outra possa renascer das suas cinzas. Se assim não for os povos do interior da Terra sofrerão imensamente. Estes campos, toda esta lavoura, as nossas lindas grutas, as fontes e as nossas cidades estão ameaçadas pelo mundo da superfície. Com o nosso poder, o qual prometemos solenemente à Grande Rainha nunca usar contra a Humanidade, poderíamos destruir todas as vossas riquezas e material bélico e com isso muitos povos.

— Sim, Lamo, meu filho, mas essa violência também colocaria o nosso mundo em risco. – disse Ramol com um certo medo que o filho um dia incitasse outros a fazer uma loucura.

Ninan tirou as asas mecânicas, no que foi imitada pelos outros. Isso significava que ela tinha algo importante para falar.

— Daniel, você tem alguma ideia da razão porque a vossa cultura é tão oposta àquilo que chamamos a Verdade?

— Não sei... talvez sim, talvez não...

— Você ainda tem muito para aprender, e lá onde você for vai ouvir falar de Marduk. Então, acho que devo fazer um sumário bem breve, para que se posicione noutra realidade, diferente daquela em que foi ensinado. Há apenas aproximadamente 4.500 anos que a Suméria era a maior civilização da Terra. Tinha pirâmides, palácios e moradias de incalculável beleza, riqueza e tecnologia. Nessa época os banheiros tinham descarga e a alimentação era bem cuidada. As mulheres eram felizes fazendo parte da vida social, sacerdotal, política e artística dessa sociedade e de muitas outras que se iam formando. Muitas cidades eram matriarcais, mas o homem era livre. Porém, acima dos seres humanos haviam outros seres humanoides que regiam as vidas dos seres terrenos. Eles tinham vindo de outro planeta e havia milhares de anos que estavam radicados na Terra de onde extraiam ouro que mandavam para o seu planeta de origem. Entre esses seres a quem os homens chamavam deuses, haviam três que estavam acima de todos os governantes. Enlil, o administrador, Enki e Ninharsag ou Ninmah, a grande deusa. Todos meio irmãos. Acima deles estava seu pai Anu que não vivia na Terra, mas no seu planeta de origem, Nibiru, que faz parte do sistema solar. Enlil e Ninmah tiveram um filho, Ninurta. Enki teve um filho, Marduk que era mais velho, mas seu primo era filho de dois deuses não nascidos na Terra e além disso irmãos. A guerra era inevitável. Só um poderia assumir o lugar ocupado por Enlil. Os homens chamaram-lhe a guerra de Sodoma e Gomorra. Marduk ganhou, mas a Suméria desapareceu para sempre na nuvem radioativa que os ventos levaram de Sodoma. De um dia para o outro o solo ficou infértil e ninguém aí poderia sobreviver, como tão bem relata a vossa Bíblia com a história de Lot, sobrinho de Abraão, e suas filhas. Abraão era filho de um sacerdote de Enlil e de seus irmãos, sendo um guerreiro ao serviço dos mesmos. A catástrofe que assolou a Suméria obrigou-o a migrar para outras terras, Canaã. Entretanto o novo deus, Marduk, intitulou-se deus dos deuses depois de ter perseguido sua prima, a grande deusa Ishtar ou Inana, que se refugiou na Índia.

Quando o rei Hamurabi subiu ao trono em 1970 a.C., confirmou a sua submissão ao deus Marduk no seguinte poema:

Altíssimo Anu, Senhor dos deuses
Que do céu veio à Terra
E Enlil, Senhor da Terra e dos céus,
Que determina os destinos da Terra.
Foi determinado para Marduk,
Primogênito de Enki
Assumir as funções de Enlil sobre a Humanidade.
Fá-lo grande entre os deuses que guardam e veem.
Exaltem a Babilônia chamando o seu nome.

A tornem suprema no mundo
E estabeleçam para Marduk e sua corte
Um eterno reinado.

Abraão também rendeu homenagem ao novo deus, chamado o Senhor dos Exércitos. Marduk tomou mais de 50 nomes, entre eles Ra, no Egito e Baal em Canaã. Para a nova comunidade dirigida por Abraão, Marduk assumiu a nomenclatura sagrada e impronunciável de YHWH, razão porque os hebreus usavam Adonai, traduzido por Senhor. Como cada nova mitologia ou religião sempre muda o nome dos deuses, como Zeus para Júpiter ou Ishtar para Inana ou Vênus para os romanos, Jeová passou a ser Deus Pai para os cristãos e mais tarde Alá para os muçulmanos. Yahweh/Jeová foi a palavra que os romanos adaptaram quando se referiam ao Deus dos judeus. O importante é compreender que todos esses nomes denominam um só deus – Marduk.

Esse deus para se tornar senhor da Terra, usou grandes ameaças, incluindo destruir os povos do interior da Terra e outros da superfície, no intuito de destronar a Grande Rainha, que finalmente se refugiou na esfera superior. Com o exílio de Agatha a mulher deixou de ser livre, e Abraão recebeu a comenda de ser o primeiro Patriarca. O patriarcado foi instituído, e Agatha não mais habitando as entranhas da Terra, o útero da mulher também passou a ser violentado enquanto o novo deus do planeta governava os homens com mão de ferro. Para ele a involução era mais aceitável do que a evolução. Criou métodos que mantinham a psique humana presa e incapaz de procurar a razão da sua existência. Seu trabalho foi facilitado por que só metade da população tomava iniciativas, os homens, já que a outra metade, a mulher, estava literalmente sujeita à vontade do homem e não tinha qualquer papel nas decisões políticas, sociais, religiosas, culturais e econômicas de qualquer país. Quando Marduk usurpou o trono da Grande Rainha, foi acima de tudo na intenção de prolongar a própria vida, porque no interior da Terra não estamos sujeitos aos efeitos dos raios solares, e também de governar o mundo sem interferência do princípio feminino. Foi Marduk quem provocou o desequilíbrio dos princípios masculino/feminino, tanto nos gêneros como na anima e que criou o mito de a raça humana ser constituída de apenas dois sexos em lugar de quatro. Marduk foi o grande usurpador e divisor.

Ninan parou de falar, colocou as asas e partiu sozinha para algum recanto da Terra que só ela conhecia.

∞

Sempre que entrava na enorme caverna da piscina de águas quentes, Daniel parava olhando ao seu redor, admirando a beleza criada pela natureza. As paredes e o teto eram forrados de saliências multicores que pareciam cintilar devido ao reflexo da água cristalina, a qual era iluminada pela luz do Vril. Ele jamais poderia ter imaginado tanta beleza. Por muito que na superfície homens e mulheres procurem construir edifícios que transbordem belezas e riquezas, alguns cheios de colunas e abóbadas, baixo relevos, pinturas e esculturas, nada poderia igualar-se ao que Daniel tinha na sua frente.

Naquele dia ele parecia estar mais sensível à beleza que o rodeava. Com os olhos afagava a incomparável formosura da imensa caverna e seus nichos por onde pareciam brotar pedras preciosas como se fossem trepadeiras de flores brilhantes e multicores ou a cor da água refletindo os cristais ligeiramente iluminados. A água morna que enchia a piscina natural, escorria por uma cavidade na parede. Sem cair como uma queda de água, parecia murmurar encantos que ecoavam na grande caverna como se fossem uma música quase etérea.

Daniel parou olhando Isha espalhando sais aromáticos na água e pensou na liberdade que sentia por não ter de se esconder de ninguém, além da satisfação em aprender tantas coisas que na superfície seria impossível. Tudo isso enchia o seu coração de um amor tão intenso que mais parecia uma dor de alegria prestes a explodir. Não era amor por alguém em particular, mas pela vida, pela existência e pelo privilégio de estar naquele lugar. Momentaneamente sentiu-se enfeitiçado, como já tinha acontecido várias vezes, por uma força que obscurecia as lembranças, mesmo as mais profundas, mas que o enchia de um entusiasmo indescritível, embora aparentemente sem fundamento.

Isha tirou a túnica e entrou na água. Desde o segundo dia da sua estadia naquele mundo, aparentemente tão harmonioso e ordenado, Daniel tinha adotado a maneira de vestir de seus habitantes. Antes de entrar na piscina Isha disse-lhe numa voz mais alterada do que era seu costume:

— Por favor, antes de entrar aqui, banhe-se naquele tanque menor e use as essências que se encontram na concha azul.

Quando Daniel entrou na piscina, depois de colocar o Ank sobre a túnica, Isha explicou que só homens usavam aquele tanque e a essência azul, pois ajudava no orgasmo. Daniel pensou que seria um afrodisíaco masculino e sorriu.

Como sempre, sentia-se revigorar enquanto nadava naquela água que também era diferente dos lagos da superfície. Embora quente e um pouco viscosa, era translúcida e macia dando-lhe a sensação que enrolava o corpo em sedas inebriantes que tinham por única finalidade aguçar os sentidos.

Isha aproximava-se de Daniel lentamente, olhando-o de olhos fixos. Ele pensava na beleza de seus corpos sadios prestes a regalar-se na energia que individualmente os envolvia, numa união sem compromissos, defesas ou discriminação. Ele antevira esse momento, já há algum tempo. Havia uma certa curiosidade; como seria?

Quando Isha chegou junto dele e abriu a mão mostrando dedos que pareciam alongar-se como se fossem tentáculos, Daniel ainda não sabia que ela era incapaz de entender o que ele sentia. Isha quebrou o encanto que amolecia os sentidos desse ser da superfície, a quem ela se sentia superior. Colocando a mão contra o plexos solar do homem, que com o olhar a envolvia e desejava como ela ainda nunca o tinha sido, matou todos os indícios daquilo que no mundo da superfície é o mais sagrado dos sentimentos. Daniel sentiu como se tivesse levado um choque. Todo o corpo tremeu, sendo absorvido por uma energia que parecia destruir a riqueza do seu interior. Nesse instante conheceu instintos que inteiramente lhe eram alheios. Foi dominado por uma vontade que não era sua, enquanto a identidade que o definia como ser humano e indivíduo se esvaía, transformando-o num robô sem pensamento ou vontade própria. Ainda teve tempo de olhar para Isha, vendo nitidamente que pertenciam a mundos incompatíveis. Porém, tudo esqueceu no momento seguinte. Dela saiam urros medonhos, enquanto o enlaçava com seus braços e tentáculos. O olhar frio matou todas as vontades e sentimentos, enquanto um desejo sem entrega lhe aflorou um esgar, só comparável ao do assassino antes de matar. Para ela não existia o carinho e o prazer que ele lhe tinha querido dar. Ela não beijava, mordia como se quisesse beber o sangue de uma vítima que obrigava a desejá-la de uma maneira incontrolavelmente dolorosa. Ela aguçava nele um desejo que nem os animais conheciam e que em grande parte era a vontade de terminar com essa atroz dor, que se envolvia em repulsa, o mais depressa possível. O cheiro dela era pútrido, a pele parecia envelhecida e nada do que estava acontecendo era humano. Isha, que sempre se mostrou tão delicada e doce, transformou-se num animal pré-histórico em pleno cio. Ele era obrigado a corresponder, mas apenas com a carne, a alma tinha desaparecido. Era ela quem dirigia o desejo dele, mas de uma forma tão absoluta, que seria impossível fugir, mesmo que o desejo só atraísse a morte e a tortura. Dentro dela, ele não encontrou os úmidos e suaves rendilhados que acariciam a carne com ternas contrações, mas um ardor que arranhava, picava e feria, levando o pênis ao máximo de saturação, e foi apenas o desejo de terminar com tal tortura que fez Daniel ejacular. Esse ser monstruoso em que Isha se tinha tornado, soltou um horribilíssimo silvo. Os tentáculos encolheram, o silêncio doía e o rastro foi a agonia mais pungente.

Isha saiu da piscina para secar-se num aparato de luz. Daniel cambaleando tentou fazer o mesmo, mas caiu, contorcendo-se no chão e desejando morrer. Ela caminhou para o lugar onde estavam as túnicas. Vestiu-se tranquilamente enquanto sorria deliciada com os gritos de dor que vinham do outro lado da piscina. Com toda a calma, Isha colocou as asas mecânicas, embrulhou o Ank em um lenço de seda vermelha e pegou no homem do mundo da superfície pelas axilas.

∞

Daniel despertou cheio de energia e saúde ao lado do Ank que parecia dormir a seu lado. Isha estava sentada junto à cama, mas quando ele a viu, o horror voltou. A lembrança do que acontecera fê-lo encolher-se e tornar a fechar os olhos.

No tom terno e meigo de sempre, Isha perguntou:

— É verdade que o sistema reprodutivo das mulheres do teu mundo e do meu tem grandes diferenças?

— A diferença nem tem explicação, mas eu não quero lembrar o que aconteceu. Quero ir embora.

— Ainda é cedo, faltam mais alguns dias.

— Não somos da mesma raça. Quero voltar a sentir a luz do sol, quero voltar a ser eu. – O horror porque tinha passado trazia Daniel de volta à consciência de si mesmo.

— Mas eu preciso saber uma coisa, é a sua vez de me ensinar. – disse Isha.

— Não há mais nada a dizer. Quero ir embora.

Isha colocou a mão no plexo solar de Daniel, enquanto o olhava de olhos fixos. Lá nos confins do cérebro, ele sentiu que estava sendo dominado, mas era impossível resistir. Isha continuou a conversa e ele respondia a suas perguntas como se nada tivesse acontecido.

— As fêmeas do meu mundo representam a maior mutação da nossa raça. O grande debate do meu povo é sobre a prática sexual. Uns dizem que involuímos e outros afirmam que evoluímos. O certo é que quando os nossos antepassados vieram habitar o interior da Terra, a libido atrofiou e os machos deixaram de ter ereção e ejaculação. Durante muitos anos não nasceram crianças, o que levou esse povo a estender os anos de vida. A longevidade foi outra mutação. As fêmeas desesperadas acabaram por ficar grávidas de outra raça que há muito habitava o interior da Terra. Daí nasceram os mutantes. Alguns misturaram-se com os Jinni, outros conosco. A ânsia, que só o desespero de uma raça em extinção pode ter, levou as fêmeas a modificar o seu aparelho genital e a desenvolver um meio que controla o plexo solar do homem. Na nossa raça quem atualmente domina toda a atividade sexual é a fêmea e quando o decidimos, os machos são organicamente obrigados a corresponder e serem sexualmente ativos, sem meios para nos resistir.

— Pelo que entendi, essa mutação, talvez por ser o resultado de uma urgência premente, não passou pelo tempo de preparação, onde tanto fêmeas como machos têm de empenhar-se. Foi muito rápida, estagnando logo em seguida. Parou a meio caminho. Quando isso aconteceu foi uma mutação aparentemente evolutiva, mas por implicar ejaculação através de dor é antinatural, portanto involutiva. Um desejo que não foi desejado. Sendo assim, a resposta nunca pode ser autêntica. Inclusivamente, promove as mais abomináveis emoções, como medo e repugnância, só ultrapassadas pela intensidade do desejo provocado artificialmente pelo controle da energia vital e pela dor. Quanto a mim, essa mutação tão essencial para a continuação da vossa raça, está incompleta. Tanto o macho como a fêmea terão de participar na criação de outra forma de reprodução onde ambos sejam ativos, tenham prazer e usem a livre vontade. Sexo assim é involução. Veja eu, por exemplo, não tenho nenhuma intenção de retornar a ter atividade sexual com você, porque além da dor num momento em que deveria ter tido prazer, senti-me impotente para ser eu mesmo, perdendo toda a minha identidade e humanidade. Você não só me dominou sexualmente como me destituiu do meu espírito. Em vez de união houve desunião. Nada poderia ser mais ignóbil... – Isha voltou a colocar a mão sobre o plexo solar de Daniel.

— Como pode você, nuns minutos, avaliar e julgar um assunto que vem sendo debatido pelos sábios do meu povo há séculos?

— Eu tenho como comparar, vocês não. No mundo da superfície o desejo satisfaz-se através do prazer e nasce pela atração do belo, seja ele físico ou mental. Quando a reação é provocada por ambos, causa a força irresistível da paixão, assim como a maior e mais alta vibração que o ser humano pode produzir, o amor.

— Mas nem todos são belos.

— A beleza é relativa e depende dos conceitos de cada um. Pode até não ser aparente, mas tem de envolver admiração de parte a parte. Nessa reciprocidade o desejo é mútuo, criando imenso prazer e verdadeira união, o que momentaneamente transforma dois indivíduos num só ser. É essa união que todos procuram, porque está muito acima do prazer puramente físico.

Nesse momento Daniel saiu mais uma vez das celas a que mecanismos incontroláveis o prendiam. A memória voltou com a imagem de Marília. Todavia Isha estava preparada. Colocou a varinha que sempre a acompanhava na testa de Daniel e a mão no plexo solar. Ele adormeceu instantaneamente.

14

Jerusalém, Israel

Do aeroporto Atarot de Jerusalém, Ronaldo foi de taxi até ao Crowne Plaza Hotel, que fica perto dos museus de Israel e da Ciência, assim como da cidade antiga. No dia seguinte encontrar-se-ia com Daniel. Desta vez tinham muito para conversar. Marília andava muito preocupada, e ameaçava pedir o divórcio. Os filhos de Daniel sentiam que o pai os abandonara, e para piorar as coisas, também sabiam que seus telefones estavam grampeados. Ronaldo tinha podido conter os impulsos de Marília em procurar o marido, mas esses mesmos impulsos acabaram por se transformar em desespero e o sentimento de abandono terminou por provocar rejeição. Marília não queria mais falar de Daniel, mas todos sabiam que ela não pensava noutra coisa.

No dia seguinte Ronaldo foi para o templo de Jerusalém, do lado do muro das lamentações, como tinha combinado com Daniel em Paris. Mas Daniel não apareceu. Ronaldo esperou o dia inteiro, até o pôr do sol. Nada. No dia seguinte voltou, e no outro dia também, mas nada de Daniel. Teria morrido? Teria sido apanhado? Teria aproveitado os acontecimentos para começar uma nova vida? Tanta pergunta sem resposta. Ronaldo nunca esteve tão ansioso, tão triste nem tão desiludido.

Os noticiários do mundo inteiro reportavam o desaparecimento repentino de Daniel Salinas e do artefato. Os cientistas deram grandes explicações e demonstrações sobre os terríveis efeitos que esse objeto teria se fosse acionado numa grande cidade. Pelo fato de irradiar luz, era evidente que além de ser um condutor eletromagnético, seria também radioativo. Talvez fosse parte das armas deixadas no deserto pelas guerras. As populações andavam mais estressadas do que nunca e acreditavam em tudo o que liam e ouviam. Quanto mais aterrorizante melhor entrava no subconsciente, onde o pavor evaporava todo o bom senso. As moedas perdiam valor, a inflação cada vez maior, a pobreza aumentava o crime, o desemprego atingia pontos altíssimos e os povos não tinham outro remédio que não fosse a fé nas igrejas, nos milagres dos santos e mesmo esses pareciam estar em greve.

A Igreja denunciava, a qualquer pretexto, que o sofrimento era o efeito do permissivismo, do individualismo, do ateísmo, do homossexualismo, do feminismo e do secularismo. Para o perdão dado na confissão já não eram suficientes ave-marias, credos, novenas ou padre-nossos, mas alguns euros ou libras, até criptomoedas, porque os dólares andavam pelas ruas da amargura. Muitas das transações internacionais eram feitas em euros ou moedas asiáticas. O 'perigo amarelo' era outra forma de terrorismo, que se manifestava em malignas denúncias, prisões, deportações, torturas, multas e castigos, contra os que tinham imigrado ou descendiam de asiáticos noutros continentes. Além de tudo isso, pestes oriundas da Ásia, África e Europa alastravam pelo mundo. A AIDS aumentava, principalmente na África e América do Sul. Havia também um novo vírus que se transmitia rapidamente e era letal. Os cientistas diziam que tinha vindo do espaço, nalgum asteroide, e que se propagava através do ar. Todo o mundo andava de máscara.

O Vaticano continuava admitindo que extraterrestres deveriam ser tratados como irmãos, mas outras religiões afirmavam que ETs eram os demônios que tinham feito acordos com algumas instituições. Mais uma vez cristãos lutavam contra cristãos e a divisão dos povos era cada vez mais profunda. A confusão era tremenda e a cada dia morriam milhares de pessoas em guerras civis, atentados, doenças e outros crimes.

Os cientistas criavam cada vez mais vacinas, mas não assumiam responsabilidade. Os primeiros a serem vacinados contra o vírus espacial, na Indonésia, Polinésia e África, morreram quase instantaneamente. Os nascimentos não compensavam as mortes e a população mundial diminuía a cada dia que passava.

Ronaldo olhava o jornal, que apenas repetia os mesmos infortúnios e horrores que mencionara nos dias anteriores. O resultado era um mundo enredado nas teias do medo, da desinformação, da alienação, da malícia de muitos e da violência de quase todos que se sentissem ameaçados. Parecia que acima de todos os presidentes, primeiros ministros, reis, príncipes e chefes religiosos, havia uma sombra que os dominava e encaminhava para que fossem seus mercenários na intenção de destruir o mundo.

∞

Ronaldo concentrou-se em Daniel, viu na sua mente o rosto do amigo, os olhos que conhecia desde criança e exigiu que o contatasse, fosse de onde fosse. Cansado e triste jantou numa esplanada. Mas... pouco a pouco passou a sentir-se mais confiante, menos amargurado. Dentro de si sabia que algum dia, nalgum lugar ainda encontraria Daniel para falarem daqueles tempos tão difíceis e incertos. Quando estava prestes a levantar-se, um homem de aparência hindu, muito elegante e de ar altivo, sentou-se numa cadeira a seu lado.

— Ronaldo?

— Sim...

— Sou Nasser, amigo de Daniel.

— Como sabia onde encontrar-me?

— Tenho os meus meios...

— Você sabe onde ele se encontra? perguntou Ronaldo ansioso.

— Não, não sei, mas esteja onde estiver ele tem de aparecer. Ele tem uma missão a cumprir.

— A missão de Daniel é voltar para casa e ser um pai e marido comum, – disse Ronaldo abanando a cabeça, enquanto Nasser se aproximava mais do seu rosto,

— Daniel é o Messias.

Ronaldo entendeu imediatamente que estava na frente de um fanático, o que nesses tempos de tanto terror era comum.

— De novo, diga como sabia onde encontrar-me?

— Desde que Daniel encontrou o Ank, tanto você como a família de Daniel têm estado sob contínua vigilância. É muito estranho que em pleno ano letivo, um professor brasileiro viaje para um país onde não tem interesses pessoais e fique três dias esperando alguém que não compareceu ao encontro.

— E você é parte desses que espiam todos os meus passos, na intenção de o encontrar?

— Eu tenho contatos e alguém me contou que você estava em Jerusalém, talvez na mira de descobrir o paradeiro de Daniel através de mim. Mas por que Israel?

— Não faço ideia e gostaria bastante de saber. Quando marcou este encontro não me deu tempo de fazer perguntas.

Enquanto os dois homens conversavam, outros dois hindus aproximaram-se da mesa onde estavam Nasser e Ronaldo, atirando-se para cima deles. Nesse preciso momento, uma bomba explodia, do lado de fora da entrada do café. Ronaldo e Nasser levantaram-se sentindo que os corpos que os cobriam estavam inertes. Os dois guarda costas tinham morrido, aparentemente na intenção de os proteger, enquanto suas costas e cabeças tinham sido atravessadas e estraçalhadas pelos vidros projetados pela explosão.

Depois da comoção, Ronaldo perguntou a Nasser se conhecia os dois homens. Respondeu que não, e não conseguia imaginar quem os teria mandado protegê-los. Ronaldo olhava os destroços, os mortos e feridos, as pessoas correndo de um lado para o outro, cada um dizendo as maiores blasfêmias. Mas no meio disso tudo, viu uma silhueta que descuidadamente deixava entrever uns olhos conhecidos. Esse vulto delicado serpenteava entre ambulâncias e carros de bombeiros. Ele já tinha visto aqueles olhos nalgum lado. Porém, Nasser e os policiais não o deixaram concentrar. Tinha de sair do recinto, onde mais um homem bomba tinha morrido em vão. Era mais um atentado político que nada tinha a ver consigo, nem com Nasser, nem com Daniel.

15

Povo do Vril

Um ruído ensurdecedor, que de segundo a segundo aumentava cada vez mais, fez Daniel tapar os ouvidos, mas a curiosidade foi mais forte. Do balcão da habitação viu muita gente aglomerando-se na praça da Pinha. Ninan, num tom bem autoritário, deu uma ordem silenciosa a Daniel indicando-lhe um lugar onde ele tudo poderia ver sem ser visto. Como que por encanto Lamo e Isha apareceram a seu lado. Ambos muito sérios e com a varinha na mão, aparentemente, em posição de defesa ou ataque.

As centenas, talvez milhares, de pessoas espalhadas num dos lados da enorme praça, estavam tensas. Sem dúvida que se sentiam ameaçadas. Mesmo as crianças empunhavam a vara reluzente, que mudava de cor, do azul para o verde, alaranjado e rubro. No mais absoluto silêncio e na mais profunda concentração, todos estavam atentos ao ruído ensurdecedor que continuava cada vez mais alto, parecendo sair das entranhas da Terra.

Pouco a pouco os Jinni apareceram do outro lado do imenso recinto. Eram milhares. Uma fêmea Jinni, colocada na frente dessa multidão, que segundo a explicação de Lamo, estava misturada com alguns Brutus, tinha um cajado na mão, com o qual batia repetidas vezes no solo rochoso, sendo imitada por todos os outros. De um momento para o outro as pancadas pareceram um sinal como de Morse – e o silêncio foi absoluto. A fêmea que aparentava ser a líder, falou na linguagem Jinni, que Isha já tinha ensinado a Daniel.

— Que Ninan eleve a palavra – disse a fêmea líder, de uma forma bem solene.

Rapidamente Lamo explicou:

— Quem fala é Kryta, a Mestra da Sociedade Secreta. Ela é a Jinni mais venerada, estando para eles como Ninan está para o Povo do Vril. Se a aniquilássemos poderiam haver grandes represálias.

— O que querem? – perguntou Daniel.

Não houve tempo para uma resposta. Nesse momento Kryta e Ninan subiram as escadas que ladeavam o pedestal da praça que parecia incompleto. Quando ambas estavam frente a frente, no lugar onde parecia faltar uma estátua, com a varinha Ninan criou uma bolha transparente ao redor das duas, que as elevou muito acima do nível das cabeças de seus súditos. Esse momento acrescentava poder a ambas aos olhos de todos. Ninguém podia ouvir o que diziam, nem telepaticamente. A bolha era um escudo. Daniel ouviu a voz de Isha,

— Kryta deve estar exigindo que você vá viver com o povo Jinni. Temos ouvido rumores de que ela quer fundir a raça Jinni com a sua.

Daniel sentiu que as pernas perdiam a força, tendo de se apoiar no muro, enquanto os olhos pareciam sair das órbitas de tanto pavor.

Ninan e Kryta falaram até que a bolha desceu e desapareceu. Ninan virou-se para o balcão e chamou Daniel. Lamo colocou a mão no braço do arqueólogo enquanto o aconselhava a não mostrar medo. Na medida do possível, Daniel caminhou ao encontro das duas fêmeas, sem cambalear, aparentemente cheio de segurança. Dentro de si olhava esses dois seres que decidiam a sua sorte, sem saber qual das duas seria a mais terrível.

Ninan falou bem alto, para que todos ouvissem, embora a acústica da praça fosse muito boa.

— A grande Kryta, Mestra do Povo Jinni, deseja que Daniel Salinas, nosso visitante do mundo da superfície, vá viver com o seu povo durante 12 ciclos. Daniel, você aceita tão grande honra?

Daniel assumiu a postura de quem não teme o desconhecido e respondeu:

— Peço à grande Kryta, Mestra do Povo Jinni, para me permitir ficar mais 30 chuvas com o Povo do Vril.

Kryta aproximou-se de um macho Jinni e os dois conversaram por uns momentos, até que Kryta respondeu.

— Concedemos 7 chuvas.

∞

Ramole e Ninan tomavam suco de flores no balcão quando Isha e Daniel apareceram.

— Se em poucas palavras você definisse o que pensa do Povo do Vril o que diria? – perguntou Ramole à queima roupa.

— Diria que são um povo ordenado, racional, com uma inteligência ultra desenvolvida, até certo ponto intuitivos, de grandes poderes multissensoriais, mas que, no entanto, a luta pela sobrevivência, não importa a que custo, os cega dos benefícios dos maiores prazeres humanos, basta ver como praticam o ato sexual. Essa ânsia os transforma em seres brutais, degradados e inteiramente desumanos. Vocês não conhecem o inefável e indescritível sentimento do amor. Por isso mesmo creio que a vossa sobrevivência é mais frágil do que possam conceber...

Quando Daniel terminou de falar fragmentos de memórias indescritíveis, como brisas de adoráveis vultos, assolaram os seus sentidos, mas Isha logo se aproximou acariciando-lhe o plexos solar.

16

Território misto

Os Povos do Vril e Jinni marcavam o tempo da seguinte forma: cada dia tinha 24 horas – o tempo da rotação da Terra. Todas as noites, o território do Povo do Vril e cercanias era regado com chuva artificial controlada, a qual era sugada dos imensos oceanos de água que tanto poderia ser doce como salgada, mas mesmo assim sempre filtrada de maneira a totalmente perder a salinidade. Enquanto a água dos oceanos intraterrestres escoava pelos túneis dos abismos subterrâneos, também se enriquecia dos minérios necessários ao bem-estar desse povo, que quando se referia ao tempo, mencionava o número de chuvas. Sete dias, seriam sete chuvas. Os meses seriam 30 chuvas do primeiro ciclo; 30 chuvas do segundo ciclo e assim sucessivamente até 12 ciclos. Em cada ano havia seis dias seguidos sem chuvas. Eram momentos de grandes festejos e competições, físicas, intelectuais e extra-sensoriais. Um ano, ou seja, doze ciclos, era chamado de anel solar.

Daniel perdera toda a noção de tempo. Por um lado, parecia-lhe que estava nesse mundo desconhecido havia muito tempo, talvez mais de seis meses. Por outro, parecia-lhe que tudo o que vivera tinha tido a duração de um sonho, e que no dia seguinte acordaria num mundo para além daquele, do qual ele não tinha memória, mas que assim mesmo incutia-lhe uma indescritível saudade sem imagens.

Isha era uma realidade sempre presente. Daniel esquecera Marília, filhos e amigos. Esquecera tudo. Vivia ali como se o mundo se resumisse a momentos de aprendizado e de lazer. No fundo da sua alma sentia um grande vazio, mas não tinha tempo para pensar nisso. A sua mente estava sempre ocupada, mesmo quando ouvia as sinfonias das profundezas ou quando apreciava deslumbrado as riquezas escondidas do interior da Terra. A única responsabilidade que ele sentia era em relação ao artefato que sempre o acompanhava. Eram inseparáveis. Mesmo quando dormia mantinha-o junto de si. Só quando nadava o deixava enrolado na sua túnica. Nunca se deu ao trabalho de perguntar porque estava tão agarrado a esse objeto, mas sentia que não o devia perder de vista.

Naquele dia, Daniel resolveu ir até umas piscinas de águas quentes que Lamo lhe tinha mostrado, dizendo que eram águas milagrosas e muito desejadas pelos Jinni, que ainda sofriam de muitas doenças. Essas grutas pertenciam ao território do Povo do Vril, exatamente na fronteira entre os dois povos e os Jinni tinham de pedir permissão para usá-las.

Depois do que acontecera na praça central Daniel sentia-se seguro, sabendo que os Jinni temiam o Povo do Vril, por isso seriam incapazes de faltar ao combinado. Ele sabia que faltavam apenas cinco chuvas para sair daquele mundo, mas como? Ninan, Ramol, Lamo e Isha evitavam falar sobre esse assunto, mas a seu ver eles nunca iriam permitir que os desejos de Kryta se concretizassem. Assim pensando, caminhou pelos corredores que levavam às piscinas quentes de águas sulfúreas e algo mais. Ali estaria longe de tudo e inteiramente em contato consigo mesmo.

Daniel, sentado numa saliência de rocha dentro de uma piscina bem profunda enquanto a água o cobria até os ombros, olhava o trabalho da natureza, nas formações de esculturas fantásticas e deslumbrantes. Seus pensamentos divagavam entre o que estava aprendendo e vivendo, e um desejo tão enterrado no seu ser, que não conseguia recordar. Era como um sonho que teimasse em se esconder das lembranças.

Divagando com corredores que o levassem para muito longe, permitiu que o corpo ficasse meio adormecido, enquanto os sentidos prestes a apagar foram despertos por uma mão áspera que o tocava na nuca. Era uma fêmea que não pertencia ao Povo do Vril, mas que não deixava de ser humanoide. Como Isha, naquele fatídico dia, exalava um forte odor a peixe, enquanto que sua pele, meio esverdeada e viscosa, de onde aqui e acolá se viam tufos de cabelo, mudava para um tom translúcido ao tocar na água. Daniel soltou um grito de horror e medo. Porém, esse ser, já totalmente dentro da água, continuou uma busca insuportável e sem cerimônia no corpo do homem, enquanto este lutava em vão para se livrar. Daniel entendeu que essa fêmea tinha ido ali com um único propósito: melhorar a sua raça, copulando com um ser mais belo do que ela. Isso provocou estremeções no seu corpo, como se alguma coisa o puxasse para dentro e para fora, devido ao horror e medo que sentia. Com as vísceras contorcendo-se reconheceu a sua própria impotência enquanto sentia que a criatura o puxava de maneira a colocá-lo inteiramente debaixo da água. A luta pela sobrevivência, o pânico e a repugnância, fizeram com que seu pênis ficasse em ereção. Ela não perdia tempo. Movimentava-se gemendo e com seus longos braços e dedos tocava o escroto e o ânus dele para acelerar o orgasmo. Daniel quase não teve tempo para pensar, mas essa fêmea que parecia "ordenhá-lo" não o magoava, pelo contrário, tentava dar-lhe o maior prazer possível, como se fosse perita em anatomia humana, mas, tal como Isha, repulsiva, fria e calculista. No momento em que ela soltou um grito que mais parecia de vitória do que de prazer, Daniel sentiu um grande reboliço na água, enquanto que seu corpo miraculosamente ficou livre para vir à tona e ver Isha e Rhyma encarando-se ameaçadoramente. Ambas de pé, uma em frente à outra, mas dobrando os corpos e pernas perigosamente prontas para se atacarem. Isha tinha a ameaçadora varinha luminosa na mão. Daniel saiu correndo da água, embora molhado vestiu a túnica e colocou o Ank no cinturão. Enquanto isso, não tirava os olhos das duas fêmeas, as quais tinham algo muito forte que as identificava. Pareciam ser da mesma raça, embora uma fosse mais forte e a outra muito mais bela. Daniel, longe das duas mulheres, ficou parado, quase sem respirar, esperando uma luta tão infernal quanto a aparência das duas fêmeas, que pareciam ter-se transformado em monstros. Isha com suas asas mecânicas, aparentava ser muito maior, e a doçura que sempre tinha no semblante desaparecera para dar lugar a esgares de ferocidade, só igualados pela sua oponente. Ele entendeu que Isha poderia destruir a outra num segundo, mas por alguma razão que lhe era desconhecida, ela parecia evitar chegar a esse ponto. Assim mesmo, a varinha na sua mão era uma ameaça, mostrando que poderia ser usada a qualquer momento. Isha acionou a varinha, que lançou raios de luz vermelha, quebrando parte da rocha no fundo da caverna. A outra fêmea, sem se intimidar, com um grunhido medonho, saltou para mais perto da inimiga, fazendo gestos ameaçadores.

— Rhyma, desapareça! Não quero matar a filha de Kryta. - gritou Isha.

Foi nesse momento que outro Jinni apareceu por trás de Isha. Saltando como se fosse um animal bípede, empurrou-a e a varinha luminosa saltou entrando nas águas quentes. Isha, presa entre os braços e pernas do Jinni, vociferava na direção de Daniel, mas as palavras foram arrebatadas pelo eco. Daniel deixou de saber ouvir. O sonâmbulo tão necessário para a vigília de Isha, pressentia que a sua vida estava sendo arrastada para um profundo abismo. A fêmea Jinni atirou-se para dentro da piscina e retirou a varinha das águas. De um só salto, como se tivesse o poder de voar, chegou junto a Daniel, agarrou-o pelas axilas e em três saltos chegou no fundo da gruta. Ainda olhou para trás, para se certificar que Isha continuava presa nos braços do outro Jinni. Dando um grito pavoroso Rhyma correu, levando Daniel para os confins daquele mundo escuro que agora mostrava abertamente o seu lado infernal.

17

Povo Jinni

Daniel desmaiado foi colocado no chão de uma caverna iluminada por uma chama alimentada por algo que saía da rocha. Mais tarde veio a saber que era petróleo.

A voz de Kryta ressoou na cabeça do habitante da superfície.

— As consequências de seus atos vão ser terríveis.

— E você acha que eles nos dariam este homem sem pedir grandes sacrifícios? – perguntava outra fêmea, que Daniel reconheceu como sendo o ser que o tinha estuprado e abduzido.

— Isso seria um problema a ser resolvido a seu tempo. O que você fez é uma provocação.

— Na realidade eles creem que somos inofensivos. Que só sabemos usar a força e desconhecemos inteiramente o poder que possuímos... – Kryta interrompeu a filha,

— Ninan sabe tudo. Você nunca a poderia enganar. A nossa salvação é o interesse que ela tem em esconder o que sabe sobre nós do seu povo, para não criar pânico e sermos exterminados. Mas ela não é a única.

— Agora possuímos também a varinha da força vital ou Vril. Poderemos multiplicá-la e sermos tão fortes quanto eles.

— Não é assim tão fácil. Você ainda é muito jovem para entender. Quantas varinhas eu já guardei ao longo da minha vida...

Daniel deu um gemido, tentando levantar-se.

— Bem-vindo ao seio do povo Jinni. – disse Kryta, enquanto o ajudava.

Daniel tremia de medo. Kryta acendeu mais veios do óleo escuro que escorria pela parede oposta ao lugar onde se encontravam. Depois sentou-se no chão ao lado de Daniel. Outro Jinni apareceu. Sem dizer uma palavra também se sentou. Os quatro rodeavam uma chama no meio da gruta.

— Daniel, sabemos que conhece a nossa língua. A elite do povo Jinni também fala alguns idiomas da superfície, mas vamos comunicar-nos no do Povo do Vril, por ter um vocabulário mais extenso e uma sintaxe mais avançada, o que facilita a compreensão e melhor define o que temos para informá-lo, seja em forma de metáforas ou de mitos. Isto, porque você tem de saber a história do Povo Jinni que rodeia o território do Povo do Vril. Aparentemente esse povo é muito mais poderoso do que nós, mas sem a energia do Vril, a qual têm desenvolvido ao longo dos milênios, não poderiam sobreviver. Os nossos antepassados fizeram acordos, aos quais ambos povos pretendem ser fiéis, mas todos sabemos que um dia tudo poderá ser transformado. A nossa aparência física tem sido o freio que nos tem inibido de procurar outras saídas, mas por outro lado também tem sido uma benção.

Pouco a pouco Daniel começou a interessar-se pelas palavras de Kryta. Sentia-se mais alerta, começava a ter memórias. A curiosidade aguçava a cada minuto e o engenho da mente transformava cadeias em roldanas, as quais, a cada segundo que passava, melhor o ajudavam a funcionar mentalmente como há muito não acontecia. Alguma parte do seu cérebro tinha consciência de que quem lhe tinha dominado as memórias já se encontrava muito longe e não mais poderia voltar a aprisionar o que ele tinha de mais sagrado. Kryta reparou na expressão de Daniel. O medo tinha sido substituído pela ânsia de saber.

— O Povo do Vril vai tentar tudo para tirá-lo daqui, mas, segundo a tradição, só iniciarão o ataque no primeiro dia do próximo ciclo.

O que nos dá bastante tempo. – Kryta apontou para o Jinni sentado no chão. – Este é meu filho Octaro. A partir de agora ele será o seu guardião.

— Mas eu não vou ficar para sempre neste lugar?! – Daniel afirmou perguntando, enquanto as sombras acentuavam no olhar as emoções do tormento.

— Não. Claro que não. Porém, você tem de saber que a sobrevivência do planeta muito depende de você. É do interesse de todos nós que volte para o seu mundo.

— É bom que pense assim, mas não creio que as forças da natureza me tenham dado tamanha responsabilidade.

— Não foram as forças da natureza, mas povos que você conhece e outros com quem ainda não teve contato. Você foi escolhido para cumprir uma missão, mas para isso tem de desenvolver o seu poder e isso ninguém lhe poderá ensinar. É uma força inerente a todos, a qual foi lacrada nos abismos dos grandes mistérios e que você terá de descobrir sozinho. Enquanto isso, vamos rever a nossa história, a qual é mencionada em muitas lendas e mitos da superfície. Primeiro visitemos o reino do Povo Jinni.

∞

Entraram em grutas enormes, que se comunicavam por estreitos corredores e muralhas de pedra negra. Rhyma ia na frente com a varinha que roubara de Isha. A luz era suficiente para iluminar o caminho. Pouco a pouco Daniel já não olhava esses seres com horror ou repulsa. Eles pareciam ser apenas outra raça humana. Viviam em agregados familiares, ocupando diferentes grutas ou compartimentos, por vezes uns por cima de outros, como os vários andares de um prédio. Numa gruta enorme, Daniel viu guerreiros em treinamento. Pensou que não precisava perguntar com quem se preparavam para combater. Outra gruta mais pequena, guardada por vários Jinni, era o depósito de comida, a que chamavam Centro de

Vida. Num lugar, onde por várias frestas saía o fumo de um vulcão, viu muitos peixes de vários tipos e tamanhos sendo defumados.

Os quatro entraram noutra caverna enorme que lembrava o interior de uma catedral gótica. Esta era um templo. No centro tinha um disco negro suspenso que representava o astro rei. Por baixo tinha uma mesa de pedra também negra. As gotas de óleo que caiam continuamente da abóbada da gruta, alimentavam um fogo que envolvia o disco negro e a pedra. Kryta explicou que a religião dos Jinni tinha sido elaborada pelos antepassados dos dois povos, Jinni e do Vril. A lei mais sagrada era manter o mesmo número de habitantes, para segurança de todos e em especial do Povo do Vril, visto o povo Jinni ser muito mais vasto, tanto em território como em número de habitantes. O Povo do Vril, por meio de muitos subterfúgios, terror, castigos e punições, criou uma crença onde nenhuma fêmea poderia ter mais de duas crias. Quando tinham o segundo filho eram obrigadas a comparecer a uma cerimônia religiosa, onde o sacerdote lhes dava a beber um chá que as tornaria estéreis, o que para elas seria um ato sagrado. Depois disso, se por algum motivo, nascesse uma terceira cria, esta teria de ser sacrificada no altar que ficava por baixo do disco, o que, segundo a doutrina, traria vitalidade e abundância de comida aos dois povos. O Povo do Vril também era proibido de ter mais de dois filhos, mas se a fêmea ficasse grávida pela terceira vez, tomaria de novo o chá da esterilidade e esse filho seria considerado um gênio miraculoso. Essa erva era propriedade do sumo sacerdote e interdita às fêmeas Jinni, que só a podiam tomar uma vez na vida. Portanto, todas as crianças sacrificadas eram do povo Jinni.

Daniel estava horrorizado. Dirigia-se à saída da caverna, quando Rhyma perguntou num tom de voz bem altivo:

— Qual é a razão porque esse ritual o abala tanto? No seu mundo, não criaram religiões onde o anjo da morte leva o defunto para o inferno, a fim de ser queimado e sofrer por toda a eternidade? Neste caso, essas crianças nem sofrem, porque antes do sacrifício lhes untam os lábios com um soporífero fortíssimo. Na nossa religião não há inferno depois da morte, só em vida, o resto é eternidade. Além disso, muitas culturas da superfície, embora só falem abertamente dos chineses, matam muitas crianças, principalmente as fêmeas se estas forem as primogênitas. Muitas são enterradas vivas na areia. Sim ou não?

Daniel ficou em silêncio, pensando nos paradoxos culturais e nas necessidades sociais que criam crenças e fés, tão cruéis e primitivas, mesmos entre povos que aparentemente são evoluídos, como os do mundo da superfície.

— E se os Jinni mantiverem os recém-nascidos num lugar oculto? – perguntou Daniel.

— É possível. Sabemos que isso acontece. Porém, na maior parte das vezes são denunciados pelos que pretendem agradar aos sacerdotes, para que circulem entre os favoritos e recebam a honra de usar uma esmeralda na testa. Além disso, são homenageados por fanáticos e supersticiosos, os quais, em nome de princípios e dogmas religiosos, pensam que os deuses os beneficiarão mais rapidamente quando denunciam os "impuros" e desobedientes. – respondeu Kryta pensativa.

— Isso faz lembrar o que ainda acontece no mundo da superfície, principalmente quando os próprios esposos e filhos denunciam ateus, shamans, antipatriotas, ideologias, mulheres apaixonadas por homens proibidos, ou algo que abale o sistema financeiro, disfarçado de tradição, religião e patriotismo.

— Nós sabemos o que está acontecendo no seu mundo.

— Continuemos sem nos desviar da razão para esta conversa. – disse Kryta secamente. – Cada vez que uma cria nasce, é submetida a uma cerimônia religiosa, a que chamam Oni, onde é inoculada com um dispositivo, do tamanho de um bago de arroz, que nos permite saber por onde todos os Jinni vagueiam. Contudo, assim mesmo, de muito em muito tempo, os detectores de ressonância descobrem cavernas habitadas por seres que não foram inoculados. Imediatamente são erradicados pelo Povo do Vril que coloca produtos químicos na água ou no ar, esterilizando e os matando lentamente. Você Daniel, também tinha um Oni implantado, o qual desativamos enquanto dormia.

Depois de se ter refeito da informação, Daniel resolveu continuar a conversa perguntando se os presentes também tinham um Oni. Para sua surpresa Kryta respondeu que tanto eles como outros, no total de vinte e um Jinni, não tinham sido inoculados. Mas todos os outros sim.

Daniel esperou em vão uma explicação por tamanho privilégio, até que resolveu falar:

— Os senhores do mundo da superfície estão fazendo o mesmo, sob a aura de benefício, como sequestros, mas só nalguns, não em todos. Mas diga-me, o que pede o Povo Jinni a seus deuses?

— Que alguém da superfície abra o portal que os separa do mundo exterior, para poderem ver o céu, o sol e as estrelas. Algumas vezes, o Povo do Vril faz aparecer no templo uma luz maravilhosa, acompanhada de sons musicais e vozes, às quais os Jinni comuns chamam a voz de deus ou pensam que são aparições milagrosas. Na realidade, todo esse teatro só tem um objetivo, obrigá-los a, de aparente livre vontade, trabalhar com brio, exercendo algumas tarefas da melhor maneira que lhes seja possível, como o polimento de cristais, os quais, no mundo da superfície, seriam considerados obras de arte ou polir pedras e ouro da maneira mais requintada. Usam o sistema de doutrina, com promessas de vida ao ar livre que para sempre os poderá libertar da necessidade da sombra. Você sabe que cada vez que um de nós ou do Povo do Vril se expõe aos raios solares, perde muitos anos de vida. Sempre que precisamos de ir ao seu mundo é durante o tempo em que o sol está do outro lado do planeta. Poucos somos os que fazem essas viagens.

— Onde estão situados esses portais?

— Você entrou por um portal muito antigo, do tempo do rei Salomão. Até à sua vinda nunca mais tinha sido usado e agora está fechado para sempre. A chave que abre as entradas dos dois mundos é chamada Selo de Salomão, e encontrá-la é o maior sonho do povo Jinni. Contudo, há várias maneiras de abrir os portais entre o mundo interior, da superfície e galáctico. Além dos portais físicos existem os etéreos.

— Você mesmo possui uma das chaves. – completou Octaro.

— O Ank?

— Sim.

— Porque tanta dificuldade em circular entre os dois mudos?

— Por um lado, porque os Jinni podem, mesmo sem intenção, prejudicar o povo da superfície e se este soubesse da existência dos povos que habitam o interior da Terra, não descansariam enquanto não matassem a elite e transformassem os outros em escravos.

— Tal como aconteceu quando descobrimos a África e as Américas. – disse Daniel pensativo.

— Aqui seria muito pior para todos os povos, devido ao nosso grande poder e ao Vril, que o Povo do Vril poderia usar de maneira a exterminar a Humanidade. – disse Octaro num murmúrio dolorido.

— A Grande Rainha não o permitiria – adiantou Kryta.

— Quem é a Grande Rainha?

— Ela é sagrada. Não falemos Dela. Talvez um dia você descubra todos os mistérios.

— Mas, você mencionou o Selo de Salomão, isso é uma lenda da superfície... – ironizou Daniel.

— Antes de falarmos do Selo de Salomão, uma lenda que como todas as outras se baseia em fatos verídicos, quero falar sobre o dogma principal, imposto pelo Povo do Vril aos Jinni. Esse dogma é referente ao povo Brutus. O Povo do Vril obriga-nos a usar outro povo menos evoluído como escravo que trabalha na extração dos minérios e no tratamento do peixe. Devemos puni-los com a morte sempre que roubem alguma esmeralda ou comerem peixe defumado. O povo Brutus só come peixe cru. Esses minérios, principalmente safiras, esmeraldas, rubis, ouro, diamantes e outras pedras preciosas, assim como grandes placas ou cristais, juntamente com peixe defumado, são necessários para intercâmbios que mantemos semanalmente com o Povo do Vril, que em troca nos fornece óleos, especiarias, frutas e outras mercadorias que tanto necessitamos. Se for necessário dizimar o povo Brutus, somos livres de o fazer, o que não ofenderia os deuses, apenas aumentaria o nosso trabalho, para contribuir com as exigências do povo vizinho. O território do Povo do Vril está situado numa zona muito fértil, com grandes terrenos que são cultivados por escravos Brutus. O povo Jinni tem alguns territórios que poderiam ser cultivados, e que sem dúvida seriam muito férteis, mas falta-nos a energia Vril, sem ela as sementes não crescem. Por outro lado, o nosso território é riquíssimo em rios e minérios. Por isso fornecemos ao Povo do Vril a maior fonte de proteína e vitaminas da alimentação dos três povos, que é o peixe. Para esse trabalho, ainda mais ingrato do que a mineração, usamos o povo Brutus que pesca e em seguida defuma o peixe, suspendendo-o em cordões de pedra, por cima das aberturas dos vários vulcões das profundezas. Muitos Brutus morrem durante esse processo, e como cada fêmea só procria a cada 4 anéis solares, não estão sujeitos à lei sagrada da esterilidade.

— O que depreendo de tudo isso é que se o Povo Jinni obtivesse a energia do Vril, o Povo do Vril ficaria muito prejudicado. – afirmou Daniel.

— A guerra seria declarada. – respondeu Octaro.

— Se o Povo Jinni obtivesse o Vril qual seria a maior aspiração da elite?

— A mesma de hoje, – respondeu Rhyma, fazendo um esgar que pretendia ser sensual – fundir com raças mais belas e melhorar a nossa aparência. A fusão com os povos da superfície poderia melhorar a nossa intolerância aos raios solares, mas assim mesmo viveríamos um quinto do nosso tempo se fossemos viver lá em cima.

— Ou talvez não, quem pode afirmar? – Daniel sorria.

Kryta sentiu-se na necessidade de falar sobre a energia do Vril. Era mais forte do que ela. Embora esse assunto fosse quase proibido, a Grande Mestra do Povo Jinni explicou:

— Daniel, o Vril existe em todas as partes. Ele é imanente e onipresente. O segredo está em saber manipular essa força que atua sobre a matéria, mas que também lhe é inerente. O Vril é um agente pulsante da luz e das trevas. Por isso lhe chamam o sol oculto ou pulso vital. Quem o souber manipular através de uma certa tecnologia assim como do poder da mente, tem de ser refreado por uma consciência impecavelmente reta e nobre. De contrário, tudo o que é visível poderia ser destruído.

— Tem algo a ver com a antimatéria?

— Sim, mas não lhe posso dizer mais nada.

Kryta, Rhyma, Octaro e Daniel estavam de volta à gruta onde o arqueólogo tinha despertado. No chão, perto da chama, encontravam-se tigelas de pedra com nozes e peixe defumado. Comeram em silêncio. Daniel não se importou com o sabor acre. A fome perdoava qualquer infração ao bom paladar.

∞

Fora dos encantamentos de Isha, Daniel dormiu e sonhou com a pessoa que mais amava, Marília. Era uma sala imensa. Tanto o chão como o teto e as paredes eram decoradas de azulejos pretos e brancos formando um xadrez. No meio havia um piano de cauda verde esmeralda. Marília tocava Chopin, e a cada nota as cordas do instrumento irradiavam cores diferentes. Era uma visão etérea. A pianista exalava uma imensa alegria que transbordava numa luz que emanava de todos os seus poros. Porém, o lindo sorriso que modelava embevecida, enquanto olhava as notas musicais que pareciam dançar nas suas mãos, foi-se transformando num esgar de pavor. Enquanto isso, ela lutava contra as teclas que se agarravam aos dedos como uma massa esponjosa que os fazia dobrar e contorcer. A dor era imensa, mas ela não podia parar de tocar. Se o fizesse a música abandonaria o mundo para sempre.

Daniel despertou do pesadelo triste e confuso. A seu lado estava Octaro, que lhe indicou a caverna adjacente, a qual o arqueólogo já tinha visitado no dia anterior. Era uma gruta onde corria uma forte corrente de água a caminho de um imenso despenhadeiro e que servia de banheiro. Quando ia saindo, Daniel teve uma visão, que mais parecia a continuação do sonho, onde centenas de crianças tocavam piano num imenso vale banhado pelo sol.

Voltando para o lugar onde tinha dormido, sentiu uma sensação estranha no ventre, mas logo foi distraído por Octaro, que estava entretido quebrando com os polegares o resto das nozes da noite anterior. Daniel, sabendo de antemão que seria impossível imitar o Jinni, tentou fazer o mesmo, o que fez ambos rir a bandeiras despregadas. Cada vez riam mais, sem conseguir conter-se, o que deu a oportunidade a Daniel de notar a profunda doçura que emanava dos olhos desse ser também humano, mas disforme, segundo o conceito de beleza da superfície. Parecia que a natureza tinha implantado naquele corpo informe e esverdeado os olhos de um anjo. Kryta e Rhyma apareceram, como que por encanto. Entendendo a causa de tanta hilaridade, renderam-se ao contágio. Quando os quatro acalmaram a sessão de riso, pareciam ser os melhores amigos do planeta. Momentaneamente esqueceram todos os problemas, enquanto se sentiam unidos por uma profunda amizade. Nada poderia ter sido mais benéfico, principalmente para Daniel, que durante tanto tempo vivera a maior solidão, tanto de seres queridos como de si mesmo e já não lembrava a última vez que tinha rido. A dor no ventre desapareceu completamente.

Kryta levantou-se sendo seguida pelos outros. Caminhavam novamente por corredores escuros, apenas iluminados pela vara que Rhyma roubara de Isha e agora balançava ao som de um ritmo que só o seu bom humor podia ouvir.

Depois de terem percorrido um labirinto de passagens muito estreitas entre grutas e corredores, entraram numa imensa caverna com várias abóbadas. Daniel ficou de boca aberta olhando o que o rodeava. Era uma biblioteca imensa, a maior que ele já tinha visto. As dezenas de colunas de ouro eram o suporte do rebordo das grandes abóbadas, de onde saía uma luz, a qual, sem sombra de dúvida, era do Vril. Cada coluna também estava adornada de prateleiras cheias de livros. Tal como as colunas, as paredes eram de ouro formando inumeráveis estantes onde se poderiam encontrar os livros mais raros e mais modernos dos povos da superfície. Tudo era uma obra de arte, onde a beleza e a vontade de saber estavam unidas numa ordem perfeita. Os fractais, ou geometria da natureza, eram o adorno de todos os lugares onde não havia livros, como o teto, escadarias, arcadas e chão. Daniel sentia que todo aquele arranjo representava a ambivalência do nada e do todo, a complexidade do caos e da harmonia, onde cada partícula possui em si a totalidade universal. Só uma ciência muito avançada poderia conceber e encaixar tão singelamente um dos maiores mistérios da natureza. O sentimento que aquele lugar produzia na alma era indescritível.

Nessa gruta imensa, Daniel viu o absoluto da mais alta sofisticação de linhas, cores e riqueza. Todo o ouro que ornava as paredes e colunas era decorado com pedras preciosas embutidas de forma a criar figuras geométricas simbolizando galáxias e constelações. O ambiente transmitia a doçura que o artista sentira quando de suas mãos brotaram formas primorosas e delicadas. Tudo ao seu redor era sublime, o que só por si, demonstrava o avanço intelectual de um povo que só poderia ter uma inteligência superior e uma sensibilidade incalculável. Daniel não podia conter a sua admiração, não só pela beleza, mas também pelo imprevisto.

Todos se sentaram numa mesa perto do centro, por baixo da abóbada principal, exceto Daniel, que com um livro na mão, exclamou:

— Como é isto possível?

— Esta gruta é o templo da elite Jinni. A sabedoria que adquirimos é transmitida a conta gotas para o resto do povo. Só assim poderemos esconder os nossos mais sagrados segredos do Povo do Vril. – respondeu Kryta.

— Os livros das colunas foram escritos pelos povos do interior da Terra. Os que se encontram nas estantes, por trás das colunas, vieram do mundo da superfície. – disse Rhyma com orgulho.

— Qual a razão que os leva a uma procura desta magnitude sobre a história e a cultura da superfície?

— Veja bem Daniel, – disse Octaro – o nosso território é tão rico em ouro e pedras preciosas, ao que os povos da superfície dão tanta importância, que é fácil fazer transações. Por outro lado, tudo o que queremos é sabedoria e aprimorar a nossa raça. Temos meios de adquirir tudo o que quisermos, além de nos podermos disfarçar de modo que não nos olhem com suspeita. Porém, só visitamos o mundo da superfície quando é estritamente necessário, mas assim mesmo é imprescindível conhecer a vossa cultura. Se assim não fosse estaríamos muito mais atrasados e não nos saberíamos defender com tanta astúcia do Povo do Vril.

— Então, por que se submetem ao Povo do Vril?

— É a nossa maior defesa. Olhando-nos como cavalos de carga, pensam que nos usam e não nos aniquilam. Mas é o povo Brutus quem faz todo o trabalho de mineração e transporte, além de pescar e secar peixe, o que os mantem ocupados para que não nos ataquem, nem ao Povo do Vril, que não pensaria duas vezes antes de exterminá-los. Esses sim, são a degeneração de um povo muito antigo, que quase chegou à animalidade. Somos nós que lentamente os ajudamos a evoluir. Para isso usamos a religião e o medo de castigos. Na realidade eles não evoluem, mas sim recuperam-se pelo que perderam com a mutação.

— Em parte, vocês são para o povo Brutus, como o Povo do Vril é para o povo Jinni. E se o povo Brutus também tiver os seus segredos? – perguntou Daniel elevando a cabeça.

— Se assim for não importa. Talvez até alguém do povo Jinni tenha criado uma elite Brutus – disse Kryta sorrindo – a qual mantem o segredo e que tem por missão ensinar o seu povo, de uma maneira muito lenta e sutil, mas também consistente e inabalável. Para que haja ordem e para que não hajam guerras, a importância do segredo é continuar a existir como segredo. Eu sou a pessoa destes três povos que Ninan mais respeita. Eu sei que ela sabe e ela sabe que eu sei que ela sabe muitos dos nossos segredos, mas entre nós há um voto sagrado, que nunca foi pronunciado, mas que está profundamente gravado no eixo daquilo que eu e ela representamos. – respondeu Kryta.

— Daniel, há alguma pergunta que gostaria de fazer, como elucidar alguma grande dúvida? – perguntou Octaro.

— Sim tenho, não sei se é apropriado perguntar, mas com tal conhecimento seguramente que pelo menos entenderão este meu conflito. Acredito em duas coisas antagônicas ou contraditórias. Não sei como reconciliá-las.

— Diga Daniel, será um prazer tentar responder, talvez nós mesmos aprendamos algo ao fazê-lo.

— Acredito na teoria da evolução, mas também acredito na teoria da antropogeneses.

Kryta fez um longo silêncio como que procurando as palavras adequadas. Finalmente levantou-se, abraçou-se a si mesma e disse:

— Não Daniel, não são antagônicas. Coexistem. São História, a História da Terra. A sua pergunta é legítima. Entende?

— Não, não mesmo.

— Entendo. Vejamos, antropogeneses é o estudo das raças que existiram no planeta Terra. O planeta existe há 4.500 bilhões de anos e desde que foi formado o planeta não parou de se transformar. A terra, o mar e o clima mudam constantemente, assim como os animais e as plantas. Uns desaparecem e outros surgem. Os dinossauros que surgiram há 220 milhões de anos, tendo vivido na terra por 160 milhões de anos, também estiveram sujeitos à lei da evolução, tendo-se transformado e diversificado. Porém, embora se tenham encontrado fósseis de dinossauros, nunca foram encontrados fósseis de outras espécies humanas.

— Talvez porque os ossos não calcificassem... – disse Octaro, mas Kryta logo continuou:

— A História conhecida tem apenas, sendo otimista, 20.000 anos, embora se saiba que os ancestrais do Homo Sapiens, tenham vivido há sete milhões de anos e se quisermos ir mais longe, há uma teoria sugerindo que o início dessa evolução deu-se há 500 milhões de anos. Na sua evolução, o Sahelanthropus Tchadensis acabou por se desenvolver até chegar no Homo habilis. Estudos genéticos sugerem que a divergência entre o Homo sapiens neanderthal e o Homo sapiens sapiens ocorreu há cerca de 500.000 anos, embora os vossos estudiosos entrem em conflito dizendo que o Homo sapiens tem apenas de 150.000 a 200.000 anos. No entanto, essa data coincide e ajusta-se a outro período. Tabletes encontrados em bibliotecas de palácios reais na Babilônia, constituíam os Anais Reais e a Literatura Secreta. Tinham sido escritos na língua da Suméria e depois traduzidos para acádio (primeira língua semita). Muitos fazem referência aos Livros Perdidos. Foram também encontrados prismas de barro que falam dos dirigentes do período pré-Dilúvio, e do seu reino de 432.000 anos, a que Berossus se referiu. Berossus foi um sacerdote caldeu que tinha acesso a bibliotecas de tabletes de barro, principalmente em Harran, no sul da Turquia, que em três volumes compilou a história de deuses e humanos do período pré-Dilúvio, sendo conhecida como a Lista dos reis da Suméria, em exposição no Museu Ashmolean em Oxford, Inglaterra. Isto corrobora os documentos da Suméria, registrando que a raça Adapa ou Homo sapiens teria aparecido quando esses reis ou deuses precisaram de escravos e fizeram modificações genéticas nos seres já existentes no planeta. Das filhas desses homens e mulheres nasceram os chamados semideuses, generais, sacerdotes ou reis da antiguidade. A vossa Bíblia, sexto capítulo da Genesis, descreve os acontecimentos desse tempo, contando que os heróis da antiguidade e varões de fama nasceram da união dos que vieram do céu e se cruzaram com as filhas dos homens.

Octaro aproveitou a pausa para dizer:

— Até aqui você não só confirmou a lei da evolução como – tentando sorrir – a teoria do criacionismo. Vendo bem...

Kryta retomou a palavra:

— Já conhecia todas estas teorias?

— Sim, mas como pode ajustar tudo isso à teoria da antropogeneses?

— Repare Daniel, mesmo que saibamos um milhão de anos de História, o que é isso comparado com o resto do tempo?

— Na superfície houve vários grupos que falaram da antropogeneses, mas uma pessoa se sobressai, Elena Petrovna Blavatskaya, mais conhecida por Madame Blavatsky. Outros grupos e Ordens místicas também falam dessa outra evolução que não se cinge a apenas alguns anos de História. Uma teoria não entra em conflito com a outra, apenas se completam.

— Pode falar um pouco da antropogeneses? – perguntou Daniel.

— Sem dúvida, mas vou resumir. Temos outro assunto muito importante para falar e o tempo passa correndo. Na terra têm havido várias raças raízes. Atualmente estão saindo da quinta raça raiz, através da sua sexta sub-raça para entrar na sexta raça raiz. Ao todo são sete raças raiz e sete sub-raças em cada uma. Pouco se sabe da primeira, Urânia, além de ter existido na Antártica há 18 milhões de anos. Esses seres eram gelatinosos, as almas não eram capazes de encarnar, mas tiveram a sua própria evolução. A segunda raça raiz existiu há 11 milhões de anos, Hiperbórea, localizada na Groenlândia. Como ainda não se podiam chamar de sub-raças, são chamadas de estágios que na sua evolução primeiro foi o peixe serpente; formação dos seres com cérebro; formação da espinha dorsal; figura monstruosa; perfeita hermafrodita; monstros tentando ficar de pé; por fim atingem a finalidade da raça, ficar de pé. A Terceira raça raiz, Lemúria, localizada no Oceano Pacífico, tendo existido há cinco milhões de anos. A primeira sub-raça não teve grande desenvolvimento; a segunda formou o sistema cerebral e espinhal; a formação da glândula pineal; a terceira marca a verdadeira transição do animal para o reino hominídeo de onde irá nascer a raça humanoide; o hominídeo começa a caminhar, sendo bípede; hominídeo com mente; a sexta sub-raça estabelece um contato mais estreito entre os corpos astrais e físicos, excluindo os mais degenerados e imperfeitos que vão dar origem ao reino animal; atinge a finalidade da raça, senhor da sua mente, sistema nervoso e circulação sanguínea. A quarta raça raiz é a Raça Atlante que marca o nascimento da espécie humana. É à época desta raça que os gregos chamavam a era de prata, a qual sabiam ter desaparecido nas profundezas da Terra. Na sua evolução posterior tornou-se uma das raças mais evoluídas que atualmente habitam estes domínios intraterrestres. Nas primeiras sub-raças os atlantes desenvolveram a mente instintiva, aparelho urinário e reprodutivo, deixando totalmente de ser hermafroditas. Na primeira sub-raça o homem Hercúleo desenvolve a memória; na segunda os Toltecas a mente racional; na terceira os Turanios, viviam na Irlanda e Inglaterra e também na Pérsia, sendo negros de olhos azuis cristal. Na Índia, a quarta sub-raça tinham o corpo físico perfeito, chamada a Raça Negra; a quinta sub-raça foi a Semita, fisicamente a mais perfeita sub-raça dos Atlantes, e foram eles que deram origem à atual raça raiz – ariana; a sexta sub-raça foram os Acádios, raça de viajantes de onde saíram os pele vermelha a que hoje chamamos nativos americanos. A sétima sub-raça foi a Mongol. Os Atlantes usavam a intuição e tinham mente coletiva e uma espécie de intuição, sem vontade própria e sem razão. Seu transporte eram veículos voadores. A energia vinha dos cristais e vibração. Voltando a falar da quinta sub-raça da Raça Raiz dos Atlantes que deu origem à raça Ariana, esta continuou dividida em duas: Ruta e Daitya, 500.000 anos atrás – Homo Neandertal e outro Homo de onde originou o Homo Sapiens através de manipulação genética por seres mais desenvolvidos, o que está descrito nos tabletes da Suméria. A raça Ariana teve as suas sub-raças, e neste momento encontra-se nas duas últimas. A sexta sub-raça dará início à primeira sub-raça da próxima Raça Raiz. A sétima sub-raça será uma degeneração. Esses seres serão muitos violentos, com pouca consciência, usando o sistema límbico e instinto em vez da razão. Devido à sua violência e falta de consciência, se não morrerem durante a transição das energias terrestres, terão de ser dominados ou exterminados, a menos que vivam em lugares longínquos, como hoje vivem os vossos animais selvagens. A próxima Raça Raiz poderá ser chamada de Homo egoente ou Homo mentalis amantis, mas só o futuro o dirá. A finalidade da raça Ariana é o uso da razão, o desenvolvimento da lógica e do amor e o uso da vontade, mas acima de tudo é desenvolver o desapego da matéria, talvez o trabalho mais difícil de todas as raças. A vontade é a mais poderosa de todas as ferramentas dessa raça e é através dela que a percepção extrassensorial se desenvolverá. Conforme os Atlantes viviam no coletivo os Arianos têm por objetivo desenvolver a individualidade e a responsabilidade individual o que lhes dá independência, tendo também de desenvolver a intuição através da razão e da lógica. Essa individualidade não é no sentido egocêntrico, mas egoente, ou seja, total independência onde o Ser não precisa de suportes ou apoios, sabendo usar a razão no exercício do autoconhecimento e na expansão de si mesmo. Através da vontade desenvolve os poderes extrassensoriais e descobre o poder contido na mente. Quando este conhecimento passar de teoria à prática, como está acontecendo atualmente de uma forma científica, nasce a primeira sub-raça da próxima Raça Raiz, o que já está ocurrendo.

— Sim, entendo, e quem não quer o desenvolvimento da raça, como as religiões e grupos políticos, promovem o coletivo e condenam a individualidade. Obrigada pela explicação, tudo ficou bem claro. Tanto na antropogeneses como na chamada teoria da evolução, houve evolução. Uma abrange muito mais tempo do que a outra, mas acima de tudo há um grande propósito.

— Sim Daniel. A grande diferença entre a teoria da antropogeneses e da evolução é que não foi o animal que deu origem ao Homem, mas o pré-homem ao animal e isso aconteceu ao longo do tempo sempre que houve degeneração. A prova está naqueles que ao longo dos milênios migraram para as profundezas da Terra. Foram tantos povos que nem sabemos ao certo as datas e épocas, mas muitos pereceram por não se saberem defender de outros mais ferozes. De tantos povos só dois evoluíram em todo o sentido. Um desapareceu não há muito tempo, o Reino de Marduk. Nós retrocedemos fisicamente e o Povo do Vril evoluiu só em parte...

— O Povo do Vril retrocedeu sexualmente, o que afeta os sentimentos. Estão involuindo, já se nota nos gritos e urros animalescos, e principalmente no horror em que se tornou o ato sexual. Assim mesmo continuam sendo belos. O Povo Jinni prefere morrer do que cruzar com o povo do Vril. – adiantou Octaro.

— Então quais foram os povos que evoluíram?

— Shambala e outro de vibrações tão elevadas que apenas sabemos que existe. A Grande Rainha quando entra na matéria, vive entre esses dois reinos.

∞

Era tarde quando voltaram para a caverna onde tinham jantado no dia anterior. Outros Jinni juntaram-se ao pequeno grupo e Daniel teve oportunidade de ver a fenomenal disparidade entre o corpo e a alma desse povo. A maior parte só queria brincar como se crianças fossem. Outros gostavam de fazer perguntas inteligentes como se comessem cerejas. Não paravam de perguntar e comentar sobre o mundo da superfície, até que Daniel começou a ficar sonolento.

No dia seguinte Kryta e seus filhos levaram Daniel a uma linda cascata que caía num lago imenso. Daniel não perguntou, mas não tinha dúvida de que a luz que iluminava toda a gruta era do Vril. Essa gruta era cheia de estalagmites e estalactites rodeadas por pedras preciosas ou semipreciosas como ametistas, água-marinha e esmeraldas. Predominava a cor verde e a água era verde translúcido. Tanta beleza era algo inacreditável. Daniel pensou em como Marília, seus filhos e Ronaldo gostariam de ver tudo aquilo. Depois de terem brincado na água, chapinhado, nadado, massajado as costas na água, caindo e rindo bastante, voltaram ao labirinto que levava à biblioteca. Rhyma, que no dia anterior quase não tinha falado, nesse dia estava feita uma tagarela.

— Falemos do selo de Salomão, – disse Rhyma, soltando o tipo de conversa que mais lhe agradava.

— Verdade, ontem mencionaram o selo de Salomão. Mesmo vendo todas estas maravilhas ainda não entendo a relação. – disse Daniel, enquanto olhava ao seu redor.

Kryta retirou um livro de uma estante e enquanto o folheava Daniel reparou que era a Bíblia.

— A associação do Rei Salomão com Jerusalém, que segundo as etimologias significa “A cidade de Salomão”, tem uma precedência muito anterior à construção do templo. O nome Jerusalém, é conhecido desde o tempo de Ebla, 2350 aC e Ugarit, que junto com Ur e Eridu, cidades da Suméria, foram o berço da cultura humana conhecida, repare bem: C O N H E C I D A, pelo povo da superfície, datando de 6.000 anos atrás. Como você deve saber, a maior parte das escavações de Ugarit foram feitas pelo arqueólogo Claude Schaeffer, e muitos dos objetos aí descobertos encontram-se no museu de Strasbourg, na Alsácia. Nessas escavações encontraram um palácio real com 90 quartos, terraços internos e até duas bibliotecas. Uma delas tinha 15.000 tabletes, alguns em escrita cuneiforme. Embora oitenta por cento desses tabletes, tenham sido datados 2250 aC, o que mostra terem sido compilados posteriormente, outros continuam escritos na língua da Suméria e Eblaite, uma língua pré-semita e pré-acádia, ainda desconhecida. O importante é que Ebla abarcava divindades da Suméria, como o deus Enki, a deusa Ishtar e outros. Como sempre e em todos os tempos, as divindades tomavam outros nomes, segundo os costumes, diferentes povos e seus diversos interesses. O deus El mudou para Yah. (como Mika'el para Mikaya) Yah passou para YHWH ou Yahweh que os romanos traduziram para Jeová.

— Mas isso é uma teoria, que pretende desvendar a verdade e que na realidade não está nem próxima. – adiantou Rhyma, enquanto sua mãe levantava a palma da mão em desaprovação.

— O fato do rei Salomão ter construído um templo a Jeová não deve ser visto como uma devoção particular a esse deus, visto esse grande rei ter erigido muitos outros templos a outras divindades. (I Reis 11:4) Além disso construiu muitos edifícios e palácios, como o de Ophel, num promontório de Jerusalém, assim como trabalhos únicos para aquela época. O seu grande propósito era aumentar a segurança do povo o que nessa época tinha como ponto principal um grande suprimento de água. Salomão não se limitou a Jerusalém, também construiu outras cidades e portos, sendo um deles Ezion-Geber.

— Contudo, isto ainda não é o mais importante do que temos para lhe contar. – interrompeu Rhyma novamente, mostrando-se ansiosa para que Kryta chegasse ao ponto principal da história. Mas Octaro interrompeu-a:

— O rei Salomão ficou na história rodeado de muitas lendas. Muitas delas referem-se a fatos incompreensíveis para os humanos da época, que passavam a tradição oralmente, por isso foram tão deturpadas. O pior de tudo, é terem sido levadas ao pé da letra, sem que se tentasse interpretar o simbolismo aí contido, misturando mistérios com incoerência. Outras lendas foram uma propositada degeneração do que realmente representavam, corrompendo-se ainda mais com o andar dos anos, através de várias culturas, civilizações e as mais diversas crenças e pontos de vista.

— Para falar do rei Salomão e do que está atualmente acontecendo na superfície da Terra, somos obrigados a falar das vossas lendas. Um dia você verá a relação de tudo isto. Lembre-se que Salomão não era nenhum santo. Para subir ao trono de seu pai, o rei Davi, que tanto ambicionava, mandou matar seu irmão Adonijah.

— Contudo, ele marca um período muito importante da História. – disse Rhyma, que parecia fascinada por esse rei. E depois adiantou, – embora tivesse morrido com apenas 39 anos seus descendentes foram milhares...

— Continuemos, – interviu Kryta, cortando a filha que parecia ter ficado no mundo da lua. – Até à época do rei Salomão, seres que não eram oriundos da Terra ou que viviam no seu interior, dialogavam e interagiam com os seres mais influentes da superfície. Salomão a todos respeitava, por isso edificou templos a várias entidades, as quais para os homens comuns não deixavam de ser deuses e como a religião judaica é monoteísta, o templo de Jerusalém, edificado a Jeová, foi o único que ficou na História. Contudo, Marduk e seus descendentes continuavam vivendo no interior da Terra, e precisando de vários produtos da superfície, assim como de controlar as decisões dos homens. Para isso criaram meios de contatá-los sem necessidade de se encontrarem fisicamente. A arca da aliança tinha sido um dos vários objetos construídos para serem usados como meio de comunicação, a fim de transmitir leis e diretrizes que os homens teriam de seguir para que houvesse ordem, produção e vida. Por isso a Bíblia está cheia de leis de higiene e até nutrição, para evitar doenças e pestes. Por outro lado, Marduk nunca teve influência direta sobre o Povo Jinni, por nos considerar muito inferiores ao Povo do Vril, o qual lhe rendia vassalagem. Porém, Marduk continuava precisando de ouro e outros minérios, o que o Povo do Vril tinha obrigação de lhe entregar quatro vezes por ano. Para isso, durante mais de 4000 anos, obrigaram o povo Jinni, assim como o povo Brutus a trabalhar como escravos. Agora que a Grande Rainha voltou e Marduk morreu, seus filhos foram expulsos do interior da Terra e o Povo do Vril é mais feliz do que nunca. Os Jinni já não precisam de trabalhar ao lado do povo Brutus na extração de minérios, podendo dedicar-se a outras obras mais nobres, enquanto o povo Brutus se sente aliviado por não ter de trabalhar tão duro. Contudo, todos nos sentimos ameaçados, assim como os povos da superfície ainda sofrem muito, porque a sombra de Marduk continua pairando sobre a Humanidade. As três esferas continuam desalinhadas e a Grande Rainha, apesar de todo o seu poder, depende da vontade dos humanos da superfície. É aí que você, Daniel, tem uma missão a cumprir. Tudo depende da sua compreensão e da sua vontade. Ninguém o pode obrigar, você tem de desejar. Todas as explicações ou ensinamentos que receba têm como propósito fazê-lo compreender uma realidade que tem por fim ativar a sua vontade no sentido de cumprir com a sua missão.

— Mas tudo isso ainda me deixou mais confuso. Qual a ligação entre Marduk, a Grande Rainha, Salomão e o que está acontecendo na superfície? Isto para não falar no que está acontecendo comigo, visto ter sido perseguido desde que encontrei o Ank, o qual vocês dizem ser uma chave para abrir portais.

Apontando para a Bíblia que ainda tinha na mão, Kryta continuou:

— Tem razão, algumas coisas podemos explicar, outras você terá de descobrir, mas estas noções de história, embora não pareça, ser-lhe-ão muito úteis num próximo futuro. Vejamos: na realidade o rei Salomão foi um dos poucos seres que caminharam sobre a face da Terra, tendo o privilégio de conhecer os três planos: o mundo da superfície, o mundo do interior da Terra com suas múltiplas facetas, e também o mundo superior ou galáctico, no entanto ele nunca conheceu o outro, aquele que está acima e que tudo permeia.

— Outra dimensão? – perguntou Daniel bem interessado. Depois de tudo o que tinha visto não duvidava de uma única palavra.

— Sim. – respondeu Kryta, e evitando mais explicações sobre esse assunto, continuou: – Na Bíblia, Salmos 68:22 reza: "Disse o Senhor, eu os farei voltar de Basan; farei voltar o meu povo das profundezas do mar." De fato, a maior parte do território da Grande Rainha está sob partes dos oceanos Atlântico e Pacífico. Outras lendas sobre o rei Salomão dizem que ele possuía um tapete voador, que tinha o equivalente a mais de 60 quilômetros quadrados, no qual viajava com grande rapidez. Essa foi a nave onde Salomão foi iniciado, tal como você Daniel está sendo, e também como Zarathustra, Maomé e Enoque foram, além de muitos outros. Nada tem mistério. A negação da verdade é que torna o que é simples em labirintos complexos e misteriosos. A Cabala indica que Salomão navegou através do ar, num trono de luz colocado em cima de uma águia, que o levou até às portas do céu, assim como às montanhas escuras por trás das quais os anjos Uzza e Azzael estavam acorrentados. A águia descansou nas cadeias, e Salomão, usando o anel mágico, convenceu os dois anjos a revelar todos os mistérios. Tudo indica que se anjos foram persuadidos pelo rei, não o fizeram dentro da lei da livre vontade. Sendo assim, tudo o que lhe transmitiram foi muito limitado. Isto é a descrição de uma viagem ao mundo galáctico, usando a chave da transmância, a qual liga os três planos. Muitos sábios da história da superfície, como Enoque, Elias, Ezequiel, Zarathustra, Maomé e outros, incluindo o nazareno Jesus ou o Iniciado Cristo, visitaram seres de outros planetas, a quem chamavam Nefilim, e que foram os grandes responsáveis pela sua iniciação nos grandes mistérios, que não eram mais do que a verdadeira história da Terra e as possibilidades humanas. O rei Salomão também recebeu ensinamentos e foi iniciado nalguns mistérios. Por outro lado, segundo as lendas rabínicas, os demônios, como os Jinni eram denominados, teriam ajudado Salomão a construir o Templo de Jerusalém, sendo uma das tarefas mover as enormes e pesadas pedras que se levantavam no ar, para em seguida se encaixarem nos lugares a que estavam destinadas. Para isso, o rei Salomão também usava uma "lagarta" mítica, Shamir, a qual tinha sido levada do paraíso pela águia de Salomão, contra a vontade do príncipe do mar. Logicamente a águia era uma nave e o príncipe do mar seria um descendente do deus Marduk. A “lagarta” seria a hoje chamada tuneladora pantagruélica, máquina gigantesca presentemente usada para perfurar o subsolo para construção de túneis.

O anel mágico, também chamado o selo de Salomão, foi um presente que o rei recebeu, o qual lhe deu poderes e com os quais podia controlar o Povo Jinni. O símbolo mágico do anel era a Estrela de Davi, que como você sabe é muito anterior a esse rei, tendo sido um sagrado símbolo sumério.

— Por isso o Povo do Vril tem esse símbolo na mais alta estima. – interrompeu Octaro, mas Kryta logo tomou a palavra.

— Segundo a lenda, Asmodeus, o rei dos demônios, (assim nos chamavam) foi colocado ao serviço do rei Salomão. Durante os conflitos gerados pela ambição de poder, os dois reis entraram em conflito. Entretanto, Salomão foi aprendendo a entender os diversos mundos, tentando aproximá-los. Isto foi simbolizado no amor que Naamah, filha de Asmodeus, sentiu por Salomão, e este por ela. As lendas da rainha do Sabá e das minas de Salomão, (que nunca foram encontradas), na realidade são referentes à princesa Naamah e às riquezas do interior da Terra, principalmente o ouro, que o Povo Jinni, a partir de uma certa altura, passou a oferecer ao rei, o que o tornou tão poderoso.

— Uma das lendas conta que o anel mágico, que Asmodeus tinha atirado ao mar tendo sido engolido por um peixe, foi encontrado por Salomão enquanto pescava na intenção de preparar uma refeição para Naamah. Foi assim que Salomão recuperou o seu trono e poder, para em seguida expulsar Asmodeus, mandando toda a sua raça de volta para as entranhas da Terra. – disse Rhyma de olhos sonhadores, mas Kryta logo a interrompeu.

— Na realidade, essa lenda é uma deturpação do que realmente se passou. Vejamos, nessa época o Povo Jinni queria voltar à superfície porque, como Naamah, alguns eram mutantes entre as duas raças e também porque temiam que Marduk e seus descendentes tentassem escravizá-los. Foi nessa altura que o Povo

Jinni duplicou os imensos tesouros que oferecia ao rei, o qual, em troca dessas dádivas de incomensurável valor, aceitou ajudá-los. Finalmente, o rei Asmodeus deu o anel mágico a Salomão, e com isso muitas riquezas, como toneladas de ouro e água que desviou de um dos rios subterrâneos. Asmodeus também colocou vários Jinni de castas inferiores ao serviço de Salomão, os quais o rei só usava esporadicamente, porque tinha medo deles. O rei Salomão, tentando agradar e ajudar o povo Jinni, devido a que o contato com o sol, durante longos períodos, provocava muitas doenças tornando-os vulneráveis, tentou arranjar uma maneira para que pudessem viver na superfície. Isto foi simbolizado pelo desejo do rei em preparar uma refeição de peixe para Naamah, o que não era mais do que um esforço que Salomão teria feito para salvar o Povo Jinni, de forma a que a sua nutrição fosse idêntica à que estavam habituados no interior da Terra, e também construindo edifícios onde não entrasse sol, para que esse povo tivesse a possibilidade de viver na superfície sem perecer.

A Arte Goetia, que foi reeditada e publicada em 1904 por Aleister Crowley, descreve os setenta e dois Jinni, que a lenda diz terem sido invocados por Salomão para que o servissem, e que este confinou numa jarra de bronze, selada com símbolos mágicos. Na realidade não era uma jarra, mas um edifício.

O círculo e os triângulos do selo de Salomão, ou seja, a estrela de Davi, dois triângulos invertidos, os quais se podem subdividir em 12 triângulos dentro de um círculo, representam os três mundos: acima da Terra, na Terra e dentro da Terra. O visível e o invisível; o mundo da matéria e o mundo do espírito; a luz e as trevas; os princípios feminino e masculino. As tradições e lendas sobre o rei Salomão mostram acima de tudo que ele conhecia os três mundos e que o Povo Jinni, ou Genie, do árabe Jinnie ou Djini, o que literalmente significa recluso, secreto e invisível, teve uma enorme influência em toda a vida desse rei, sendo o selo de Salomão uma chave como o Ank, mas só abria um dos portais.

Na mitologia pré-islâmica, mitologia da Arábia, Jinni era uma raça de criaturas sobrenaturais com muito poder. Em latim a palavra tomou a forma de genius e juno, que significava o espírito guardião.

Essa mitologia foi adaptada ao islã, onde os Jinni são criaturas com livre arbítrio, feitos de fogo sem fumo, ou fogo sutil, o que é uma forma ambígua de misturar os povos Jinni e do Vril, pois o fogo sutil é uma alusão ao Vril. Viu Daniel? Este é um exemplo das grandes deturpações da História da Terra.

Continuando com os mitos da superfície, usando o livre arbítrio, o povo Jinni desobedeceu a deus, recusando-se a fazer uma vênia a Adão, por isso foi lançado para fora do paraíso e chamado de Shaitan, Satan. Porém, o AlCorão cita que Maomé foi mandado como profeta a ambos, a humanidade da superfície e ao povo Jinni. Aqui nota-se perfeitamente como as religiões, não só o islão, modificaram relatos históricos, que já vinham sendo deturpados por diferentes razões ao longo dos tempos. O povo Jinni auxiliou e enriqueceu o rei Salomão, no entanto, o que ele mais queria não eram riquezas, mas sabedoria. O anjo guardião não é mais do que alguns membros do nosso povo que ao longo dos tempos sempre se aventuraram, conseguindo ir até o mundo da superfície, onde encontraram um benfeitor, dando-lhe em troca a única coisa valiosa que para eles seria fácil de encontrar: ouro e pedras preciosas, o que para os humanos da superfície são objeto de grande ambição. Sendo assim, entende-se a razão pela qual todas as culturas da superfície identificam gênios ou anjos a demônios e riquezas tentadoras.

— Faltou dizer que os Jinni, mesmo dentro desses edifícios sem luz continuaram sofrendo e tiveram de voltar ao mundo do interior da Terra. – esclareceu Rhyma interrompendo a mãe, mas esta logo retomou o fio:

— Segundo os mitos da superfície, o Povo Jinni tem comunidades idênticas às sociedades humanas, comem, casam, morrem e vivem em tribos. Seguem religiões, e têm hierarquias sociais e militares como os humanos. Tanto podem viver em áreas bastante vastas como em buracos pequenos, podendo reduzir a massa corporal. Quando querem, tornam-se invisíveis aos olhos humanos. Por vezes, ou por acidente ou deliberadamente, entram em contato com humanos. Esses mitos não estão longe da verdade, mas erram inteiramente quando dizem que não podem procriar com humanos, embora possam transformar-se em humanos e ser convocados por estes. Essa é a razão porque a lenda afirma que os humanos que praticam magia negra usam os Jinni, o que retratam com uma cabeça satânica, ou bode de Mendes, na intenção de influenciar nocivamente aqueles a quem querem prejudicar. Porém, e isto é muito importante, o Jinni comum, não estou falando da elite, quando visita o mundo da superfície, não tem qualquer noção de certo e errado ou bem e mal, segundo os vossos conceitos. Aqui, no mundo subterrâneo, temos regras às quais obedecem com medo dos castigos, mas na superfície eles sentem-se livres de fazer o que mais lhes agradar. Para eles é muito divertido poderem interagir com os seres da superfície e quando alguém os aceita, fazem tudo para realizar os seus desejos. Se algo de muito mau acontece, é porque o humano, que tem alguma relação com o Jinni, assim o desejou. O que qualquer humano obtém de um Jinni, seja útil ou inútil, bom ou mau, certo ou errado, depende do seu próprio nível de consciência. A realidade é que os povos da superfície só usam os Jinni para fazer algo que prejudique os seus iguais ou para obter riquezas, porque isso lhes dá poder. Nada mais. Esquecem que o maior poder é o autodomínio e o autoconhecimento e que nesse processo podem adquirir a responsabilidade necessária para usar outro tipo de poder, o qual ainda nem podem imaginar. Note que em todas as lendas os Jinni só ajudam os humanos materialmente, nunca social, intelectual ou espiritualmente. Repare bem Daniel, porque, embora você não saiba, o que lhe vou dizer é muito importante para que compreenda a trágica situação da superfície. Segundo a literatura rabínica, quando os Jinni apareceram ao rei Salomão, este apenas pediu sabedoria, mas assim mesmo foi cumulado de riquezas e de uma glória tão imensa, como jamais alguém conseguira e conseguiu. Essa glória foi além do mundo da superfície, chegando às esferas dos anjos, assim como ao mundo do interior da terra, incluindo todos os monstros, répteis e espíritos. Salomão tudo podia controlar, o que aumentou o seu esplendor e riqueza, enquanto os Jinni lhe entregavam as pedras e os metais mais preciosos, incluindo água para o povo, para a agricultura e para irrigar toda a flora de seus palácios.

Agora Daniel, veja bem: a elite Jinni vai e volta do mundo da superfície quando quer, mas só o faz quando tem um objetivo bem específico, – olhando à sua volta e tentando com um esgar dar um sorriso que lhe iluminasse o rosto ladeado por uma camada de cartilagem que mais pareciam os cornos de um bode, Kryta disse:

— Como adquirir livros e alguns alimentos ou ervas. No entanto, por vezes, alguns Jinni conseguem visitar a superfície, apenas na intenção de ver o sol e as estrelas ou para se divertirem. Houve, porém, um Jinni que conseguiu apoderar-se de outra chave idêntica ao que se chama Selo de Salomão. Isso aconteceu no século XVIII, e quem tirou proveito disso foi Moses Amschel Bauer e seus descendentes, a atual família Rothschild, o que criou muitas lendas à volta da sua fortuna.

Moses Amschel Bauer, não era judeu como muitos pensam, mas um cazare. Os cazares eram um povo turco mestiço proveniente da Ásia Central, parentes dos hunos e praticantes do xamanismo. A Cazária ocupava o território entre o Mar Negro e o Mar Cáspio, onde hoje se encontram a Geórgia e a Bulgária. O rei Buslão converteu-se ao judaísmo aconselhando o seu povo a fazer o mesmo. Os antepassados de Moses Amschel Bauer eram parte dos que no ano 740 dC se converteram. Porém isso não inclui converter os genes. Mais de 70% das pessoas que se dizem judeus são na realidade cazários, incluindo a elite de Israel. Eles mesmos se apelidam de "judeus asquenazim". Portanto os Rothschilds não são judeus, apenas possuem um país judeu. Na realidade tudo é uma questão de política, identidade e interesse econômico ou de poder.

Em Frankfurt, maio de 1750, época da revolução americana, Moses Amschel Bauer, imigrante russo, abriu uma loja de penhores, trocas, empréstimos, joelharia e têxteis. Muitos membros de famílias reais e grandes comerciantes, quando precisavam de dinheiro iam vender ou empenhar joias, obras de arte ou peças de grande valor na sua loja. Foi assim que entre muitas outras coisas, Moses A. Bauer adquiriu moedas raras as quais vendeu a príncipes e nobres. Para que a sua loja fosse facilmente identificada colocou na porta um grande escudo com um hexagrama vermelho, que não era mais do que o símbolo do selo de Salomão, único ser humano com quem Moses Bauer tinha algo em comum e de suma importância. Seu filho, Mayer Amschel Bauer, mudou o nome Bauer para Rothschild. Em alemão Rot Schild significa sinal vermelho ou escudo vermelho. Logo em seguida, Mayer Amschel Rothschild, o filho de um joalheiro imigrante, passou a ser o primeiro banqueiro internacional. A partir daí o nome Rothschild sempre foi identificado a imensas fortunas tendo sido o fundador do maior império bancário mundial até os dias de hoje.

Bauer, através de sua valiosa coleção de moedas ficou amigo íntimo de um grande colecionador, o príncipe William IX de Hesse que se tornou seu patrono, cuja família real era das mais ricas e influentes da Europa. A partir daí todos os caminhos se abriram. Mayer Amschel Rothschild, nascido em 1744 e falecido em 1812, disse uma vez: "Deixe-me emitir e controlar o dinheiro de uma nação e não me importarei com quem redige as leis". Mayer é historicamente considerado o pai fundador das finanças internacionais. Hoje os Rothschild controlam a riqueza de todas as nações do mundo, incluindo o Federal Reserve, que não pertence ao povo americano. Os Estados Unidos da América do Norte pagam para imprimir o dólar.

Agora diga-me Daniel, como poderia em tão pouco tempo, na realidade uma geração, alguém ir da pobreza a tal fortuna? Jamais, repare bem, jamais, alguém ou algum governo fez uma auditoria nos bens dos Rothschild, os quais vão além de mais da metade da riqueza mundial, que, segundo a vossa agência Reuters, é de 500 trilhões de dólares, além de serem os donos de companhias de petróleo, da mídia mundial, Associated Press, estações de televisão, revistas e jornais de grande porte e lidos em todo o mundo. São eles também quem rege o preço do ouro. Agora diga-me Daniel, como poderia uma família adquirir tanta riqueza e poder em menos de 300 anos? A verdade, é uma lenda que está descrita na história dessa família e que muitos pensam ser parte da aura mitológica que os envolve, nada mais. Quando Moses Amschel Bauer tinha a sua loja de penhores no bairro judeu de Frankfurt, precisava guardar a sua então pequena fortuna, numa caixa forte. Para isso escavou um túnel subterrâneo na parte de trás da loja. Um dia apareceu-lhe um Jinni que ao ser atraído pelo ruído, o que lhe indicou que ali haveria alguém para se entreter, usou o selo de Salomão para conseguir ir até à superfície sem ter de passar pelos portais onde os povos do Vril e Jinni tinham vigias. Esse Jinni acabou por ser o meio para essa incomensurável fortuna. E diga-me Daniel, quem diria que não? Foi por isso que, mesmo com tanta riqueza e grande influência, seu filho, Amschel Moses Rothschild, continuou vivendo nesse mesmo lugar, onde morreu vítima de varíola. Bauer passou a ser olhado pelos filhos, não como pai, mas como Mestre. Em 1773, Moses A. Bauer convidou 12 homens influentes e ricos para a sua loja, com o fim de formular um plano para aumentar o poder sobre a terra. Fizeram um pacto para secretamente e com o poder que suas fortunas lhes permitiam, influenciar outros países do mundo e criar a Nova Ordem Mundial, ideia que não era nova, pois já vinha de outros séculos, mas sem a base necessária, dinheiro e influência. Uma das maneiras de multiplicarem as suas fortunas seria influenciar os governos a criar novas guerras, pois estas sempre enriquecem alguns em detrimento da morte e miséria de muitos. Bauer sabia que o Jinni não lhe iria trazer ouro indefinidamente. Além disso, para seres inteligentes como ele, só por si muitas barras de ouro não servem para muito. Tudo em grandes quantidades acaba por perder o seu valor. O que mais realizaria um homem imensamente rico? Poder... Quantos homens ao longo da História desejaram ter poder sobre o mundo? Dario, Xerxes, Genghis-Khan, Alexandre o Grande, Napoleão, Hitler e muitos muitos outros. Hoje os países não são ocupados por homens, mas por bancos. – Octaro adiantou:

— Hoje vocês já sabem que o poder sobre a economia é muito mais rentável do que ocupar outros países, além de facilitar a docilidade dos vencidos, refreando qualquer insurgência de uma forma muito mais hábil e eficaz. Agora repare: o brasão dos vinhos Baron Philippe de Rothschild, S.A. e do famoso Mouton Cadet, no seu símbolo encontrará semelhanças com o povo Jinni, a quem, como disse antes, no mundo da superfície chamam demônios, ou identificam à satânica cabeça de um bode ou bode de Mendes, devido à cartilagem, cor e espessura da nossa cabeça, o que foi uma mutação necessária à nossa adaptação e sobrevivência. Por outro lado, repare num exemplo do simbolismo do brazão e do nome dado a um dos vinhos da família Rothschild: Opus One, o vinho dos deuses. Entende?

— Creio que sim. As consequências da brincadeira de um Jinni...

— Duas palavras que definem a soberba do poder. – tentou elucidar Octaro – ou ainda, duas palavras pretendendo mostrar que esse agricultor é também o dono do poder terreno. Aquele que é da terra, vem da terra e volta para a terra, edificando a sua eternidade nas linhas da História, escritas por mãos de fogo e ferro. Não era apenas a uva, mas o petróleo, o ouro, os diamantes, a moeda. Quem soubesse dominar esses mercados dominaria o planeta, passando a ser One, o melhor, o Premium, o deus, o acima de tudo. Para ele, todo o resto seria uma filosofia útil para entreter as vidas dos que não têm capacidade para colocar em prática as reais ambições terrenas, procurando encontrar respostas existenciais no vácuo do incerto e do que não tem importância, portanto de fácil manipulação. O poder de um simples Jinni manifestou-se, suplantando o poder abstrato dos deuses. Para quê procurar outras razões que explicassem a essência humana ou a razão da existência? A fortuna e o poder, porque riqueza é poder, que o Jinni lhe dera, representava todas as ambições. Os agricultores apenas tinham de continuar a fórmula dos seus progenitores, mas de uma maneira mais sofisticada, sem esquecer a principal doutrina do poder: a religiosa ignorância. Atormentados com culpas, padecendo física e mentalmente, os manipulados esqueciam de pensar, embriagando-se em insolúveis lutas sociais as quais também faziam parte do plano dos vinicultores. Noutros cantos do mundo, continentes inteiros, tão insignificantes que nem faziam parte das estatísticas, os povos continuavam vivendo e morrendo nas mais abomináveis condições, para que sem qualquer sombra de contestação, extraíssem da terra as riquezas que os Jinni há muito tinham deixado de lhes oferecer.

— Talvez outros Jinni tenham ajudado, com suas brincadeiras tão inocentes, a muitas outras famílias, gerando cada vez mais incongruência, nos corações corruptos dos que decidem os caminhos da civilização da superfície. – adicionou Daniel.

— Se esse Jinni não foi o único, foi um dos únicos. – respondeu Octaro, mas Rhyma também tinha uma opinião:

— Opus One. Palavras que representam o eixo da servidão e da repressão, seja ela física ou mental, imposta a quem a "bebe"; mas que no processo do tempo, converge para um ponto, onde o pessimismo e a incerteza coletiva levam o lavrador a sentir que pode conhecer a morada dos deuses. O vinicultor passou a acreditar que a sua capacidade em manipular todos os mecanismos humanos é incontestável. As diretrizes por ele criadas e que acabaram por formar as opiniões e conceitos de todos os povos, alvoram na bandeira esfarrapada que representa o seu incomensurável poder. No auge da satisfação e do arrebatamento que sente pela sua obra, ele não nota como essa glória é efêmera, tentando representá-la na obra musical do Uno. Opus Dei ou Opus One, o melhor, o mais alto opus... Palavras vagas que no seu simbolismo, destituem a consciência humana de um esclarecimento claro sobre a verdadeira filosofia e sabedoria da procura. O agricultor de finanças brinca de vinicultor, perseguindo a Ordem que abomina, enquanto ordena e ordenha as diferentes mercadorias de seus cofres. A Verdade, que outro tipo de Ordem tenta denunciar, continua ofuscada e desarticulada pela maior mentira, feita de uvas aparentemente tão cristalinas como os diamantes de sangue. Refastelados no leito da ideia na qual piamente acreditam, os vinicultores do ópio que eles mesmos distribuem, abençoam-se, sentindo-se superiores aos deuses. Na sua arrogância declararam que tinham sido capazes de transformar o caos em ordem, não conseguindo ver as consequências que só poderiam resultar na destruição do Todo.

Rhyma parou a dissertação enquanto olhava Daniel que a ouvira sem pestanejar. Kryta e Octaro estavam tão admirados quanto ele com a sabedoria que a jovem demonstrou ter. Kryta tomou a palavra:

— Ou também um símbolo que numa frase nega a sabedoria metafísica e a busca da alma humana. Os beneficiários dessa brincadeira inocente e inconsciente, alvoram um poder que em si é a arrogante cisão com a doutrina da Ordem que ferozmente perseguem. Opus Dei versus verdadeira espiritualidade, Igreja versus tudo o que não siga os seus dogmas, ódio versus respeito, interesses versus amor, miséria versus sabedoria. Ordens místicas milenares, como a maçonaria, têm sido condenadas, exterminadas e caluniadas por apenas tentarem desbravar e conscientizar os povos sobre outros caminhos que levam à Verdade, à liberdade e à evolução. Defendendo os seus interesses, a elite financeira da humanidade, grita do pódio a necessidade que os povos têm em seguir seus dogmas que dizem servir o bem comum. Enquanto isso, manipulam a economia do mundo e o Federal Reserve dos Estados Unidos, o qual, como dito anteriormente, sem que a maioria do povo americano ou o resto do mundo saibam, não lhe pertence, mas sim a essa elite que assassinou o Presidente Abraham Lincoln, Presidente James Abraham Garfield e o Presidente Kennedy, além de outros, por quererem reduzir o seu poder sobre a economia desse país. Nessa via, onde o acúmulo de poder é cada vez maior, inventam justificativas para guerras que cada vez mais os enriquecem, tanto com a venda de material bélico como de reconstrução, as quais fomentam e usam, hipocritamente dizendo que são para o bem comum e para a implementação da democracia... Tudo isso em nome de deuses em que não acreditam, mas que obrigam os outros a se submeterem, ao preço do fanatismo que gera a maior miséria física e mental. Opus Uno é o símbolo da orquestra onde o servidor do bode é o maestro, enquanto seus comparsas seguem as pautas entremeadas de colcheias embebidas em sangue. – esclareceu Kryta, mas ainda adiantou, – esses, Daniel, são os seus inimigos, assim como da Humanidade, querendo matá-lo para se apoderarem do Ank, esperando assim aumentar ainda mais o seu poder e domínio sobre os povos. As sutis calúnias da opus dei contra a maçonaria e outras ordens místicas são o retrato da sua luta contra os que querem destruí-lo. Há algo mais aterrorizante por trás de tudo isso. A maçonaria tem muitas facetas, mas enquanto muitas lojas continuam sendo as guardiãs do antigo conhecimento outras são apenas fachadas para as manobras dos que querem impor terríveis propósitos. O que você precisa saber é que as fações mais poderosas da maçonaria estão em guerra com um dos vossos maiores inimigos, a opus dei e o fundamentalismo. O verdadeiro perigo esconde-se sob a máscara do óbvio. Entende? Porém, desta vez o ideal humano tem de vencer.

— Tem de vencer.

— Tem de vencer...

Era hora de voltar. O labirinto de cavernas foi percorrido em silêncio. Cada um, embora embrenhado em seus pensamentos, sentia que a partir desse momento a união do pequeno grupo seria inquebrantável.

De repente, um tremor de terra sacudiu as cavernas, enquanto um barulho ensurdecedor de gritos e grunhidos ecoava nos subterrâneos sem fim. O pequeno grupo correu, parando debaixo de uma arcada de onde saiam dois túneis. Quando a terra parou de tremer Octaro desapareceu como se tivesse sido engolido pela escuridão. Os outros três apressaram o passo.

— Chegou a hora, sempre que há um abalo sísmico o Povo do Vril exige a nossa presença e nesse momento qualquer acordo pode ser modificado. Eles vão exigir o seu retorno.

— Mas eu não quero voltar. – Daniel tremia com horror só de pensar no poder que Isha tinha sobre ele.

— Não tema, temos um plano – continuou Kryta, enquanto Rhyma dava um grito que Daniel não percebeu se era de ataque ou de medo.

18

Londres, Inglaterra

A nuvem magnética que rodeava a Terra estava cada vez mais condensada e opaca. Os satélites ao redor do planeta avariavam o tempo todo. Havia dias em que os meios de comunicação se resumiam a emissões de rádio AM. Os apagões eram diários em todos os cantos do mundo. O desemprego e a falta de orientação transformaram as grandes cidades em campos de guerra. A violência, que ia de estupros a roubos, saques de lojas e residências a assassínios, aumentava cada vez mais o pavor coletivo, atiçando os instintos mais primitivos das populações. As jaulas do zoo humano tinham sido abertas e os portões escancarados. As emoções prevaleciam e a razão parecia ter sido aniquilada.

As estações de televisão internacionais lutavam por todos os meios expandir o seu raio de alcance, visto os satélites parecerem ter vontade própria, funcionando uns dias outros não. Muitas vezes, a televisão, o rádio e a Internet pareciam ter feito um pacto, recusando-se a funcionar simultaneamente, como se fizessem parte de uma conspiração.

Templos de todos os credos estavam cheios de fiéis, pedindo milagres. Vários grupos, principalmente de jovens estudantes, intelectuais e artistas, ameaçavam os líderes da Nova Ordem Mundial, divulgando filmes, que projetavam com a ajuda de geradores domésticos; indicando sites na Internet; distribuindo panfletos e dando palestras de todos os tipos. Sites da Internet, discursos e fotos do presidente Kennedy cobriam muitos muros e estátuas das grandes cidades, pedindo a morte de seus verdadeiros assassinos. Um site propunha, usando as próprias palavras do presidente Kennedy, a recuperação e independência econômica da reserva federal americana, enquanto alertava os Estados Unidos contra as organizações ocultas, que, segundo ele, minavam a sociedade americana e mundial.

Os problemas que assolavam o mundo precisavam de mártires. Alguns grupos de todas as idades acenavam fotos de Daniel Salinas, admoestando os lideres mundiais com o novo "messias". Outros, alertavam os povos dizendo que o papa era o vigário do demônio, o Vaticano o anticristo e a Igreja a prostituta do Apocalipse. Muitos invadiam templos protestantes e mesquitas gritando slogans como, "Façam amor, abaixo a hipocrisia religiosa", ou "O amor humano cura o ódio dos deuses", ou ainda, "A violência é o produto da repressão sexual". Contudo, também haviam outros grupos que, devido à ânsia por misticismo, tinham mais aderentes do que quaisquer outros, mas que não se sabia quem eram, denunciando a falta de intimidade com o divino que o ser humano expulsara do coração preenchendo esse vácuo com a ganância e o medo, a antítese da consciência universal.

Permeando grupos que tinham uma visão mais séria e profunda sobre os acontecimentos, fanáticos defendiam o fundamentalismo da universalidade dogmática, atraindo os mais fracos e ignorantes, que incitavam à violência, jogando seus ideais por terra com slogans, como "abaixo os intelectuais", "abaixo a ciência", "morte à feitiçaria mascarada de misticismo" etc. Nas capitais dos países mais desenvolvidos, universidades eram saqueadas, professores e estudantes assassinados, cientistas fugiam para se refugiar em desertos, famílias morriam de fome e frio. O planeta parecia estar virado do avesso, enquanto alguns países ameaçavam vizinhos com ataques nucleares e biológicos. O ecossistema Humano era um caos.

∞

Com todas as precauções possíveis, devido ao medo de um atentado, o papa deslocou-se a Inglaterra em visita não oficial. Naquela noite parecia que a Terra se tinha afundado no abismo do medo.

Na suntuosa sala de jantar do Castelo de Windsor, condado de Berkshire, Inglaterra, o monarca, também Governador Supremo da Igreja de Inglaterra, oferecia um dos jantares mais importantes do seu reinado. Entre as individualidades presentes, além dos anfitriões e do papa, encontravam-se outros membros da grande família real europeia, destacando-se um príncipe da Holanda, por sinal um dos fundadores do Clube Bilderberg. Estavam também representantes das famílias mais poderosas do planeta, como os Rothschild, os Rockefeller, os DuPont, os Davignon, alguns descendentes de Cecil Rhodes, De Beers, Warburg, os Bush, os Morgan, os Carnegie, os Vanderlip, os Aldrich e outros, e ainda, o presidente da União Europeia, o Patriarca Ecumênico de Constantinopla, o rei da Arábia Saudita e outras individualidades do mundo político, financeiro e religioso de países como o Japão, China e Índia, assim como outros nomes inteiramente desconhecidos do público. Todos os presentes eram, direta ou indiretamente, membros das três organizações que fazem parte da Nova Ordem Mundial (NOM), Clube Bilderberg e seus braços: a Comissão Trilateral (CT) e o Council on Foreign Relations (CFR).

Nesse dia a elite mundial estava unida por uma simples preocupação. Já não era possível conter a revelação da Verdade ou ocultar os diabólicos planos dos senhores do mundo. O secretário, Richard Morgan, prepotente e arrogante, fez uma saudação e tomou a palavra. Os fortes traços do orgulho de seu rosto tinham sido substituídos por uma grande mancha de preocupação. Deu início ao discurso lembrando que os resultados dos esforços da Nova Ordem Mundial para atingir os seus fins, sempre tinham sido previsíveis; que todas as regulamentações políticas e religiosas nunca questionaram o Grande Propósito da elite; que a eficiência e sutileza do processo de propaganda sempre tinha sabido encaminhar as opiniões. Richard caricaturou a eficiência do trabalho de manipulação dos povos com um acontecimento que conseguiu arrancar risos e sorrisos dos rostos sisudos. Referia-se à infiltração, principalmente de algumas hostes islâmicas fundamentalistas, onde vários grupos criaram filmes e sites na Internet acusando os judeus e os Maçons das suas próprias ações, enquanto usavam a Ordem dos Excluídos, ou Lojas Espúrias, criadas por maçons expulsos. Contou que essa técnica continuava sendo implementada de uma forma muito mais feroz, como por exemplo, acusando outros de terem pactos com o demônio, enquanto a fiel Opus Dei ficava na penumbra, esquecida de suas vítimas, mesmo que seus membros fossem dirigentes de várias universidades, países e estados, entre eles Portugal e Brasil. Essa estratégia pseudo-religiosa, o fanatismo e o popularismo sempre tinham sido uma forma eficaz de ludibriar os povos, revoltando uns contra outros, até que terminassem por esquecer as verdadeiras razões de seus infortúnios para seguir o coletivo. Morgan trouxe à lembrança dos presentes um jantar nas Nações Unidas onde David Rockefeller teria dito que uma crise capaz de provocar uma transformação global, seria a janela ou oportunidade para que uma interdependente ordem mundial se construísse. Precisariam, contudo, de uma grande crise e assim todas as nações facilmente aceitariam a Nova Ordem Mundial como protetora e absolutamente necessária. A história repetir-se-ia, embora dentro das novas condições, necessidades e objetivos. O maior exemplo de todo os tempos foi a exoneração dos princípios e profundo ideal dos pais ou fundadores dos Estados Unidos, todos maçons, quando no século XVIII, Mayer Amschel Rothschild, fundador da maior dinastia bancária e dos negócios mais bem-sucedidos da história, almejou alastrar o seu império. Para isso, contratou Alexander Hamilton como seu agente, o que o tornou responsável pelo primeiro banco central dos Estados Unidos da América e também o primeiro secretário do Tesouro. Hamilton representa a eficácia da infiltração de elementos destrutivos dentro dos princípios fundamentais da maçonaria, ferindo em cheio o ponto mais sagrado dessa ordem, o que a dividiu e mais tarde desmistificou.

Morgan continuou:

— Trabalhando no objetivo de diminuir a população mundial, um dos nossos trabalhos tem sido incutir na opinião pública a necessidade de certas vacinas e medicamentos, o que tem sido um trabalho com ótimos resultados, como piloto para o que faremos no futuro. Quando as populações forem alertadas por alguns grupos idealistas, esses atos pseudo-pecaminosos em lugar de recaírem sobre a NOM, acabarão por ser identificados às ações da maçonaria em geral. A incerteza coletiva, devido ao pouco ou nenhum esclarecimento, através dos manipuladores de opinião a nosso serviço, conseguiu uma vez mais transferir boatos, salvaguardando-nos. Por outro lado, há mais de dois séculos que as cisões e conflitos dentro da maçonaria e outras ordens, têm sido uma grande ameaça à sua própria sobrevivência, em benefício do nosso propósito. A infiltração que defende a causa da NOM, dentro dessas ordens, também tem sido muito eficaz. São muito poucos os que ainda conservam os verdadeiros conhecimentos. A maçonaria em geral, posso afirmar isto com todo o conhecimento de causa, não passa do bode expiatório necessário à Nova Ordem Mundial. Isto é um bom exemplo em como a NOM sempre foi salvaguardada. A implementação de nossos objetivos não pode ser denunciada.

Escritores que tiveram sucesso com seus livros aparentemente de ficção, conseguiram alertar os povos de que a doutrina em vigor, seja ela cultural, religiosa, antropológica ou histórica, está contaminada. Antigos documentos que há muito tinham caído no esquecimento, estão presentemente sendo estudados à luz da ciência, e as verdadeiras funções das religiões estão sendo desmascaradas, contestadas e postas em causa, enquanto seus dogmas e doutrinas são desacreditados. Foi por isso que em 2009 o papa foi obrigado a dizer publicamente que acreditava em extraterrestres e que a sua existência não iria contra os princípios da Igreja.

Todos riram. O papa, com a voz rouca e as faces bem rosadas, talvez pela qualidade do bom vinho, aliado à indignação e à humilhação de não ser ele presidindo à mesa, interrompeu o discurso:

— Essa é a razão porque a emancipação econômica e instrução da mulher sempre foram condenadas pela Igreja. Vocês não agiram de uma forma eficaz em relação aos supostos direitos da mulher. Ainda bem que os meios de comunicação estão sendo afetados. É uma maneira de deter essa gentinha inferior cheia de pretensões.

Os monarcas presentes olhavam o papa de sobrolho, até por que não tinham por ele grandes simpatias, mas na verdade tinham chegado num momento em que fazer guerra já não era uma alternativa, e os líderes mundiais tinham de tentar uma unidade que há muito estava corrompida. O rei da Arábia Saudita adiantou:

— No meu país só nos preocupamos com metade da população, porque a mulher só obedece à vontade do homem, não te querer, tal como nos foi ensinado desde os tempos de Abraão. Por outro lado, a estratégia de manipulação da psique humana tem de tomar novas rédeas e trabalhar de uma forma muito firme, mas não menos sutil. Essa nova estratégia tem de ser implementada em todos os países.

Um dos duques da Escócia, cortou o soberano:

— Mas já criamos tantos grupos com esse fim. O último foi The Cutting Edge, A Espada do Espírito, representado no simbolismo dos jogos de inverno de 2002 a que os povos chamam satânico, onde o reino da luz ou fogo interior é uma promoção do reino do anti-Cristo. Ao longo dos tempos transformamos gênios em demônios. Justificamos o injustificável; condenamos o incondenável; defendemos o inadmissível; transformamos amor próprio, dignidade, probidade, integridade em egoísmo e pecado. Criamos o terrorismo, Bin Laden pai foi um dos nossos maiores aliados e todos sabem disso, mas a memória é curta, porque nós mesmos sabemos como encurtá-la. Já viramos batistas contra evangélicos, rosa-cruz contra maçons, enquanto a Opus Dei sai ilesa, e a Nova Ordem Mundial continua como um confuso mito aos olhos dos povos, onde a maioria nem sabe que existimos. Já transformamos o Ego em mal, uma forma genial de lhes roubar a vontade e a individualidade. Hoje a maior parte da população condena o Ego, criando carneiros e destruindo todo senso de vontade própria, honra e dignidade. Transformamos sabedoria em dragão imundo, o que os mantém na ignorância a qual consideram uma benção, e a sensualidade/sexualidade em pecado, o que os humilha, tornando-os inadequados, insatisfeitos e contorcendo-se de culpa, ao ponto de na idade em que poderiam ser mais perigosos a nossos planos, só pensarem em suas obsessões sexuais.

O Patriarca Ecumênico de Constantinopla aproveitou a pausa devida aos risos de escárnio, para continuar:

— Já mostramos que o signo do Infinito e o símbolo do Tau são símbolos fálicos. – mais risos, agora de todos os presentes. – Já os fizemos acreditar que o anjo do sexto selo do Apocalipse está reencarnado num corpo feminino, especialista na ciência dos Jinas a que eles chamam demônios. Há centenas de anos que dizemos que sexo é tentação, que as ordens místicas adoram o diabo e que o bem é o mal e o mal é bem. Financiamos Mao Tse-Tung, Trotsky e a revolução bolchevique... George Soros, um dos maiores magnatas do mundo, aqui presente – todos o saudaram levantando a taça de vinho – é considerado pai dos pobres financiando corruptos ditos esquerdistas como o partido dos trabalhadores no Brasil para que fechassem os olhos aos nossos interesses, e agora temos um Rothschild em São Paulo plantando vinhas. Realmente somos geniais... – todos riram.

— Tudo bem, tudo bem, contudo, agora que os povos são mais educados e conseguem ver a incoerência desses dogmas, o resultado é que tudo isso está caindo e desmoronando-se sobre nós. Disse um soberano quase perdendo o fôlego.

— Não, não está recaindo sobre este grupo ou aquilo que representamos, mas sobre a Igreja e isso – de dedo em riste – eu, o vigário de Cristo, tenho de impedir que se alastre, – disse o papa num tom tão ridículo quanto alterado, enquanto o duque da Escócia teve um ataque de riso, para depois perguntar:

— Se não fosse a Trindade, que este grupo representa, você e sua igrejinha já não existiriam há muito tempo, lembra? E se não fosse a sua dedicação aos princípios que regem a Opus Dei nunca teria chegado a cardeal. De nazista a papa, suprema raça, suprema mente... grande admirador da Inquisição que queimava a sabedoria... Publicamente condenando e censurando a homoxessualidade, encobre a pedofilia, permitindo que homossexuais religiosos lhe beijem o Anulus Piscatoris, ou Anel do Pescador. E agora, para defender a incomensurável fortuna e poder da sua instituição sabendo que corre o perigo de ser desmascarada e destruída, anuncia ao mundo que os extraterrestres são nossos irmãos e que terá muito prazer em batizá-los...

Todos riram por muito tempo.

— Pura consequência do objetivo nazista, mas ninguém vê, porque ao controlarmos a mídia controlamos a mente e os povos só pensam o que queremos que pensem.

— Isso, desde a infância que lhes limitamos o raciocínio obrigando-os a memorizar...

— Como nós... fazendo-os repetir frases do Al Corão, mas apenas aquelas que nos interessam, vocês fazem o mesmo com catecismo e orações. Até falando com seus deuses em vez de serem naturais não fazem mais do que repetir palavras cuidadosamente criadas para lhes lavar o cérebro...

Depois de muitos risos e mais um brinde, Richard Morgan retomou a palavra.

— Os acontecimentos atuais são o resultado de fenômenos que só o imenso poder da Trindade pode acalmar. No meu parecer, a única solução é tirar proveito dos eventos atuais, amputando alternativas irreversíveis, criando outras que divulguem vigorosas crenças em que a NOM é a única instituição capaz de estabelecer a ordem. Com isso, teremos de aproveitar os acontecimentos de maneira a levar os povos a exigi-la como única salvação, acabando por implorar que governemos o globo. Afinal esse é o nosso objetivo. Os acontecimentos da atualidade não estão contra nós, mas a nosso favor. Para isso teremos de ter em mente que a implementação de novas regras e da nova ordem deve criar uma civilização que melhor se submeta aos regulamentos políticos da Causa. O que parece não ter solução acaba por ser o nosso maior benefício. A participação ativa de todos os presentes pode universalizar uma nova constituição, onde de aparente livre vontade todos os povos passem a fazer parte de um só governo. O primeiro passo seria a deslocação de todos os criminosos e prisioneiros para as partes mais inóspitas do mundo que seriam transformadas em campos de trabalho. Todos os que infringirem as leis ou nos tentarem denunciar serão levados para esses infernos, localizados nos cantos mais quentes ou mais frios do planeta. Para os povos em geral, mostramos como a implementação das novas leis resultou num mundo de paz, tendo terminado com a criminalidade e a violência. Não poderemos esquecer as palavras de Henry Kissinger "Controlando o petróleo controlamos continentes. Controlando alimentos controlamos povos". Temos de implementar uma nova forma de controle, para que mesmo nos países desenvolvidos haja fome. E digo mais, quem controlar Daniel Salinas e o Ank, controlará a Terra.

— O que faremos de imediato? – perguntou o duque de Londres, para logo acrescentar – Tudo o que fizermos a partir de agora, tem de ter em conta esse fenômeno chamado Daniel Salinas.

— Poderíamos espalhar em todos os jornais e meios de comunicação que Daniel Salinas voltou de seu esconderijo, com um exército terrorista, preparando-se para combater as nossas instituições mais sagradas, como o Federal Reserve, as estruturas da nossa cultura e as igrejas, não importa qual a denominação. – Respondeu o Sr. Vanderlip. – Diremos que foi detectado num povoado colombiano, num campo de treinamento terrorista. Usaremos cidades, como Miami, Poitier, Frankfurt, Bilbau e Sidney colocando dispositivos radioativos que possam matar um número substancial de indivíduos, dizendo que isso foi orquestrado por Daniel Salinas. Não importa se está vivo ou morto, ele é a figura que necessitamos, para desviar a atenção e manter as mentes ocupadas por mais algum tempo, até nos reagruparmos com novas estratégias, tal como historicamente fizemos com tantos outros: temos de promove-lo de herói a terrorista...

— Não esqueçamos que a Trindade nos está ouvindo. – disse DuPont III, enquanto fazia menção de se levantar, mas um magnata chinês tinha outra proposta:

— Quanto à nuvem magnética que envolve o planeta, talvez possa ser dissipada com bombas atômicas. Brevemente teremos mais detalhes. Como todos sabem, neste mesmo momento um grupo de cientista estuda os prós e os contras.

— Assim será feito se a Trindade aprovar ou, quem sabe, talvez nos enriqueça com outra estratégia. – finalizou Morgan.

19

Yerevan, Armênia

A Trindade, ou seja, os três seres mais poderosos do mundo, sentados em poltronas de mármore púrpura, peças tão raras que só alguns reis e papas tinham tido o privilégio de possuir, conversavam tranquilamente. Tinham acabado de ouvir tudo o que fora dito no Castelo de Windsor, durante o jantar de seus súditos mais fiéis.

Urartian, levantou-se e pausadamente repetiu algumas considerações, para depois dizer:

— Tudo isso seria eficaz nos planos e processos que usávamos antigamente. Pode ser um bom projeto, só que não é suficiente nem prudente.

— Antes matávamos centenas e tudo ficava equilibrado. Depois milhares, mais tarde milhões e agora terá de ser bilhões. Teremos de criar uma peste eletrônica, para atingir os mais problemáticos. – sentenciou Karmir.

— Então, que desapareçam de uma vez para sempre...

Urartian fez um sinal com a mão, como que cortando a conversa, continuando:

— Não, isso iria contra os nossos interesses. Façamos o exercício, a que periodicamente nos submetemos. Revendo a história é uma atividade que desenvolve as aptidões mentais, aguçando o pensamento e mantendo-nos em foco para vislumbrar o futuro. Hoje esse movimento da memória será usado para nos posicionarmos de forma a acionar uma grande mudança no mundo. Reparem que desde a morte do Grande Marduk é a primeira vez que nos sentimos sobre areias movediças. O caminho a seguir tem de ser bem planejado.

∞

Khaldi tomou a palavra:

— Segundo a tradição da Armênia, o nome de sua capital Yerevan, deriva da expressão exclamada por Noé, "Yerevantes", no momento em que a Arca pousou no monte Ararat, depois das águas terem recuado. Claro que historicamente o mito transformou-se em lenda, resultando em outra crença a qual identificam a Moisés, o Chorene. Por outro lado, o último rei da Dinastia Orontid, Yervand III, teria sido o fundador dessa cidade à qual deu o seu nome, e ficando na história como sendo o bisneto de Noé. Segundo fontes hititas, outros pensam que a palavra Armênia está ligada a Havasa. Porém, também creem que se origina do proto-armênio ou descendentes dos indo-europeus, onde a palavra "Potis", "os Lordes", se referia ao estrato superior da população indo-europeia, por altura da etnogênese da Armênia, ou seja, a história dos antepassados, descendentes do Grande Marduk, rei da Terra e deus dos deuses.

Os antigos persas lhe chamavam Arminhai e assim foi introduzido por Herodoto na Grécia. A esse povo superior também chamaram Phrygian, "os colonizadores". Contudo, a palavra Armênia está ligada à palavra acádia Armanî ou Armânum, primeiro pronunciada pelo deus Naram-Sin. Esses deuses eram os seres que vieram de outro planeta para iniciar a colonização terrestre. O primeiro filho do deus Enki foi Marduk. O filho herdeiro do deus Enlil foi Ninurta. Ambos rivais. Porém, nós, A Trindade, fomos concebidos mecânica e organicamente com os genes do mais forte, o Grande Marduk. Se um dia houver outra Trindade será concebida a partir dos nossos genes, aqui, neste mesmo lugar onde nos encontramos.

O que os humanos não sabem é que este é um lugar sagrado, ponto da Terra com mais energia desde o tempo de Noé. Foi aqui que o deus dos deuses concebeu seu primeiro filho e onde nós fomos concebidos. Só seres tão perfeitos como nós podem representar o Grande Marduk, como se ele mesmo estivesse presente, razão por que acima de tudo, deveremos salvaguardar os nossos corpos. O fato de não nos reproduzirmos evita nascimentos que formariam aglomerados, tendo de periodicamente ser eliminados, no intuito de evitar rivalidades e conflitos que nos enfraqueceriam.

Os três androides levantaram-se para em seguida tocarem um imenso busto de Marduk esculpido num cristal que não era do planeta Terra. Isso foi um momento solene, como a renovação de um voto sagrado enquanto diziam em uníssono:

— Estes canais da vontade do grande deus declaram – a sua vontade sempre será cumprida. Assim foi, assim é e assim será para todo o sempre.

∞

Os três androides, sentados nas poltronas de mármore, olhando o horizonte através da imensa janela de vidro, ficaram em silêncio por muito tempo, até que Urartian falou:

— Temos conseguido ralentar os caminhos da evolução humana por bastante tempo. Porém, não podemos esquecer que o deus dos deuses, Rei da Terra, o Grande Marduk, era também filho do idealista Enki, que deu à raça humana o poder de existir e desenvolver-se, ao ponto de se transformar numa raça superior à dos próprios deuses. Este momento da História é crucial. Os descendentes diretos do Grande Marduk já foram expulsos do interior da Terra pela Grande Rainha. A partir do dia em que ela voltou as sociedades começaram a desenvolver-se rapidamente na medida em que o princípio feminino revigora. O nosso receio é que a memória genética do gênero humano os faça romper o limite de sua ignorância e descobrir a verdade. Por isso Daniel Salinas tem de ser silenciado. Não esqueçamos de usar a mais poderosa das armas, o nosso maior aliado, a única razão porque a humanidade é primitiva o suficiente para ainda nos ser útil: O MEDO. Os povos têm de ter medo desse artefato que Daniel Salinas possui. Sendo assim, mais uma vez serão eles, não nós, quem irá cometer mais um crime. Para que as massas ultrapassem os limites do bom senso e cheguem ao auge da agressividade temos de os **embriagar de medo.**

— Que a vontade do Grande Marduk se cumpra. – disseram os três em uníssono.

20

Povos do Vril e Jinni

O grito de Rhyma ecoava até às fronteiras do impossível. A própria Terra tinha de lhe obedecer. Ela era a porta voz da vontade, da sobrevivência e de algum poder oculto. Por um instante tudo ficou em silêncio. Mesmo os roncos dos Brutus, que ecoavam os uivos dos Jinni, silenciaram. O coração de Daniel chorava como uma criança encurralada. O medo do poder que Isha tinha sobre ele paralisava-lhe a vontade de viver. Sentia-se impotente no meio de tanta monstruosidade. A morte seria uma benção.

A luz dourada e suave que irradiava do Ank era a âncora de um mundo longínquo. Daniel apertou-o na mão livre enquanto a outra se espalmava contra a de Kryta que parecia arrastá-lo num espaço sem suportes. Quando se deu conta, encontrava-se na grande praça do Povo do Vril. Ladeado por Kryta e Octaro, tinha na sua frente Ninan e Ramol. Tudo isso tanto poderia ter acontecido numa eternidade como num segundo, a sensação de tempo tinha desaparecido. Os três povos desse mundo subterrâneo estavam reunidos e prontos para uma guerra que ninguém queria. Kryta avançou alguns passos e falou:

— Ninan, pode ficar com o seu prisioneiro. O meu povo conseguiu o que queria, muitas fêmeas estão com cria. O seu povo pode procurá-las, mas nunca as encontrará.

— O castigo será terrível.

— As suas palavras não nos amedrontam. Retiramo-nos em paz.

Ninan não respondeu. Os povos Jinni e Brutus foram saindo lentamente. Kryta e Octaro foram os últimos a atravessar o umbral da caverna. Daniel ficou só. Não conseguia evitar que sua mente tivesse ficado colada nas palavras da grande mestra do povo Jinni. Ele não tinha feito nada, mas aquela dor...

— Vamos Daniel.

A voz de Ramol parecia ter saído do fundo de um túnel, acordando-o de um pesadelo para entrar noutro. Não, ele não queria seguir ninguém. Enquanto apertava o Ank contra si, desejava, do mais fundo da sua alma, sair dali nem que fosse para um dos desertos mais inóspitos da Terra. Isha entendeu o que se passava dentro dele. Caminhou na sua direção enquanto levantava a mão para controlá-lo, mas antes que lhe tocasse Daniel tinha desaparecido. A praça estava vazia.

21

São Paulo, Brasil

Marília e Ronaldo Ciciliato encontraram-se no Café Parisiense, em São Paulo para almoço. Ela estava muito abatida. Tinha perdido o brilho da juventude e da alegria de viver que tanto a caracterizava. Essa linda mulher de 39 anos que ainda há pouco tempo tinha sido uma "borboleta social", vivia agora exclusivamente para os filhos.

— Você tem de mandar rezar uma missa por Daniel, o que terá de ser divulgado em todos os jornais e revistas do país. Eu a ajudarei a dar uma coletiva de imprensa. Depois disso retome as rédeas da sua vida. As crianças não podem viver vendo você sempre triste e deprimida. Temos de fazer uma declaração de morte presumida, para isso é preciso um processo judicial, chamado justificação, baseado no fato de que Daniel estava sendo ameaçado, do que temos indícios e testemunhas. Sem isso você não poderá receber pensão nem o seguro de vida. No caso do seguro você pode fazer um acordo com a seguradora. A sucessão, herança etc. será provisória, por dez anos e depois definitiva. Porém, a partir de agora você já poderia ser a curadora dos bens de Daniel. Para isso é necessário ingressar um processo de inventário o que lhe dá o direito de sucessão provisória. – Ronaldo pronunciou essas palavras de um só fôlego, como que para se livrar de uma coisa difícil de dizer, mas que tinha de ser dita.

— Isso implica fazer dois processos, um de justificação para o Juiz declarar a morte presumida e outro de inventário provisório, para que eu seja a curadora ausente e inventariante. Não tenho ânimo, pelo menos por enquanto.

— Marília, você tem de cair na real, pense em seus filhos. Contudo, a maior razão para todo esse processo é fazer esses que andavam ameaçando Daniel, acreditarem que ele morreu. Entende?

— Você pode ter razão, mas não sinto que Daniel tenha morrido, pelo contrário, penso que está bem vivo. O telefone continua grampeado, há mais quem pense como eu.

— Por isso mesmo temos de colocar um ponto final nessa tortura.

Marília não conseguiu conter as lágrimas que silenciosamente escorriam por um rosto imensamente sofrido.

— Se ele tem de ficar incógnito porque não manda mensagens através de Nasser como fazia no princípio? – perguntou Marília, como se as palavras fossem a réstia da última esperança.

— Nasser não teve mais contato com Daniel. O seu marido desapareceu e pelos vistos para sempre. Temos de nos render à evidência.

Ronaldo, eu sei que ainda me seguem. Quando fui visitar meus pais no interior, fui seguida de helicóptero e de carro. Uma vez, estávamos almoçando, apareceram dois homens fazendo perguntas absurdas, como se estivessem perdidos e pedindo direções. Um deles era padre. Quando partiram vi-os jogar alguma coisa num dos canteiros da frente, o que um deles fez de uma forma muito despercebida, mas eu vi. Procuramos tanto que até arrancamos todos os canteiros, mas não encontramos nada. Parece que Daniel está envolvido num grande mistério, o qual todos querem descobrir, mas ninguém quer que ele fale. Tenho a certeza que neste momento há um par de olhos vendo todos os nossos gestos.

Ronaldo colocou a mão na de Marília.

— Mas ele falou no discurso de Zurique. Lembra? A Globo passou parte no mesmo dia. Algumas 'forças ocultas' interferiram e nunca mais se ouviu falar de Daniel e suas ideias, mas a universidade recebeu milhares de e-mails e cartas pedindo mais detalhes. A todos esses mandamos o discurso na íntegra. Continuamos até hoje recebendo toda a sorte de correspondência perguntando por ele, mas eu só encontro uma resposta: Daniel morreu.

∞

Apesar de todos os crimes de que o arqueólogo brasileiro tinha sido acusado, como a explosão do Cairo, a Catedral de São Paulo estava cheia de gente. Muitos tinham vindo de outros países, culturas e religiões para a missa que homenagearia Daniel Salinas. Era como um ponto final numa morte sem cadáver. Entre as homenagens distinguiu-se a de Rashid Tibal ajudado pela tradução de Ronaldo Ciciliato:

— Daniel era o maior idealista que jamais conheci, se o mundo dependesse dele, não haveriam guerras, mas esse idealismo interferia no seu senso prático da vida, o que sem dúvida dever ter sido o motivo da sua morte. Ainda hoje não acredito que Daniel tenha provocado a explosão do Cairo. Na realidade nada foi provado. Prefiro crer que não passou de mais um ataque terrorista, e que o professor Salinas, devido à sua inocência, caiu nalguma cilada que lhe teria roubado a vida e o Ank.

Apesar de estarem dentro da Catedral, o público aplaudiu essas palavras, que caíram como um bálsamo a todos aqueles que admiravam o arqueólogo.

Saindo da Catedral, Marília, filhos e família recebiam os cumprimentos, pêsames e impressões de muitas pessoas conhecidas e desconhecidas. Nasser Isa Rukh chamou Ronaldo de parte, enquanto apontava com os olhos para um grupo de homens que caminhavam na direção de alguns carros que os aguardavam na frente da catedral.

— Daniel não morreu, tenho a certeza. Mas é bom que assim pensem.

— Quem são? – Ronaldo perguntou com ar despreocupado.

— Não sei ao certo, mas parecem ser enviados por aqueles a quem chamo 'forças ocultas'. Talvez tenham vindo para ver se a dor da família é autêntica.

Nesse momento Ronaldo recebeu uma chamada dizendo que tinha um e-mail. Abriu e leu "A Fontaine Médicis voltou a ter água." Ronaldo entendeu a mensagem, Daniel Salinas estava vivo. As pernas tremiam, os olhos ficaram úmidos, a luz do dia era mais forte... Ronaldo limpou a caixa de mensagens e nada disse a Nasser nem a Marília. Se o telefone do amigo estava grampeado de onde teria mandado essa mensagem? Já de volta a casa ainda pensava se não deveria ter respondido. Ele não queria colocar a vida nem a identidade do amigo em cheque. Seria melhor esperar por outra mensagem. Muito mais seguro.

Quando, no dia seguinte, Ronaldo voltou à universidade tinha uma surpresa. Uma mulher infinitamente linda esperava-o no seu gabinete.

— Em que posso ajudá-la? – perguntou o professor enquanto se sentava do outro lado da mesa.

— Meu nome é Anna Jani, e estou aqui para falar de Daniel Salinas.

Ronaldo fez um esgar, e, de coração acelerado, o que tentava disfarçar com um sorriso, respondeu:

— Melhor será falar com a viúva de Daniel. Ontem a família deu uma missa, concluindo que, embora seu corpo ainda não tenha sido encontrado, Daniel faleceu. Acabou, morreu, entende?

— E você acredita nisso? – perguntou a linda desconhecida com um sorriso declaradamente arrogante.

— Acredito, não há nenhuma evidência em contrário. Há quase um ano que ninguém recebe notícias dele, além de todos sabermos que sua vida estava em perigo.

Anna sentou-se na beira da mesa de Ronaldo semicerrando os olhos.

— Pois bem, também foi anunciado que o arqueólogo Daniel Salinas provocou a explosão do museu do Cairo, na qual pereceram 74 pessoas, incluindo o Professor Majid Umarah. Disseram até que isso teria sido uma forma que Daniel usou para cobrir as evidências de outros crimes, e o desaparecimento do Ank. Porém, o Professor Majid Umarah está vivo. Dá aulas numa universidade privada de Calcutá, com o nome de Garth Garcia, tendo raspado o bigode que substituiu por uma longa barba, além de usar turbante. A adaptação foi fácil pois Majid/Garth é filho de mãe hindu, da cidade de Goa. Ronaldo estava branco e boquiaberto.

— E como é que você sabe de tudo isso?

— Quanto menos você souber das minhas fontes de informação e de mim, melhor para todos. Apenas o estou informando para que tenha uma noção da extensão do perigo que não só Daniel corre, como você e a sua família.

— Então diga-me em quem posso confiar, será que sabe?

Anna levantou-se e pegou na bolsa preparando-se para sair, dizendo:

— Ninguém. Nem Nasser nem Rashid Tibal. Sim, Daniel está vivo, mas tem muitos compromissos, talvez apareça temporariamente para desaparecer de novo. Não o pressione, nem tente contatá-lo.

Ronaldo caminhou para abrir a porta a Anna Jani. Ele sabia que já tinha visto esses olhos em qualquer lado. Antes de virar a maçaneta, perguntou,

— Onde é que eu a vi antes? Lembro-me de seus olhos, da sua silhueta... Ah, sei! Lembrei. Uma vez foi em Jerusalém, quando houve o atentado... – Anna não o deixou terminar.

— Esqueça isso. São impressões suas ou acontecimentos de somenos importância. Preocupe-se mais em não permitir que alguém duvide da morte de Daniel. – Ela mesma abriu a porta, enquanto Ronaldo se recompunha do choque.

22

Deserto Branco

Daniel despertou no meio de uma noite salpicada de estrelas. Estava no deserto vestido de árabe. A seu lado tinha dois camelos. Numa mochila encontravam-se roupas, muitas pepitas de ouro e algumas pedras preciosas, as quais se fossem vendidas em Antuérpia, cada uma poderia valer vários milhões de euros. De cada lado do tapete que cobria o dorso do camelo estavam penduradas duas bolsas que continham água, mantimentos, uma lanterna, uma pistola, munições, dois celulares e um rádio de ondas curtas. Ele sabia quem era o autor de tanta providência.

Daniel dançou, riu, chorou e cantou de alegria. Era um homem livre. Podia ver as estrelas e brevemente matar a saudade do calor do sol. Pensou em Marília e nos filhos, o desejo de vê-los era imenso, mas a prudência cantava mais alto do que qualquer outro sentimento. Sem saber qual o caminho a tomar, seguiu na direção oeste. A cadência da caminhada adornava uma fantasia que provocava saudade e um imenso desejo de continuar essa trilha já sem retorno. Porém, qual? O dia chegou inundado de azul e calor. Daniel acomodou-se junto a uma colina de pedras e alguns arbustos de espinhos que os camelos se apressaram a comer. Tudo lhe parecia muito estranho, mesmo irreal.

O arqueólogo acariciava o Ank. Tocava-o de leve, pensando em tantas aventuras desde que o tinha encontrado. Como a sua vida tinha mudado. Foi quando ouviu uma voz, que vinha de dentro de si mesmo, "O caminho a seguir não tem ambição. O caminho reto é o do saber e a força é a certeza do bem fazer."

Daniel errou vários dias pelo deserto e todas as noites ouvia a mesma voz. Mas ele ainda não entendia, mesmo quando se dizia que obviamente tinha uma missão a cumprir. Por vezes sentia-se muito só. Para amainar a imensa falta de falar com alguém fazia-o consigo mesmo. Tentava em voz alta descobrir mistérios e encontrar soluções.

Um grupo de beduínos apareceu no horizonte, vindo na sua direção, o que sem pensar no perigo, lhe trouxe uma imensa alegria. Quando lhe fizeram as perguntas que todos os beduínos fazem quando se encontram, "de onde vem? Para onde vai?", Daniel fingiu ser mudo e com ruídos guturais indicou nordeste e oeste.

— Sei, vem do deserto Negro, passou pelo buda do deserto Branco, passou pelo oásis de Farafra e vai na direção de Badwiya.

Daniel fez que sim com a cabeça, mas com a mão indicou que ia mais longe.

— Será que vai para a Líbia?

Daniel apontou noroeste.

Quando os beduínos partiram ele tinha uma melhor ideia do lugar onde estava e a distância a que se encontrava de algumas cidades. Foi quando Daniel decidiu ir para a Líbia.

Sempre que dormia, Daniel tinha o cuidado de colocar o Ank dentro da mochila, enterrando-a perto dos camelos, que por algum motivo inexplicável sempre acabavam por se sentar em cima. Uma tarde despertou com o ruído de dois helicópteros. Primeiro pensou ficar deitado, de forma a que não o vissem, mas era evidente que o seu paradeiro tinha sido descoberto. Não havia como fugir. Um terceiro helicóptero apareceu e em poucos minutos o arqueólogo ficou rodeado de gente.

Perguntaram-lhe em árabe qual era o seu nome. Não respondeu. Então, como que se uma pedra tivesse caído na sua cabeça, sentiu que o mundo estremecia debaixo de seus pés, quando ouviu a voz sarcástica de Rashid Tibal. – Daniel Salinas, finalmente!

Daniel olhou na direção da voz e tudo o que conseguiu balbuciar foi:

— Está-me procurando como se eu tivesse desaparecido ontem?

— Desconfiávamos que este seria o seu paradeiro através de uma inteligência especial e extremamente sofisticada.

O dia perdera o calor. Como um véu muito leve, tudo foi envolvido na triste realidade das desilusões que destroem ideais. Rashid deu o braço a Daniel e encaminhou-o para um dos helicópteros, onde dois homens estavam sentados. O piloto tinha-se juntado a outros homens que rodeavam os camelos. Um homem imponente e arrogante, que já teria vivido mais de 60 anos apresentou-se.

— Meu nome é Richard Morgan. Como nenhum de nós está aqui para perder tempo vamos diretamente ao assunto...

Nesse momento Daniel olhou na direção dos animais onde vários homens revisavam toda a carga. Richard seguiu o olhar de Daniel e continuou:

— Estamos aqui por um motivo. Queremos que nos entregue o Ank que encontrou num sítio arqueológico e que não lhe pertence. Esse artefato é patrimônio mundial.

— Não o tenho comigo e além do mais o que há de tão importante num artefato que não serve para nada?

Richard continuava de olho nos que revistavam os camelos. Um deles, olhando na sua direção fez sinal negativo.

— Sabemos que você conseguiu sair do Cairo com o artefato. Por outro lado, devido ao fato que o Ank só funciona nas suas mãos, tanto eu como meus colegas, decidimos que a melhor forma de solucionar esta situação, seria colocá-lo a par dos acontecimentos. O mundo é dirigido por um pequeno grupo de pessoas, as quais são as únicas com capacidade para levar avante tão grande obra. Somos a Aristocracia de Propósito. Estou aqui em nome desse grupo para lhe fazer a seguinte proposta: você entrega o artefato e nós em troca depositamos na sua conta bancária 100 milhões de euros, quantia que, seguindo a nossa perícia, você poderá facilmente triplicar, tornando-se um dos homens mais ricos do mundo. Além disso, você passará a ser membro da nossa organização o que lhe dará poder como nunca imaginou possível.

— E do que trata essa Aristocracia de Propósito?

— Só para lhe dar uma ideia, somos nós que controlamos o mundo financeiro do planeta, incluindo o Federal Reserve dos Estados Unidos. Os próprios dirigentes religiosos se submetem às nossas necessidades e caprichos. A grande vantagem de tudo isso é que tendo todos os homens, que os povos olham como poderosos, nas nossas mãos, continuamos incógnitos. Personagens, como você poderá vir a ser, têm toda a liberdade de ação, toda a liberdade de negociação e toda a liberdade de escolha. Contudo, sempre sujeitos às normas e determinações da cultura que criamos segundo as mudanças necessárias, que com o andar do tempo se vão tornando obrigatórias.

— Com que propósito?

— Conter a evolução humana e o aparentemente incontrolável aumento das populações. Se estas saírem fora do nosso controle com uma população superior a oito bilhões, a vida no planeta terá um fim bem próximo. Por isso temos de controlar a mente pública, programando-a através da educação, da mídia, da religião e da cultura. A Otan será o exército mundial, enquanto impomos um sistema legal e jurídico universal. A ONU será o centro do governo mundial. Acredite ou não é a única solução para a continuação da vida na Terra.

Daniel olhava Richard mais com curiosidade do que com desprezo.

— Sei. Esse controle é feito através do medo, dos dogmas, da miséria e da ignorância, enquanto essa aristocracia continua jogando dados para entreter o vazio. Como lhe disse, não tenho o Ank comigo, mas se o tivesse o que o impediria de me matar? Essa organização tem morto milhões de pessoas ao longo dos tempos. Por que razão eu teria de receber um tratamento especial?

— Entendo, é um raciocínio lógico, mas você passou a ser importante. Se o artefato é o que pensamos que seja, muito poucos serão capazes de fazê-lo funcionar. As experiências dos laboratórios provam que você é o único que o pode tocar sem ser queimado. Por isso queremos que fique do nosso lado. – Respondeu Richard tentando dar um tom humilde à sua petulância.

— Quando esse artefato estava comigo não fui capaz de o entender.

— Sim, sim. É evidente que se você soubesse o real poder do Ank não estaria cirandando no deserto. Mas sabemos que você o usou de alguma forma quando esteve em Paris e em Israel, só que a informação nos chegou tarde demais. Cada vez que você o usa, há detectores especiais que podem situá-lo devido ao inexplicável magnetismo que emana numa certa frequência. Aqui mesmo no deserto você já o usou.

— Não é verdade.

— Talvez nem saiba quando o usa, tal é a sua ignorância. Mas agora quero a sua resposta. Pense na sua família e em tudo o que poderá fazer com esse imenso poder que lhe estamos oferecendo.

Daniel riu como não ria havia muito tempo. A imagem de Kryta na biblioteca do Povo Jinni era uma lembrança muito vívida, representando o que esses homens jamais seriam capazes de entender. Isso deu-lhe ainda mais vontade de rir. Riu de verdade como se rir fosse um rio caudaloso, capaz de inundar aquele deserto, contagiando os três homens, mesmo aquele que não lhe tinha sido apresentado nem pronunciara uma única palavra. Depois, recompondo-se perguntou:

— E vocês também devem obediência a alguém? Quem? – O homem que até aí tinha ficado mudo respondeu:

— Você que nem entendeu o poder do Ank, muito menos poderá compreender a resposta à sua pergunta.

O arqueólogo lembrou-se as palavras que continuamente martelavam a sua mente enquanto atravessava o deserto. "O caminho a seguir não tem ambição. O caminho reto é o do saber e a força é a certeza do bem fazer." Depois, olhou Richard bem sério:

— Não, absolutamente não. Isso seria como vender a alma ao diabo. Quero morrer livre, sem dever obediência seja a quem for. Quero ser livre para publicar e divulgar tudo o que descobrir. O vosso sistema de complexas matrizes, tramas e manipulações, há muito que foram provadas erradas. O ser humano sofre como nunca. Sofre desde a fome à ignorância de não saber quem é, nem conhecer a sua verdadeira história e essência. Sofre por causa das ambições de alguns que se beneficiam com as guerras que provocam e a violência que divide os povos, manipulados no sentido de servir os vossos interesses, regidos pela ganância e sede de poder. Querem que eu participe de uma elite, a qual tudo o que faz vai contra os meus princípios mais genuínos? É impossível. Entendem? Agora, se quiserem matar-me, matem. Não tem nenhum problema e saibam que não tenho o artefato comigo.

Daniel desceu do helicóptero. Caminhou na direção dos camelos. Os outros três homens foram na sua direção. Rashid gritou:

— Você sabe que não vai sair daqui vivo?

— Sei, mas tentarei até o último momento continuar o meu caminho, vocês não irão ver-me implorar nem ficar aqui parado esperando uma bala.

Richard acercou-se de Daniel.

— Por mais que se esforce, não poderá ter nenhuma ideia do mundo que lhe estou oferecendo. Talvez você não entenda, mas é para o bem da Humanidade, para que não vivam como bichos.

Daniel olhou para Richard e Rashid com desprezo. Um desprezo como ele jamais imaginara poder sentir e respondeu:

— A meu ver, a maior parte já vive como bichos, comportando-se ainda pior do que eles. A culpa é a cultura que nos foi imposta e nos rouba todas as possibilidades de procurar outras alternativas e manter a dignidade. Nós humanos somos os únicos animais que matam a sua própria espécie por prazer e sem razões. Somos os únicos animais que permitem que os da sua tribo vivam na miséria, sem terem o que comer e sem poderem defender-se. Somos os únicos animais deste planeta que escraviza, o que fazemos sem qualquer tipo de remorso. E porquê? Porque a cultura dos vossos antepassados que vocês tanto defendem, foi elaborada de maneira a fazer sobressair o que temos de pior, em lugar de nos instigar e aflorar o que temos de melhor.

— Deixe-se de lirismos, seja realista. Ainda está a tempo.

— Pertencer a um grupo que manipulada os sistemas de crenças e conceitos, criando uma imensa rede de limites na psique humana? Claro que não. Não. Não mesmo. Recuso-me terminantemente a participar das vossas tramas. Já lhes disse, matem-me se assim o preferirem.

Daniel nunca tinha tido rasgos de heroísmo. Talvez por não terem sido necessários. Sempre foi conhecido como um homem de princípios, mas ele mesmo reconhecia que aquela coragem vinha de algum lugar desconhecido que se soltava de rédeas e mordaças, correndo tresloucada no abismo de uma alma que desesperadamente queria definir-se e encontrar-se. Estaria alucinando devido às descobertas subterrâneas ou a essa nova realidade chamada solidão? Vogando rapidamente pelas profundezas do ser, nem notou a aproximação ameaçadora dos três homens. Rashid colocou-lhe algemas nos pulsos e nos tornozelos, enquanto Richard vociferava:

— Você sabe que o posso mandar torturar. Como por exemplo, deixá-lo algemado aqui fritando no sol com as pernas partidas e sangrando lentamente? Saberá também que posso sequestrar sua mulher e filhos? Ou que posso deixar o seu corpo morto aqui onde ninguém o virá procurar. Onde está o artefato?

— De que lhe serve o artefato se não o pode usar? – perguntou Daniel com desdém.

O suor corria pela testa de Richard quando respondeu, tentando esconder uma grande preocupação.

— O artefato é importante pelo que representa. Se o podermos fazer funcionar melhor, senão, o fato de o possuirmos já é importante. Não pode cair nas mãos erradas. Como você parece ter o dom de o conseguir tocar, preferíamos tê-lo do nosso lado. A sua influência será benéfica, podendo tornar-se num regulador na confusão em que o mundo se encontra. É para o bem comum que lhe peço mais uma vez que se una aos mais poderosos. Sei que duvida, mas o principal objetivo da NOM é o bem da Humanidade. Se você consegue tocar o Ank sem ser ferido deve ser por que tem algum outro dom que vai muito além do que fazer artefatos funcionarem. Esse dom tem um alto preço, estamos comprando. O dinheiro que lhe ofereci não é suborno, mas um pagamento.

Daniel viu o sol pintar o horizonte de múltiplas cores e com elas muitas tristezas, mas resistiu à vontade de viver uma vida mal vivida. Pensou em Marília, nos filhos, em seus pais, em Ronaldo. Dando pequenos passos para trás, sentia uma vontade irresistível de sair dali, sobretudo livrar-se da presença de Richard e Rashid. Porém, ainda vociferou algo que não podia guardar:

— Não tenho preço e os meus dons morrerão comigo.

Um homem forte e alto aproximou-se do seu lado direito com uma adaga na mão. Olhou Richard, que fez sinal afirmativo. Um dos guarda-costas colocou-se por trás do prisioneiro agarrando-lhe os braços de forma que as mãos ficassem bem na sua frente. O outro levantou a adaga que desceu até o chão. As mãos caíram lentamente, cobertas por ferros. Em câmara lenta espirros vermelhos projetavam-se dos cotos, enquanto a voz de Rashid, que parecia sair de um poço bem fundo, ecoava entre zumbidos conspirações absurdas.

— Ainda podemos estancar o sangue e deixá-lo viver, onde está o Ank?

Sem responder Daniel desmaiou. Os camelos iniciaram uma corrida sem destino como se uma mão invisível os tivesse açoitado. O estrondo que vinha da terra também assustou os homens ao ponto de correrem, refugiando-se nos helicópteros. Tudo o que viram do ar foi um monte de pedras que se moviam, como se um animal pré-histórico a estivesse perfurando de baixo para cima.

O deserto e o calor do sol tinham desaparecido. Daniel estava só, no meio das trevas mais profundas. Enquanto tentava adaptar os olhos a essa nova situação pensava, "Morri? É isto o mundo dos mortos?"

23

Munique, Alemanha

Em todos os jornais do mundo, a manchete da primeira página eram os dois acidentes ocorridos em diferentes laboratórios.

Em Albuquerque, Novo México, no Instituto de Pesquisas Respiratórias Lovelace, um macaco infectado com uma bactéria que poderia causar uma terrível praga, soltou-se e conseguiu fugir. Os jornais não especificavam qual o tipo dessa bactéria. Em Fort Collins, Colorado, no Centro Federal de Controle e Prevenção de Doenças vários empregados morreram quando um deles, quebrou três provetas do vírus russo primavera-outono encefalite. Nenhum dos empregados estava vestido adequadamente, sendo que esse processo exige roupa tipo traje espacial, visto esse virus ser potencialmente um agente de guerra biológica. A saúde pública estava em risco não só nos Estados Unidos como em todas as partes do mundo, devido a que na mesma semana, tanto na África do Sul como na Austrália, Suíça, Rússia, Índia e Brasil, muitas amostras de perigosíssimas bactérias e vírus tinham desaparecido de vários laboratórios. Os governos aumentavam as suas defesas, tanto em armas convencionais como biológicas. Só nos Estados Unidos, já em 2001, se tinha gasto 1.6 bilhões de dólares em estratégias de defesa para possíveis ataques biológicos. As consequências catastróficas teriam resultados difíceis de prever. A Inglaterra já tinha admitido que um cano de um laboratório de fabricação de vacinas teve uma fuga tendo como resultado doenças no gado que teve de ser abatido e queimado. Os governos anunciavam que esses acidentes eram atos terroristas, com o fim de provocar uma guerra biológica.

Nasser saíra de Munique via Calcutá lendo atentamente as últimas notícias. Durante o voo pensava nas previsões de seus antepassados em relação a essa era tão cheia de sofrimento e tribulações. A seu lado, sua meia-irmã entretinha-se ouvindo um áudio livro comentando sobre várias descobertas científicas. Embora jovem, Anna Jani era uma astrofísica conhecida mundialmente. Contudo, toda a sua energia tinha sido dedicada a um projeto ultrassecreto projetado e financiado pela sua família. Esse grande empreendimento subterrâneo, em princípio, seria um centro de pesquisa para comunicação espacial, CPCE, situado perto de Calcutá.

Enquanto almoçavam Anna parecia pensar em voz alta.

— Por que paragens andará Daniel?

— Talvez recebendo instrução dos Mestres, ou no céu ou debaixo da superfície da Terra. Quem sabe?

24

Londres, Inglaterra

Richard Morgan almoçava com seu amigo Paul Carnegie numa sala privada do Ritz Hotel de Londres.

— Parabéns, todas as revistas falam de um dos maiores filantropos do mundo.

As palavras de Richard Morgan, provocaram uma surda gargalhada no amigo. Quando os empregados fecharam a porta, Paul Carnegie, com um ar bastante sério perguntou:

— O que aconteceu com esse bastardo? Que força é essa que o ajuda?

— Prefiro que seja o Ank do que outra coisa muito pior, mas se o Ank for a chave para outra realidade nada o poderá deter.

— Chave de quê?

— Do autoconhecimento e de outros mundos. Você conhece as lendas do rei Salomão ou de Moses Amschel Bauer?

— O pai do primeiro Rothschild... sim... – respondeu Paul Carnegie, com ansiedade.

— Pois nós cremos que algo de muito parecido está acontecendo com Daniel Salinas.

— Você crê numa coisa dessas? Isso é lenda...

— Não é tanto assim. O perigo é que ninguém sabe como esse mundo funciona. – Respondeu Richard e logo adiantando, – você pode dizer que são lendas, mas não. A realidade não é bem como as lendas e mitos são contados, porém, são permeados de muitas verdades.

Paul Carnegie aventurou:

— Então não o deveríamos matar, mas sim atraí-lo à Causa. Imagine o poder que ele poderia adquirir controlando um demônio ou gênio.

— Sim. Fizemos uma reunião tentando decidir o que fazer, mas estávamos divididos. Muitos preferiam enterrá-lo com demônios e gênios. É um homem perigosíssimo. Imagine o que poderia acontecer se ele soubesse os segredos da federação.

— Supondo que o atraíssemos com ideologias que a seus olhos fossem razoáveis. Depois de algum tempo sua mulher e filhos já estariam habituados a outro estilo de vida e seriam eles que o convenceriam a ficar e a resignar-se. Far-lhe-íamos ver que no frigir dos ovos, o que fazemos é para o bem dos povos.

— Você esquece que Daniel Salinas era um homem que teve uma educação esmeradíssima, foi aluno das melhores universidades e é um gênio. Não subestime os seus inimigos.

— Então qual é a proposta? – Paul estava tão empolgado como se lesse um livro de ficção.

— Se morreu tudo bem. Se estiver vivo teremos de destruí-lo e encontrar uma maneira de colocar o Ank ao nosso serviço.

— Pensa que algum dia o poderemos capturar?

— Se estiver vivo, talvez... espero que sim. Se ele soubesse o poder que o Ank tem já o saberíamos. Também não subestime o nosso poder. Você, meu bom amigo, ainda é novo na federação, mas um dia verá até que ponto somos poderosos e eficientes.

— Você realmente acha que Daniel controla um gênio e que este lhe salvou a vida?

— É possível. Se assim for e se as lendas têm fundamento, Daniel também passa a ser escravo dele. Se o tem ao seu serviço é porque lhe deu algo muito importante, lhe salvou a vida ou porque o gênio precisa de algum favor.

— Não poderia ser por simpatia?

— Paul, os gênios protegem seus amos, quando estão em perigo de vida, porque a morte de um é o fim da liberdade do outro. Entretanto dão-lhe riquezas imensas, como ouro, o que para eles não tem nenhum valor e no nosso mundo ainda é a base da felicidade.

O empregado trouxe café e conhaque. Quando saíram Paul perguntou:

— Quais são os planos?

— Não podemos ser tão óbvios como George Bush, que em outubro de 2007, disse: "Quem nos desobedecer mandaremos matar". Temos de ser mais sutis e inteligentes. Brevemente teremos ao nosso serviço um sistema de ondas magnéticas que provoca uma dor intensa ou mesmo a morte a quem não usar um microchip de identidade. Tem várias utilidades: se procurarmos alguém já inoculado, será fácil detectá-lo. Se não, emitiremos ondas magnéticas de alta intensidade apontadas à região onde pensamos que o desobediente, dissidente ou criminoso se encontra. Isso afetará todos os que não tenham sido inoculados, o que facilita o nosso trabalho. Os que tenham sido inoculados sentirão um grande desconforto, o que é bom porque esse desconforto serve para que sejam os próprios cidadãos a certificar-se de que todos usam o chip. Em vez de pagarmos a espiões e informantes ou esperar que num dia de arrependimento alguns contem ao padre ou pastor, o que é a técnica clássica, serão eles que por livre vontade se unirão em grupos procurando quem nos interessa.

— Essa idéia não é má, mas não é sutil. Sempre haverão defensores de direitos humanos que tentarão por todos os meios levantar suspeitas.

— Num mundo que está fugindo cada vez mais do nosso controle só poderemos ser sutis até um certo ponto. Meu avô já suspeitava que isso iria acontecer no século XXI. Porém para tudo há uma solução. Para grandes males, grandes remédios. O controle das multidões é urgente. Submeteremos todos os povos, sobretudo a classe média, a serem inoculados com o microchip, dizendo que é para o bem comum e que não passa de um simples meio de identidade perpétua, o que facilita a operação contra o terrorismo. Também usaremos o sistema de vacinas. Temos de começar a reduzir a população mundial desde já. Em 30 anos não poderemos controlar 14 bilhões, mesmo através de intensas lavagens cerebrais.

— Dentro do que têm de mais sagrado, religião e tradição.

— Isso mesmo.

— Richard, há muito que ando para lhe fazer uma pergunta. Não quero que pense que sou um lunático, mas nos tempos que correm não está fora de contexto. O que você pensa das profecias dos Maias, João, Merlin e outros, inclusive Web bot?

O telefone de Richard tocou. Quando desligou disse apressadamente:

— Isso são mitos necessários e úteis à nossa política do medo.

— Como?

— Aproveitamos ocasiões como essa onde todos esperam caos para nos infiltrar em todas as frentes. Criamos confusão, como nos filmes que deram a volta ao mundo, Zeitgeist, sob um ponto de vista muçulmano ou Nova Era Movimento da Infiltração da Verdade, sob o ponto de vista cristão, enquanto ambos criticam o judaísmo.

— Tão cegos que nem repararam que Zeitgeist arrasa religiões e instituições de todo o tipo, mas nunca o Islam nem o terrorismo causado pelos fundamentalistas.

— Por outro lado, ridicularizamos o Budismo e outras religiões orientais, como encarnação em baratas, ratos ou outros animais. Entre os pesquisadores que nos atacam, temos vários ao nosso serviço, que propositadamente se desdizem, contradizem e fantasiam de maneira desmesurada para assim caírem no descrédito, e com eles todos os outros que genuinamente tentam alertar o mundo sobre o nosso trabalho. Pensam que espionagem, no seu mais alto grau é tipo James Bond. Não têm a mais pequena ideia da realidade.

— Esse trabalho é como uma infiltração dentro da infiltração. Desorientando para que nos procurem.

— A nossa proteção será uma benção bem-vinda e desejada. Nada impomos diretamente. É essa a vontade da Trindade.

Os dois amigos despediram-se seguros e satisfeitos com os projetos da Aristocracia de Propósito.

25

Profundezas da Terra

Daniel despertou na linda biblioteca do Povo Jinni. Deitado num canapé junto a uma mesa com alguma comida olhou Kryta sentada lendo um livro. Daniel levou tempo para se lembrar dos últimos acontecimentos. Assustado olhou as mãos que pareciam nunca terem saído do seu lugar. Sem dizer uma palavra Kryta sentou-se ao lado do convalescente. Com a ponta de uma pequena vara acariciou os pulsos de Daniel, que a olhava extasiado.

— Como é possível? Estarei sonhando?

— Octaro viu tudo. As suas mãos não tiveram tempo de deteriorar. Em instantes você estava aqui. No resto fui ajudada pela energia benéfica do Vril.

Nalgum lugar do cérebro, que até aí apenas tinha vogado na noite de esquecidos e longínquos mitos, sem os poder trazer à realidade, Daniel lembrou os afrescos, cilindros e murais da Suméria e do Egito, onde deuses e reis usavam uma vara, na mão ou na cintura, símbolo que mais tarde foi ajustado às novas tendências e rituais no cetro dos reis, do Sumo Pontífice e do Patriarca Ecumênico de Constantinopla. Kryta sabia o que ia no pensamento de Daniel...

— Creio que este momento é uma boa oportunidade para lhe transmitir um grande conhecimento, o qual os humanos da superfície nunca conseguiram descobrir, devido à teima em não quererem aceitar fatos fora da sua realidade, a qual pensam ser tudo o que existe. Daniel, o que lhe vou dizer nem os lamas do Tibete sabem.

— Não mereço tal honra...

— Não diga nada e ouça com muita atenção: o último povo da superfície que usou a energia do Vril foram sacerdotes Levitas. Tanto estes como os egípcios não a sabiam manipular tão bem como o Povo do Vril ou alguns membros do Povo Jinni. Usaram-na para se comunicarem com um antigo povo do interior da Terra e com Marduk e seus representantes. A certo ponto da História o Povo do Vril retirou da superfície todos os vestígios do Vril, com uma excepção:

Ahmose, primeiro faraó da décima oitava dinastia do Egito, foi quem transformou esse país na nação mais poderosa do mundo. Foi no seu reinado que Moisés e seu irmão Aarão saíram do Egito e viveram no deserto por várias gerações, de maneira a que os mais novos adquirissem uma nova maneira de pensar, para enfrentarem novas situações e assim estarem aptos a entrar na nova terra e dar início a uma nova vida. A isso os povos da superfície chamam erroneamente êxodo. É muito importante saber que Moisés, Aarão, Ahmose e a erupção de Santorini são contemporâneos, embora, segundo o povo judeu, Moisés tenha nascido em 1592 aC, mas nasceu um pouco antes. A erupção de Santorini, a expulsão dos Hyksos e outros povos qualificados como inimigos do Egito, tiveram lugar em 1600 aC. As pragas do Egito, o que alguém do mundo da superfície já demonstrou de uma forma científica, não foram mais do que o resultado da erupção de Santorini ou Thera, impacto que se fez sentir em toda a Terra, mas com particular intensidade na bacia do Mediterrâneo. Foi essa erupção que provocou o desaparecimento da Civilização Minóica, na ilha de Creta e que entre outras coisas separou momentaneamente o mar vermelho, tingiu as águas de vermelho, devido ao ferro expelido, etc. O importante é que as imagens que os povos da superfície têm como padrão dos milagres ou pragas de Moisés, recaem no poder do seu cajado, bastão ou vara. No entanto, o verdadeiro iniciado não foi Moisés, mas seu irmão Aarão, o qual era muito mais querido pelo povo judeu, "Até as mulheres choraram...", relata a Bíblia quando da sua morte, o que não aconteceu com Moisés. Muitos pensam que Aarão era um simples sacerdote e que hierarquicamente estava abaixo de Moisés, mas a Torá salienta quinze vezes que "O Senhor falou a Moisés e a Aarão". Na realidade muitos quiseram colocar Moisés em pé de igualdade com Aarão, o pacificador, talvez porque tendo sido educado junto ao faraó, os povos tivessem mais facilidade em reconhecer a sua autoridade dando-lhe a credibilidade que essa lacuna da História requeria. Porém, em verdade, quem foi iniciado nos Mistérios mais secretos e no poder do Vril não foi Moisés, mas Aarão.

Agora veja bem Daniel, quando a Arca da Aliança foi construída colocaram aí dentro três coisas: as tábuas da Lei, um vaso do maná e a vara de Aarão. Porque a vara de Aarão e não a de Moisés? A vara usada por Aarão também executava sinais prodigiosos, mas porque foi a escolhida para ser guardada dentro do objeto mais sagrado? Veja bem, Daniel, a Arca da Aliança era um veículo de comunicação com deus. Porém, só os levitas podiam usá-la, outros que a tocassem morreriam instantaneamente ou ficariam muito feridos, com lepra ou tumores. Ainda, segundo a Bíblia, deus revelava-se como uma fumaça que se manifestava (Shekiná) entre os dois querubins que tinham asas de anjos, corpo de homem e rosto de criança. Daniel, o que isso lhe faz lembrar?

— O Povo do Vril?

Kryta sorriu. Depois explicou que a arca emitia um tipo de radiação que só alguns sabiam como neutralizá-la. A vara de Aarão era o transmissor de energia necessária para que a arca fosse usada como comunicador.

— No templo de Jerusalém foi construído o "oráculo" de cedro, com um altar no centro onde a Arca repousaria. Esse lugar era vedado a todos, com excepção dos levitas e o rei. Repare que os levitas eram a classe sacerdotal e descendentes de Aarão. Segundo os relatos bíblicos somente os descendentes de Aarão poderiam transportar a Arca; qualquer não levita seria consumido por deus ao tocá-la. Isso só prova que Aarão passou os mistérios do Vril aos seus descendentes e só esses conheciam a ciência que o controlava.

Quando Nabucodonosor, rei da Babilônia, tomou a cidade de Jerusalém e incendiou o templo, a arca já tinha desaparecido através de túneis e cavernas no interior de várias montanhas. Ela hoje está no continente africano aparentemente guardada por um sacerdote levita negro. Todavia, há muitos anos que o seu conteúdo foi destruído pelo povo do Vril. A arca, embora vazia, ainda contém radiação, por ter sido mal-usada, como sendo estandarte de batalha para os Hebreus e até pelos etiopes contra os italianos na batalha de Ádua, século XX.

Agora Daniel, o que você tem nas suas mãos, o Ank, é como o cajado de Aarão, mas desta vez ninguém o vai iniciar. Você terá de descobrir como usá-lo. Entre a vara de Aarão e o Ank há duas diferenças: uma, a fonte de energia do Ank não prejudica ninguém, pois este foi muito aperfeiçoado. Queima, machuca, mas não mata. A outra diferença depende da intenção, não causando qualquer mal ou dano a quem o toque de coração puro. Nunca esqueça, Aarão era um Mestre da sagrada tecnologia, mas acima de tudo um Mestre de si mesmo.

O silêncio durou um minuto ou uma eternidade? Talvez nem Kryta soubesse. Enquanto a cabeça parecia rodar sem parar, a mente de Daniel entrou no mundo dos mortos, com seus mistérios, ensinamentos e iniciações. Depois foi ficando cada vez mais forte, como se não tivesse perdido sangue, nem mãos, nem domínio sobre si mesmo. Olhando Kryta nos olhos inclinou-se e abraçou-a com um carinho tão íntimo, tão forte e tão inexplicável, que nenhum livro da biblioteca dessa fêmea, só aparentemente tão horrenda, jamais lhe poderia ter ensinado. Esse abraço foi o selo silencioso onde Kryta passou a colocar a vida de Daniel acima da sua.

— Falei com Ninan pedindo para usar um dos veículos que atravessam os territórios do Povo do Vril, para levá-lo à sua terra Natal. Contudo, antes de iniciar a viagem, quero que saiba em que lugar do Brasil o vou deixar. Será no meio da floresta a que chamam

Amazonas. A sua família corre perigo, assim como seu amigo Ronaldo. Neste momento, a única maneira que você tem de os contatar é usar o artefato que está na sua mochila.

Kryta disse isto, enquanto se encaminhavam para uma ladeira muito íngreme, cuja abertura ficava num canto da caverna. Desceram os degraus toscos, cavados na terra dura e escura. Em baixo haviam vários veículos colocados em cima de uma superfície brilhante e lisa, como uma quadra de gelo. Daí saía um túnel estreito e bem iluminado. A viagem foi feita em silêncio, até que Kryta parou num lugar que parecia uma encruzilhada.

— Estamos parados a uma grande profundidade, exatamente por baixo do Oceano Pacífico, nas coordenadas da ilha de Mauí. Use o artefato.

Daniel retirou o Ank da mochila. Olhou-o sem saber o que fazer. Carregou no meio dos braços que uniam o laço superior à aste inferior, como tinha feito no deserto, esperando ouvir uma voz gravada repetindo uma frase. Mas nada aconteceu.

— Concentre-se na imagem de Ronaldo – Kryta fez um esgar tentando sorrir – ninguém vai poder detectar essa comunicação. Pode confiar.

Daniel repetiu o mesmo processo. A imagem de Ronaldo apareceu como um holograma na sua frente. Daniel falou-lhe como se estivessem na mesma sala, em corpo e alma.

— Dentro de poucas horas estarei no Amazonas. Traga a minha família e a sua. Vocês estão em perigo eminente. Usem vários meios de transporte. Quando chegarem a São Sebastião do Uatumã, irei ao vosso encontro. De certa maneira vocês estarão protegidos, mas não contem com isso. Agora corra, mas não dê nas vistas, que tudo seja feito de uma forma bem natural e tranquila.

O veículo continuou uivando nas entranhas da Terra. Deslizava na superfície lisa de cristais como se perfurasse um túnel de gelo. Daniel lembrou as palavras de Kryta, dizendo que muitas fêmeas Jinni estavam com cria. Imediatamente sentiu uma voz que como num sonho lhe explicava que tinham extraído o seu sêmen enquanto dormia para em seguida fazer inoculações. Essa tinha sido a razão das dores no ventre que Daniel tinha sentido desde a primeira noite que passara entre o Povo Jinni. "Como podiam eles ter tal tecnologia?" A voz ainda respondeu "O Vril".

Duas horas depois a velocidade mudou devido à íngreme subida em diagonal nas raízes dos Andes. Finalmente o veículo parou. Kryta olhou o homem a seu lado.

— Chegamos, mas antes de partir quero que sempre e em todos os momentos da sua vida lembre que ninguém lhe poderá ensinar o grande poder que você possui. Terá de o descobrir sozinho. O Ank é a chave para essa incomensurável descoberta. Porém, o Grande Poder está na sua força interior. O medo e a insegurança são os seus piores inimigos.

Kryta fez sinal a Daniel com a cabeça para sair, enquanto mostrava uma ínfima fresta de luz por cima de uma plataforma. Daniel ficou sentado sem se mexer.

— Tem de ir já.

Daniel olhou essa fêmea na qual confiava mais do que em si mesmo, apesar de o ter abduzido, e fez a pergunta que temia fazer, mas era mais forte do que ele.

— Nem o Povo do Vril nem você em qualquer momento dos ensinamentos a que me submeteram, mencionaram Agartha, Shambhala ou Shangri-La, a lendária cidade que dizem estar situada no interior da Terra, onde milhões de seres são governados pelo Rei do Mundo. Ossendovski levou ao ocidente as crenças orientais sobre esse reino. Saint-Yves D'Alveydre não tinha dúvidas sobre a existência desse outro mundo e desse rei, identificado pelo nome de Melquisedeque, o ser mais elevado que habita este planeta, com o qual Jesus e Apolônio de Tiana se teriam encontrado. Segundo alguns essa seria a razão por que Jesus tanto se referia ao Reino Interior.

Kryta ouvia Daniel de olhar aparentemente fascinado e irônico, o que o encorajou a continuar.

— A maneira como interpreto "reino interior", que também pode ser referente à portentosa força da essência humana, é um lugar, algures na Terra onde se pode ir e voltar. Agora que fui exposto a estes dois povos, penso que o reino interior também pode ser dentro da Terra. Porém, para não facilitar a curiosidade humana, nos falaram do céu, onde não o podemos procurar. Por isso tanto olhamos para cima em lugar de para dentro.

— Está satisfeito com essas deduções?

— Não. Tudo o que vi e aprendi não me satisfaz. Falta algo... algo muito importante. Sei que nem o seu povo nem o Povo do Vril são perfeitos e que há algo muito além do que me mostraram. Contudo, neste momento só gostaria de saber se Agartha existe...

— Se Agartha existe você terá de descobrir sozinho. Os grandes Mestres sempre falaram sobre a Verdade de maneira a poder ser interpretada de duas ou mais formas distintas, mas que, no entanto, não se contradizem. São várias realidades num só tempo. Porém Daniel, se algum dia procurar o reino de Shambala, faça-o de mente e coração abertos. Indiretamente já lhe falei desse reino, mas a verdade só pode ser desvelada a quem tiver a coragem de ir até o coração da Terra. Alguém tem de o conseguir, porque chegou a hora em que o povo da superfície tem obrigatoriamente de saber a Verdade. Vá Daniel siga o seu caminho, aquele que antes de nascer lhe foi proposto e você aceitou.

Esgueirando-se por um pequeno túnel, Daniel empurrou a pedra junto à fresta de luz, e de um momento para o outro saiu de um mundo de escuridão e mistério para outro de luz e uma realidade que lhe era conhecida, embora o mistério perdurasse. Encontrava-se em plena selva, junto ao rio Amazonas.

26

Amazonas, Brasil

Sem medo de piranha, jacaré ou cobra, Daniel refastelou-se nadando nu. Era imensa a satisfação que sentia. Tinha a sensação de ter renascido. Ele não sabia bem por que, mas o seu coração batia em uníssono com as vibrações do sol que brilhava sobre as copas das árvores que o filtravam de uma forma mágica, quase irreal.

Pensava em Marília; há quanto tempo! Seria ela ainda a mesma mulher apaixonada? E seus filhos? Continuariam sendo bons alunos? Há quanto tempo não pensava neles daquela maneira. A saudade e a alegria de os voltar a ver eram notas de uma sinfonia que já tinha sido fúnebre, contudo, nesse dia transmitiam a glória do herói encorajado por Valquírias que o olhavam através das frestas do céu. Daniel sabia que não era nenhum herói, mas também sabia que suas experiências eram únicas.

O arqueólogo não sentia fome nem sede, apenas vontade de continuar onde estava, fazer o que estava fazendo e pensar o que estava pensando. Aquele momento era tudo.

Horas mais tarde, quando as sombras das árvores se alongavam na direção do centro do rio, vestiu a mesma roupa com que entrara nos subterrâneos da Terra e que alguém tinha colocado dentro da mochila. Ainda lembrou Isha com repulsa e Kryta com ternura; era o derradeiro adeus. Daniel contornou uma pequena colina, tentando encontrar um lugar onde dormir. Ouviu passos. Cada vez mais próximos. Escondeu-se debaixo de uns arbustos. Em vão. Parado diante dele estava um enorme índio louro.

— Não ter medo, ninguém fazer mal. Sou HaMongu. As lendas do meu povo, dizem cada muitos anos carro de vento passa perto de nois. Hoje o carro veio e foi. Talvez que trouxe alguém. Vim procurá. Você veio no carro que anda dentro da terra como vento?

Daniel estava abismado, enquanto lhe passava pela cabeça a ideia de que nem no meio da selva tinha privacidade. Porém, respondeu:

— Creio que sim.

HaMongu parecia continuar esperando mais alguma explicação.

— Meu nome é Daniel.

HaMongu sentou-se numa pequena pedra, mas continuava em silêncio. Daniel não sabia bem o que fazer ou dizer, até que resolveu perguntar se ele conhecia um lugar onde dormir que fosse mais seguro. Ha Mongu levantou-se em seguida com um sorriso nos lábios.

— Daniel dormir onde HaMongu dorme. Sonhar no meio da selva é bom.

∞

Os dois homens sentados no chão comiam cobra grelhada no fogo crepitante. HaMongu parecia querer falar, mas sem saber por onde começar. Na sua cabeça rodopiavam perguntas, às quais nunca pensou obter respostas. Sentia-se privilegiado por estar ali com uma pessoa que andou no interior da Terra no carro que soa como o vento, e isso emanava respeito e admiração. Seria Daniel capaz de lhe explicar todas as lendas de seus antepassados? Ele nunca tinha acreditado muito nesses contos, mas havia um certo mistério que o atraía, levando-o a passar muitas noites sem dormir, tentando imaginar como teria sido, como era, como poderia vir a ser.

HaMongu contou a Daniel que tinha frequentado a escola cristã dos missionários e sabia ler a língua dos brancos. Ele também era meio branco. Seu pai era um alemão que fugiu no fim da segunda guerra mundial e sua mãe era filha do caboclo chefe. Também lhe disse que ia muitas vezes a algumas aldeias das redondezas fazer compras para a tribo. Nessas alturas aproveitava para ler o jornal. Era a única forma de estar a par do que ia no mundo. A sua tribo não tinha televisão, nem eletricidade, nem gerador. Na sua aldeia ele era respeitado por todos, mesmo pelos mais velhos.

Depois de olhar Daniel atentamente enquanto fazia uma pausa, continuou:

— Primera folha jornal tá sua fotografia, "Procurado por Intepôle".

— Onde está esse jornal?

— Lá na tribo. Amanhã podemos ir, se tá bem com o siô.

— Sim, só daqui a uma semana é que tenho um compromisso.

Daniel estava deitado, mas sem sono. HaMongu continuava sentado, jogando pedaços de hastes e folhas na fogueira.

— O siô tá dormindo?

— Não, não tenho sono.

— Qué falá?

O arqueólogo ajeitou a mochila, que colocara debaixo da cabeça e perguntou:

— falar de que, exatamente?

— Da viagem dentro da Terra.

— Só sei que estava sendo torturado no meio do deserto, do outro lado do mundo, e de repente encontrei-me dentro da Terra, onde uma mulher me tratou e trouxe até aqui.

HaMongu continuou em silêncio, Daniel não sabia se o nativo esperava mais explicações ou se estava perdido em pensamentos depois do que acabara de ouvir. Finalmente o índio falou.

— Daniel especial, muito importante. Minha tribo contente recebê Daniel. HaMongu protegê Daniel. Porque torturam você?

— Creio que deveríamos guardar esta conversa para outro dia. Agora vamos dormir, boa noite.

— HaMongu precisa sabê mais...

O viajante sentou-se, olhou o índio com vontade de também fazer muitas perguntas, mas a única coisa que conseguiu dizer foi:

— Você já ouviu falar do rei do mundo?

— Você viu rei do mundo? – perguntou HaMongu levantando-se, enquanto seu corpo tremia como varas verdes.

— Não, não vi, só quero saber mais sobre essa lenda.

HaMongu caminhava de um lado para o outro, à volta da fogueira.

— HaMongu tinha pai com cabelo amarelo. Ele contou que outros de cabelo amarelo foram procurá o rei do mundo, mas não voltaram. Ele vive numa cidade dentro da Terra. Mas HaMongu não saber mais, nem onde tá entrada. Rei do mundo ser maió mistério, terrível mistério.

Daniel respondeu num murmúrio:

— Sim, um grande segredo. O próprio nome Agartha significa inatingível, inacessível e inviolável. Muito poucos entraram e desses quase ninguém saiu. Os que conseguiram sair foram mortos por outros do nosso mundo. Há uma lenda sobre Agartha ou Shambhala, que conta a história de um caçador que encontrou um portal escondido numa montanha. Conseguindo entrar, acabou descobrindo o reino do rei do mundo. Quando regressou resolveu contar o que tinha visto. Foi quando os lamas do Himalaia lhe arrancaram a língua, para evitar que contasse mais coisas sobre o que viu e ouviu. Para muitos os humanos ainda não estavam preparados para o "Mistério dos Mistérios".

∞

Daniel ficou por vários dias na tribo de HaMongu. Era uma aldeia cavada na terra, a uns 50 metros da superfície. Em muitos outros lugares do mundo, como por exemplo a aldeia de Matmata na

Tunísia, ou Cappadocia na Turquia, outros grupos humanos fizeram o mesmo, para se defenderem do frio, calor, chuvas torrenciais, radiação e alterações atmosféricas devido aos efeitos de vulcões ou até da queda de asteroides. Cappadocia tem mais de 300 vilas subterrâneas, as quais foram mencionadas pela primeira vez pelo grego mercenário Xenophon, 400 aC. Podem ter sido construídas por várias razões, mas uma teria sido para proteção contra invasões, como muito mais tarde aconteceu com os cristãos perseguidos pelos romanos. Outra razão teria sido armazenagem e conservação de alimentos. Por outras razões, cidades como Budapeste, Berlim, Paris, Roma, Portland e muitas outras têm cidades imensas construídas sob as suas ruas, prédios e plazas. Em todas as culturas e mesmo desde a pré-história o ser humano tem encontrado refúgio ou criado esconderijos em subterrâneos. Portanto, uma tribo com grandes influências germânicas, que a certo ponto da história serviu acima de tudo para esconder alguns simpatizantes dos que perderam uma grande guerra, construir um esconderijo subterrâneo seria natural.

HaMongu levou Daniel num canto de uma dessas residências subterrâneas, talvez a mais profunda da aldeia. Retirou um jornal que cobria uma pequena parte da parede, mostrando uma abertura. Os dois homens entraram engatinhando, até uma pequena plataforma. Com a ajuda de uma tocha HaMongu mostrou a Daniel um túnel muito profundo. Uma tosca escada de madeira permitia chegar até um certo ponto, depois eram nichos ou pedras a única coisa que os poderia ajudar na descida ou na subida. HaMongu contou que esse era o seu lugar favorito. Ia até o fim e continuava escavando, talvez um dia encontrasse os túneis do carro de vento. Nessa noite, os dois sentados perto de um riacho, o índio continuava falando do seu sonho. Antes de voltarem à aldeia Daniel não se conteve:

— HaMongu, você tem de parar essa escavação. Você nem imagina o perigo que corre.

— Só quer ver carro uivador, Daniel.

— Ele é tão veloz que você não o poderá ver, mesmo que passe na sua frente. Mas se escavar na direção errada, outros seres muitíssimo perigosos podem matar você. Entende?

HaMongu disse que sim e ficou perdido num mundo tão fantástico quanto terrível do qual não sentia medo.

∞

São Sebastião do Uatomã ainda dormia, quando Daniel e HaMongu se sentaram na beira da estrada. Enquanto Daniel pensava nas hipóteses de rever a sua família nesse mesmo dia ou seguinte, HaMongu se perguntava se devia ir no boteco comprar o jornal para saber se Daniel ainda tinha a cabeça a prêmio. Depois de algumas horas o calor intenso decidiu por ele. Era hora de tomarem uma cerveja.

Daniel olhou o jornal que tinha uma fotografia sua tirada no Egito com a ajuda de uma teleobjetiva. Pensou que sua fisionomia tinha mudado muito durante todo aquele tempo, que mais parecia uma eternidade. Agora tinha barba e estava muito mais magro. "Como HaMongu descobriu?" A sua cabeça estava a prêmio, e se o entregassem vivo às autoridades, este seria de 10 milhões de euros. Era acusado de atrocidades, revoltas e espionagem. Olhou HaMongu enquanto se perguntava se poderia confiar nele? Tinha toda a consciência do perigo que corria por ter passado a ser o equivalente de uma mala cheia de dinheiro. Que tipo de homem poderia resistir? Temeu por sua família. Porém, a apreensão ficou bem escondida no seu coração, ocultando o que de um momento para o outro passou a ser o maior medo de toda a sua vida. Medo... ele não devia... e não o sentiria se sua família não fizesse parte da equação.

Os dois homens retornaram à aldeia indígena. Ambos silenciosos, ambos preocupados com coisas distintas. Daniel queria usar o Ank, mas sabia o perigo que corria. Se o descobriram no deserto, na floresta seria o mesmo. Quando chegaram à aldeia, Daniel deu duas pepitas de ouro a HaMongu. A reação de felicidade do índio foi tão grande que, embora Daniel não deixasse transparecer, isso foi como a gota de água que ainda mais aumentou os seus medos, os quais pareciam ser bem fundados. Como responsável por sua família e a do amigo, sabia que tinha de tomar uma decisão nesse mesmo dia. HaMongu também tinha preço. Mas qual?

— HaMongu, gostaria de ficar sozinho no seu esconderijo debaixo da terra. Posso?

— Claro, ajudo a descer.

— Pode ser agora? perguntou Daniel ansioso.

— Sim.

Daniel desceu a escada usando a lanterna que guardava na mochila. Devia estar a 200 metros de profundidade quando o corredor de terra e pedra terminou. O artefato estava agora nas suas mãos, sobre os joelhos, enquanto Daniel sentado e encostado na parede tocou as cavilhas. Apagou a lanterna que colocou a seu lado, visto do artefato sair uma luz quente e forte. "O que faço agora? Para onde vou? Como posso impedir HaMongu de me entregar às autoridades? E o que vou fazer com a minha família no meio da selva?

A luz que emanava do artefato começou a girar no ar e apresentou-se diante de Daniel como uma tela onde ele pôde ver as duas famílias, a sua e a de Ronaldo Ciciliato. Era noite e viajavam na parte de trás de uma caminhonete. Todos vestidos de trabalhadores do campo. Dormiam. Depois a luz mostrou um pequeno aeroporto com vários aviões particulares, perto de Manaus. Daniel sabia que não iria usar o artefato por muito tempo. Um esconderijo como esse não se encontra facilmente. Desejou então saber para onde iria de avião. A tela mostrou uma ilha no Pacífico, Bora Bora.

Daniel fechou o artefato e subiu. Já no último lance, quando estava prestes a chegar no derradeiro degrau da escada improvisada, ouviu vozes. Com dificuldade segurou-se nos ganchos que HaMongu usava de roldana para retirar os baldes com terra. As palavras eram uma mistura de dialeto, português e alemão. Daniel entendeu que dois homens da tribo tinham sido mortos pelos madeireiros. A tribo estava revoltada e queria armas. Onde ir arranjar dinheiro para comprá-las era a razão para essa reunião. A voz de HaMongu clara e calma sobressaía, enquanto as outras gesticulavam.

— Vamos dormir. Amanhã decidimos. Tenho uma boa idéia. Vá vá....

Daniel esperou para que o silêncio voltasse. Deixou passar mais alguns minutos e subiu os últimos degraus, empurrou o jornal que tapava a parede, colocou-o de volta e entrou na habitação. HaMongu não estava. “Deve ter acompanhado os da outra tribo vizinha”, pensou Daniel. Com a mochila nas costas, como sempre fazia, seguiu o caminho da estrada, do lado sudeste da cidadezinha de São Sebastião do Uatomã. Ninguém o tinha seguido. HaMongu deveria pensar que Daniel adormecera no túnel, ou seria que a curiosidade o levaria a procurá-lo? A mente do arqueólogo fervia, mas tudo o que ele queria era ver a sua família.

Sentado na beira da estrada poeirenta quase dormiu, até que o ruído de um motor o despertou. Deveria estar a um quilômetro de distância. Enquanto se aproximava Daniel já podia ver que era uma caminhonete. O coração pulsava tão forte que parecia estar prestes a estalar. A caminhonete aproximou-se. Daniel fez sinal para parar. Ronaldo ia começar a falar, mas Daniel com a mão fez-lhe sinal para parar.

— Pode levar-nos a Manaus?

O homem balbuciou algo, que Daniel não entendeu. Tornou a perguntar, mas o motorista estava cansado.

— Amanhã.

— Não, agora. Eu dirijo pro cê.

Talvez fosse tudo o que queria ouvir. Deslizou para o acento da direita e adormeceu quase instantaneamente. Daniel abraçou a família e amigos. Não queria que Marília saísse de seus braços, mas não havia tempo a perder. Era perigoso continuar ali. Ronaldo tomou o volante enquanto Daniel continuava abraçando a família, rindo que nem criança num espaço de tempo em que o mundo estava livre de incertezas e preocupações. Nas profundezas da noite a caminhonete corria, enquanto a alegria entorpecia a realidade.

Luzes no meio da estrada. Muitos homens. Os faróis iluminavam a barreira humana. A figura imponente e terrível de HaMongu dominava o imprevisto. Daniel sabia a que vinham. Talvez os conseguisse comprar com pepitas de ouro. Desceu e aproximou-se. O ruído do motor da caminhonete estacionada no meio da estrada ecoava no silêncio da noite.

— HaMongu. O que quer de mim? Como chegou aqui se não há outra estrada.

— Mas há picada... Precisamos armas. Você é dinheiro.

— Tenho algum ouro.

— Quanto?

Daniel abriu a mochila que de um momento para o outro parecia ter ficado muito pesada. Em cima da roupa tinha três lingotes de ouro e uma enorme esmeralda. "Como? Se só tinha algumas pepitas?" Pensou, mas não tinha tempo para mistérios.

— Aqui. Três lingotes de ouro e esta esmeralda que deve valer 10 vezes mais do que o preço da minha cabeça. É tudo o que tenho.

Os índios conferenciaram e sem uma palavra saíram do meio da estrada. Mas Daniel sabia que tinha de fazer algo mais. Chamou HaMongu de lado.

— Se você pensa em delata-me lembre que os seres das profundezas são meus protetores. Eles vão dizimar a sua tribo e as tribos vizinhas.

— Sim patrão.

O medo, ó o medo... como é fácil controlar o mais corajoso com a negra nuvem do medo e da culpa... Pensava Daniel, que agora dirigia a caminhonete, enquanto os outros olhavam a escuridão no mais profundo silêncio.

Aos primeiros raios de luz, Ronaldo foi o primeiro a falar.

— Em Manaus tenho um amigo influente, Juan Gutiez, que possui um jatinho. Informou Ronaldo para tranquilizar o amigo.

— Ótimo. Se conseguir nos levar até Santa Cruz na Bolívia facilita o que tenho em mente. O plano A é da Bolívia contatar Nasser que deve estar em Calcutá. Talvez ele tenha uma ideia melhor. Se não conseguir falar com ele iremos para a ilha de Juan Fernández e daí para a ilha de Páscoa num avião alugado. Depois teremos de descobrir a melhor maneira de continuar a viagem. Não podemos fazer voos diretos, seria muito mais perigoso.

∞

Tudo parecia correr bem, sem nenhuma dificuldade. O amigo de Ronaldo levou-os até Santa Cruz como previsto. Ele conhecia todo o pessoal da aduana, o que facilitou a entrada no aeroporto para as duas famílias. Daniel, usando um telefone pré-pago, telefonou para a casa da mãe de Nasser em Calcutá. Quando o seu antigo assistente atendeu o telefone logo reconheceu a voz do outro lado do fio, sem que fosse preciso que Daniel se identificasse.

— Preciso de um avião.

— Dentro de 48 horas estarei aí. Encontramo-nos no aeroporto.

Quando o ultramoderno avião do pai de Nasser aterrissou no aeroporto de Santa Cruz foi um alívio. Juan Gutiez tinha ficado em Santa Cruz para os ajudar a sair do país através de sua influência, mas Ronaldo também tinha conseguido passaportes falsos para todos.

Enquanto voavam sobre os Andes todos tiveram oportunidade de tomar banho e vestir as lindas roupas que a mãe e irmã de Nasser tinham tido o cuidado de lhes enviar. O jantar foi servido com o maior requinte... a mesa parecia um jardim, mostrando um maravilhoso display dos pratos mais exóticos. Finalmente todos se sentiam confortáveis. Ninguém perguntou por onde Daniel tinha andado durante todo esse tempo, sabiam que quando fosse o momento certo ele contaria. Daniel não se desculpou por todos os problemas e situações gravíssimos em que tinha envolvido e colocado a família e os amigos. Ele sabia que eles também não esperavam esse tipo de explicações.

— Nasser, queremos ir para Bora Bora, embora a sua oferta de ir para Calcutá seja extremamente tentadora. Não sei ainda porque estamos indo para lá, mas deve haver uma razão. Marília e Ronaldo falam francês perfeitamente. As crianças um pouco. Pelo menos o suficiente para não terem problemas. – Disse Daniel enquanto Nasser sorria, como se entendesse além das palavras.

Daniel apenas queria dedicar todo o seu tempo a seus filhos e Marília, mas tinha de falar a sós com Ronaldo e isso tinha de esperar até Bora Bora. Entretanto, contou um pouco do que lhe tinha acontecido e da estadia com os povos estranhos que viviam nas profundezas da Terra.

— Você é o Escolhido, o Messias. – disse Nasser com olhos brilhantes e um ar que mais lembrava uma criança retardada. Ronaldo deu uma gargalhada, o que muito desagradou a Nasser.

— Não ria, isto é muito sério.

— Nasser, eu tive uma aventura e possuo um artefato que toda a gente deseja possuir. De resto, não passo de um fugitivo que toda a gente quer prender. Na realidade sou marido e pai como qualquer outro cidadão e é isso que agora quero ser. Terei tempo para pensar no depois, mas creia que de messias não tenho nem inclinação. – Nasser sorriu enigmaticamente enquanto os dois amigos riam como duas crianças.

27

Calcutá, Índia

Maheen e Anna caminhavam nos jardins da residência, lugar onde podiam falar à vontade sem interrupções ou serem ouvidas em suas confidências. Mãe e filha tinham um mundo à parte, onde mais ninguém podia entrar, incluindo Sanjit Jani e Nasser Isa Rukh.

— Minha mãe, ando preocupada com Nasser. Transformou-se num fanático em relação a Daniel Salinas. Ele não entende a razão de tudo isto, apenas diz que Daniel é um messias e que está sendo instruído pelos Mestres. Não consegue ir além dessa visão tão limitada.

Maheen ouvia Anna, e embora já tivesse notado que seu filho não pensava de uma maneira lógica, sabia que poderia não estar muito longe da verdade. Por outro lado, Nasser parecia ter ficado a metade do caminho que tinha para percorrer. Segurando a mão da filha, aventurou-se a dizer:

— Neste momento Nasser não é o que mais me preocupa. Ficando aqui conosco talvez mude, quem sabe? Porém, o que me preocupa são as condições em que o mundo está deteriorando-se aceleradamente sem que nada aconteça. Onde está a Grande Mudança?

— Querida mãe, tenha paciência. Tanto a senhora quanto eu sabemos que tudo vai acontecer na hora certa.

As duas mulheres sentaram-se numa ala do jardim que tinha um abrigo rodeado de lindas plantas. Maheen telefonou para o mordomo pedindo chá. Quando este chegou trazia também o jornal, The Telegraph. A primeira página tinha a foto de Daniel, com a manchete, "Procurado pela Interpol". A notícia dizia que Daniel Salinas tinha sido visto dias antes, no deserto, perto de Al Basrah no Iraque. Sua intenção era destruir um oleoduto, para que mais facilmente pudesse sair do país, aproveitando a confusão geral. A Interpol pedia a ajuda de todos, indicando que qualquer informação sobre o paradeiro desse criminoso seria recompensada. Porém, para quem conseguisse entregá-lo vivo às autoridades, o prêmio seria de 10 milhões de euros.

— Para o que estará guardado esse pobre homem? – suspirou Maheen.

— Será que ele tem realmente uma missão? Como poderia estar há alguns dias no Iraque e agora na Bolívia?

As duas mulheres abraçaram-se. Uma era o apoio da outra. Ficaram algum tempo envolvidas por um silêncio profundo. Ambas sentiam uma grande esperança e uma profunda tristeza.

— Sinto que Daniel vai conseguir salvar-se de toda esta perseguição. Também não podemos acreditar em toda a propaganda que vem nos jornais. Querida mãe, vamos falar do que mais me interessa.

— Minha amada filha, sei muito bem o que vai no teu coração, as tuas incertezas e inquietudes. Sinto que estamos quase lá. Essa urgência para uma revisão das crenças e dogmas sem escrúpulos, que põe a fé ao serviço da ambição de alguns, enquanto fatos históricos são escondidos e queimados, é uma reação natural do ser humano ao movimento da vida, quando se recusa aceitar a ignorância e inércia em que tem vivido. A vontade inebria, mas não nos devemos escravizar por ela. Vamos continuar as nossas vidas e saber esperar.

— Minha mãe, conte-me aquilo que há tanto me prometeu.

A natureza fazia sobressair o que tinha de mais belo. Lindos pássaros revoavam trinando desejos, a brisa transportava pólen a gineceus misteriosos e as flores abriam-se a um entardecer cheio de promessas ao raiar do novo dia.

— Sim, chegou a hora de você saber onde tem os seus pés. Para poder entender certas coisas temos de interpretar os símbolos. Eles contêm revelações que por vezes parecem incompreensíveis, mas para quem realmente os quiser interpretar eles tomam um sentido que vai muito além da metáfora.

Todas as filosofias que originam nos ensinamentos dos nossos antepassados têm uma forma de se expressar diferente, mas que no fim dizem a mesma coisa. Neste caso, a meu ver, o cabalismo é mais claro do que o Hinduísmo. Malkuth ou Shekhinag é o décimo sefirot da árvore da vida cabalista e está sentado na base da árvore, ou seja, na base de Yesod, que não é mais do que a estrutura, o alicerce comum à vida. É o fundamento, o reservatório de onde todas as inteligências emanam atributos que revelam a vida material e a matéria. É o básico ponto sutil do plano físico. Está associado ao kundalini e à reprodução. Porém, Malkuth também significa Reino, associado à matéria e à Terra. Ele recebe as emanações de todos os outro sefirotes acima dele, enquanto dele também emanam as formas e forças necessárias para manter a vida. É Malkuth que dá forma, expressão e substância às emanações e vibrações das outras esferas. O propósito da Humanidade é elevar essa energia até os galhos mais altos da árvore da existência.

— Minha Senhora Mãe, mas o que tem o artefato de Daniel Salinas a ver com tudo isso?

— Talvez o Ank seja a chave que abre os portais entre a Terra, os outros mundos e o grande mistério, o qual é o seu alinhamento e entrelaçamento tão necessários para o despertar do kundalini da Humanidade.

— Que mundos, minha mãe?

— O ser humano é a imagem da Terra e do Cosmos, não só no plano espiritual, como no físico. O reino interior é o átomo divino em cada ser. Contudo, dentro de cada um também há um mundo infinito de sociedades, que tanto podem ser parasitas como bactérias como elementos essenciais à vida. O nosso corpo contém a sua parte física, a mente/alma e o espírito. A Terra é um organismo, o qual também contém os mesmos mundos. Os seres vivos têm a força vital, a que chamamos aura, a Terra também contém uma força vital que vai muito além de si mesma e do seu magnetismo. As três esferas essenciais, tanto do ser humano como da Terra são a interior, a da superfície e a do exterior, ou seja, outra dimensão paralela, as quais são concêntricas e deveriam estar alinhadas, mas não estão. Os seres humanos só conhecem o mundo da superfície, tanto em relação a si mesmos como ao planeta onde vivem.

— Sim, é verdade, mas nos tempos modernos apareceram muitas linhas de pensamento que exaltam a necessidade de autoconhecimento e autodescoberta.

— O que já tinha sido a mensagem dos gregos, e outras linhas filosóficas como o hinduísmo e filósofos como Buda e Jesus.

— Entendo, minha mãe. Na medida em que nos descobrimos podemos também descobrir os outros mundos do planeta. Mas...

— Isso. Descobrir o nosso poder interno nos dá também a capacidade para entender o poder interior que rege a própria Terra. "Como em cima assim em baixo". Por isso, nas mitologias os deuses iam e vinham do mundo inferior assim como do Olimpo, para concretizar as missões que tinham a cumprir na superfície da Terra. Por outro lado, dentro do nosso planeta também há mundos diferentes. Todavia, ao contrário da superfície, onde o centro do poder é inteiramente destituído de amor, a central do poder interno da Terra usa o poder do amor para criar harmonia. É assim, minha querida filha que aqui, dentro deste astro, abaixo de nossos pés, existem mundos desconhecidos, alguns muito imperfeitos, mas um deles é o coração de tudo o que existe. Quando eu falo do kundalini da Humanidade refiro-me a uma intrínseca vontade individual que toma o coletivo de forma a que a força vital do planeta tenda a elevar-se de dentro para fora, ou seja, permear tudo o que existe na superfície e mesmo no interior da Terra. Isso harmonizaria os sefirotes, ou seja, as vibrações e emanações dos outros planos que fazem parte do todo terrestre e do sistema solar.

Maheen bebeu mais chá, acariciou Anna nas mãos e no rosto. Olhou o céu, encolheu os ombros como se tivesse tido um arrepio e continuou.

— Segundo os mitos, muito poucos humanos da superfície conseguiram entrar nos portais para as outras esferas e sair vivos. Porém, esses mesmos mitos dizem que um dia, quando a desarmonia dos povos da superfície estiver chegando ao ponto de interferir com a harmonia do interior da Terra e dos outros astros, um homem comum, mas essencialmente nobre e digno, poderá provocar o alinhamento das três esferas. Contudo, ele sempre terá o direito de escolha... até o último momento. Esse homem não será nenhum Iluminado, apenas alguém que terá a oportunidade de conhecer o impenetrável e que de uma forma inteligível possa interpretar aquilo que aprender e conseguir assimilar, de forma a poder instruir os povos sem os doutrinar ou dogmatizar. Essas explicações têm de ser simples para que todos entendam e interiorizem o que obrigatoriamente têm de saber. Só assim poderão implementar o que assimilaram no caminho da sua própria evolução.

— Entendo. Então, quer dizer que quando esse homem conhecer os três mundos, por algum motivo, o qual ainda nos é desconhecido, o CPCE, passa a ser útil. Me pergunto tanta vez se valerá a pena...

— Minha amada filha, como pode duvidar? Esse projeto é essencial. No entanto, depende de alguém que consiga sobreviver a grandes dificuldades para trazer ao nosso mundo os esclarecimentos que necessitamos para a implementação da lei de Dharma. Dharma em Sanscrito significa Lei Divina e você sabe que essa lei só pode repousar na harmonia.

— Sim, minha mãe. As três esferas não estão em harmonia, embora saibamos que todas as vezes que Dharma, a lei justa, declina, a Adharma, seu oposto, se levanta.

— É a eterna luta entre Devas e Asuras... sem ela não poderíamos crescer.

— Muitas vezes os injustos e ignorantes tomam força e os justos parecem ter desaparecido. Também sei que no início de cada ciclo do Dharma, tem de haver um período de restauração. Graças às Ordens Iniciáticas, que existem desde o princípio da história, sabemos que nessa altura aparecem os "Mensageiros" dos seres mais elevados, ou das esferas mais harmoniosas, os quais acima de tudo têm por missão clarificar e dar início à nova ronda. Todos esses Mestres têm sido chamados de muitos nomes, entre eles Ministros da Eterna Manifestação da Força Suprema. Eles são os protetores das Ordens Místicas de âmbito divino, que presidem a Humanidade no que respeita à sua evolução.

— Sim Anna, mas o que sabemos não é tudo. Mesmo os mais sábios confundem a força do Rei do Mundo com a Chama que preside a toda a transformação. Os conceitos dos cépticos, dos crentes e dos estudiosos chegaram a tal ponto de incongruência que ninguém sabe mais onde está a ponta do fio para o conseguir desenrolar. Um dos maiores exemplos do absurdo em que as crenças se fundam é o ritual de ordenação sacerdotal, o qual é um voto eterno da Igreja Católica, que foi colhido dos ensinamentos de Apolônio de Tiana, que reza: Tu és "Sacerdoce in aeternum secundum ordinem Melquisedeque", "Tu és um sacerdote eterno, segundo a Ordem de Melquisedeque". Este Melquisedeque, "rei de Salém, sacerdote do Deus altíssimo", segundo a Bíblia, encontrou-se com Abrão e o abençoou quando este voltava de uma guerra, no mesmo lugar onde mais tarde foi edificado o templo de Jerusalém. Nesse conflito Abrão matara muita gente, e destruído reinos e vilas inteiras, tendo sido dos despojos de suas guerras que entregou o dízimo a Melquisedeque. Essa parte da Bíblia é também uma iniciação, a de Abrão/Abraão, simbolizada com a mudança de nome. Contudo, um deus altíssimo não precisa de dízimo, e muito menos dos despojos de uma guerra onde pereceram milhares de seres humanos. Sabemos também que os Levitas davam o dízimo ao "Senhor dos Exércitos" dos hebreus. A ambição dos chamados deuses e de homens reteve essa idéia de dízimo, a qual perdura até hoje. Por outro lado, Melki-tsedek ou Melquisedeque continua por muitos a ser considerado o Rei de Agartha ou Shambhala ou rei do mundo. As identificações humanas no que diz respeito a reis e deuses estão fundadas em absurdos.

— Quem reina sobre o nosso mundo, minha mãe?

— Talvez Daniel Salinas um dia nos possa contar a grande Verdade. Todos os que o querem matar, destruir e desacreditar não são apenas inimigos de Daniel, mas de todos nós. São esses que não querem que a Verdade seja descoberta e divulgada. Isso por que pretendem continuar ciumentamente tramando intrigas ideológicas para a proteção de seu poder e ambição. Como são seres destituídos de qualquer noção de amor, pouco lhes importa o sofrimento humano, a qualidade das condições humanas ou do próprio planeta. O que parecerá inacreditável para muitos é que esses que governam o mundo ainda são vassalos dos mesmos tiranos que no tempo de Abraão destruíam cidades, matavam todos os seres vivos e salvavam o gado, que servia para pagar o dízimo. É por essa razão que a Adharma tende a prolongar-se enquanto o ciclo de Dharma se atrasa, levando uma grande parte do bloco terrestre à autodestruição. Chegou a hora, minha querida filha, chegou a hora de harmonizar as forças vibratórias e magnéticas da Terra.

— A meus olhos é impossível...

— Não, não é. Saibas que sem a ajuda de seres mais evoluídos do que nós não teríamos conseguido conceber o projeto CPCE. Eles acreditam na Grande Mutação e nós também temos de acreditar.

— Como minha mãe? Você e meu pai estão em contato com seres de outra esfera?

— Sim e não, minha filha, sim e não... Nunca os vimos. Não sabemos qual é a sua morada. Todavia, alguém entregou a planta e várias planilhas a seu pai. Quem? Não sabemos. Contudo, tanto Arjuna como seu pai e eu sonhamos várias vezes com a urgência em construí-lo. É um projeto desconhecido. Até certo ponto tem uma tecnologia compreensível, mas nunca experimentada pelos nossos cientistas. A partir daí tudo o que construímos é puro mistério e otimismo...

28

Bora Bora, Polinésia Francesa

Daniel adorava dar lições de geografia e história a seus filhos. Era um dos seus maiores prazeres, mas com isso esquecia que os filhos tinham crescido...

— Bora Bora é uma ilha do grupo das Ilhas Sous-le-Vent, ou Sotavento, do arquipélago de Sociedade, na Polinésia Francesa. O nome original da ilha em língua tahitiana é Pora Pora, que significa Nascida em Primeiro. A língua oficial é tahitiano e francês.

— Mamãe fala francês muito bem. – disse Eliana.

— Depois de ter terminado a universidade, passei um ano em Paris para me aperfeiçoar na língua mais romântica do mundo. Voilà. – disse Marília sorrindo.

Bora Bora era um paraíso turístico, ninguém iria prestar muita atenção a essas duas famílias com ar de quem não olha a dinheiro para se divertirem. Porém, agora não era só Daniel, mas todos estavam sendo procurados pela Interpol. Muito cuidado nunca era demais.

Depois de tudo o que tinham passado, estar num lugar tão lindo com Daniel era paraíso. A vista aérea era tão espetacular que todos tinham lágrimas nos olhos. Parecia irreal. O conjunto do azul turquesa, os vários tons de azul e verde dos bancos de corais e as ilhas que formavam o arquipélago, transmitiam um deslumbramento quase hipnótico. Finalmente, o avião pousou no aeroporto de Motu Mute. Tudo correu bem e as duas famílias saíram do aeroporto sorridentes e desejosas de chegar ao hotel. Juan Gutiez tinha reservado e pago estadia no InterContinental Resort. Não porque a seus olhos Daniel e sua família merecessem um presente como esse, mas porque Gutiez tinha sido muito bem pago em esmeraldas polidas da maneira mais sofisticada.

Havia no ar a sensação de que aquilo que estivesse para vir, fosse o que fosse, incluía outra separação e esta seria a mais terrível. Em princípio, ficariam juntos por uma semana, depois todos partiriam para a Índia e Daniel ficaria esperando o seu próximo destino.

∞

As duas famílias viveram dias paradisíacos. As refeições eram servidas no deck da cabana. Fizeram snorkel, caminharam na praia, e assistiram ao espetacular anoitecer da Polinésia. As noites eram passadas ao ar livre, debaixo da cobertura do deck, conversando até à hora de dormir. Os filhos de Ronaldo eram muito pequenos e dormiam cedo. As longas conversas sobre as aventuras de Daniel eram intercaladas com raciocínios que conduziam a uma melhor compreensão das razões porque o arqueólogo teve de passar por tais experiências, assim como tentar encontrar algum nexo ou lógica na existência de um mundo tão fantástico. A ansiedade de Eliana, Gustavo, Marília, Ronaldo e sua esposa Teresa, levava-os a perguntar sobre o que já tinha sido dito e Daniel repetia uma vez mais. Ele sabia que tudo o que acontecera era quase inexplicável. Ele mesmo queria entender a verdadeira razão porque precisou conhecer esses mundos.

— Se virmos bem, todas as mitologias nos falam do mundo interior, inferior ou subterrâneo. – dizia Ronaldo. – O mundo subterrâneo era desde os egípcios até os maias dos dias de hoje, mais importante do que o mundo além da Terra.

— Isso é bem verdade. – disse Gustavo – os povos sempre se referiram aos antepassados que viviam no interior da Terra. Durante eras glaciais e cataclismo os abrigos sempre foram subterrâneos. O que é compreensível se virmos os abrigos antiaéreos do tempo da Segunda Guerra Mundial ou os subterrâneos construídos em muitos pontos da Terra, para abrigar os governos de um eventual ataque aéreo e até atômico. Em Washington D.C., uma das entradas, além da casa branca, está localizada perto da residência do Vice-Presidente, porque esta também se encontra junto da avenida onde estão quase todas as embaixadas. Abrigos seguros sempre foram subterrâneos e muitos dos que entraram durante eras glaciais, para se defenderem do frio, pragas de insetos etc. nunca mais saíram, iniciando outra cultura ou outras formas de sobrevivência, mas onde a maior parte deve ter perecido.

Ronaldo retomou a palavra:

— Reparem nos índios americanos Anasazi. Há 3.000 anos estabeleceram-se em Mesa Verde, Chaco Canyon, e outros lugares do Novo México e Utah. Construíram muitas estradas e casas de quatro andares, muitas tendo arcadas entre elas, depósitos para armazenar comida, salas comuns e as kivas, o foco principal das tribos. Kivas, eram buracos no chão muito largos, onde cabiam muitas pessoas. Kiva significa "world below", mundo de baixo, mundo inferior. Eram identificadas ao passado, aos deuses e antepassados, sendo lugares de veneração, onde tinham lugar as cerimônias mais sagradas da tribo. Outro lugar sagrado, que alguns identificam aos primeiros cristãos e que desce pelas profundezas da Terra, fica na cidade de Anteóquia, na Turquia, fundada por Alexandre o Grande, e localizada onde hoje é a cidade Antakya. As habitações nesse profundo labirinto estão ligadas por corredores, formando núcleos, onde cada uma tem seis andares, a mais de 100 metros de profundidade.

No continente americano, descendentes dos Incas têm muitos mitos sobre os deuses subterrâneos. No México encontramos os 'cenotes' dos Maias. Alguns medem dezenas de metros de diâmetro, como o cenote sagrado de Chinchén Itzá. Para eles, a perfeita jornada que levava ao mundo do interior da Terra, onde se encontravam deuses e demônios, teria de ser a partir de poços com entradas para cavernas a que chamavam cenotes, e que escoavam para rios subterrâneos, espalhando-se por muitas outras cavernas. Essas cavernas teriam de estar situadas debaixo de uma montanha. Quando os cenotes não faziam parte de uma montanha, os maias construíam pirâmides, sendo a mais conhecida o túmulo do rei maia, Pakal. O rio seria o caminho para onde deuses e demônios viviam. Ainda hoje muitos descendentes dos maias entram e caminham dentro de subterrâneos para fazer as suas oferendas aos deuses, ou antepassados, e pedir as suas graças. Em Creta, a lenda do terrível Minotauro, que habitava nos lugares mais profundos da Terra...

Marília interrompeu, dizendo:

— O mesmo com egípcios, e muitos outros povos, incluindo os sumérios. À falta de montanhas os egípcios também construíram pirâmides.

— Mas não a de Keops, essa tem 12.000 anos. Foi construída por aqueles a quem os antigos chamavam deuses e que conheciam a ciência de manipulação do Vril. – afirmou Daniel.

— Antes que me esqueça, quero lembrar que os nativos da América do Norte, Apaches, Suny, Pueblo, Opi e Navaho acreditavam que a sua origem era o mundo no interior da Terra, ou mundo subterrâneo. Outros dizem que seus antepassados entraram no interior da Terra, tendo como guias os deuses que os salvaram das grandes catástrofes que aconteceram há milhares de anos na superfície. – acrescentou Ronaldo, mas Marília logo retomou o fio do que queria dizer.

— Por isso mesmo, segundo os mitos, o Mestre ou deus dos astecas e toltecas, Quetzalcoatl, teria desaparecido numa nave espacial que o levou a visitar o mundo subterrâneo. A grande pirâmide do Egito, também tem, abaixo da plataforma onde está assente, subterrâneos e câmaras que parecem ir a lugar algum. Porém, recentemente descobriu-se que aí havia uma cisterna e um rio. Muitos dizem que na base da pirâmide de Keops havia um portal para o mundo do interior da Terra. A comida que se colocava nos túmulos era um símbolo à lembrança do tempo em que alguns sobreviventes que conseguiram sair dos subterrâneos levavam comida até os portais do mundo inferior, para que aqueles que lá tivessem ficado, pudessem sobreviver. Quem sabe até se as máscaras encontradas na maior parte das múmias não fosse uma alusão a alguma espécie de escafandro, usado para não morrerem afogados quando atravessassem o rios ou cisternas? Em muitas culturas, como a romana, as almas eram levadas por um barqueiro para o mundo subterrâneo, que não era o dos infernos.

— Em relação ao povo do Vril – aventou Ronaldo – eles são, como talvez outros, os que em momentos de grandes tragédias na superfície da Terra, entraram em subterrâneos, perderam-se nas suas grutas e galerias, terminando por ir parar em partes do planeta que são, digamos, ocos. Isto é uma forma simplista de explicar esses mundos do interior da Terra, porém, se não foi assim, foi algo muito parecido.

Gustavo fez sinal de quem viu a luz no fim do túnel. E sorrindo disse:

— Todas as fontes concordam em que os templários encontraram uma grande parte de sua fortuna nos subterrâneos dos templos de Herodes e de Jerusalém. Ninguém sabe qual é a profundidade dessas cavernas. Segundo dizem, por baixo do monte Moriah, a pedra a que chamam o es-Shakra, "o mais sagrado dos sagrados"; Pedra de Lançamento ou Pedra Alicerce do templo e também a pedra onde Abraão iria sacrificar seu filho Isaac e de onde o Profeta Maomé viajou num "cavalo branco" para se encontrar com os Sábios do céu, foi mais tarde o lugar onde se guardou a Arca da Aliança. Por isso esse lugar é tão importante para judeus, cristãos e muçulmanos. Aí, também dizem ter sido o lugar onde os 'anjos' deram a planta para o futuro templo de Jerusalém ao rei Davi, o qual veio a ser construído por seu filho Salomão. Uma das principais razões para a reconstrução do templo, depois de Moisés, foi obter um lugar seguro, o que o tornava sagrado, para guardar e proteger a Arca da Aliança. Nesse lugar sagrado, ou seja, intocável, também havia um poço ou cisterna, ao qual os judeus continuaram a ter acesso, mesmo depois dos romanos terem destruído o Templo, no ano 70 D.C.

— Sim, mas o mais importante é que a es-Shakra é guardada por mulheres muçulmanas, que mantêm o chão ao redor da pedra tapado com carpetes para evitar o ruído do caminhar. De um dos lados encontra-se uma escada que leva a uma caverna, onde se diz que a Arca da Aliança era guardada, antes de ser levada para outro lado. Abaixo dessa caverna existe uma outra, a qual tem acesso a outras cavernas e subterrâneos. É por isso que esse lugar se chama também "O Umbigo do Mundo". Hoje não tenho dúvida de que esse lugar era um portal para o mundo subterrâneo. – disse Ronaldo, que terminou com as bochechas vermelhas de tanta concentração e eloquência. Mas logo em seguida Daniel adicionou:

— Os hindus chamam tirthas a seus lugares sagrados. Em Sanscrito tirtha significa rio ou ford, degraus para o rio ou lugar de migração. Esses lugares sempre foram associados à água. Depois de Mahabharata, tirtha passou a designar qualquer lugar sagrado, fosse ele um lago, uma floresta, montanha ou caverna. Contudo tirthas são muito mais do que lugares físicos ou visíveis, mas sim spiritual fords ou, segundo a tradição, lugares onde o céu e a terra se encontram. Lugares onde se atravessa o rio de samsara para chegar à margem da liberdade, onde vivem os heróis e deuses das lendas mitológicas, ou seja, os Avatares da tradição hindu. Na realidade, tirtha e avatar, são duas palavras que vêm da mesma raiz. Seria dizer que os avatares descem, abrem as portas dos tirthas, para que os seres humanos possam aí chegar através de rituais e orações.

— Isso é muito interessante. – disse Marília. Mas logo em seguida Daniel continuou:

— Acabei de ter uma ideia brilhante! Também foi na es-Shakra que Abrão, exatamente antes de ter mudado o nome para Abraão, se encontrou com Melquisedeque que se dizia o sacerdote do deus mais elevado. Foi Melquisedeque que iniciou Abrão, por isso comeram pão e vinho, que desde o tempo dos egípcios era símbolo de iniciação, como Jesus fez com seus discípulos antes de os deixar entregues ao seu destino. Abrão, ao entregar o dízimo a Melquisedeque, deu uma demonstração de total submissão e vassalagem. A partir daí os deuses poderiam confiar nele sem reserva.

— Foi quando Abraão passou a adorar o deus mais elevado, o deus de Melquisedeque. – rematou Marília, mas Gustavo logo levantou as sobrancelhas, como quem que tinha algo ainda mais pomposo na manga,

— Todavia... Melquisedeque é para muitos considerado o Lord do mundo subterrâneo. Para outros o Senhor do Mundo, para outros o Rei do Mundo, que vive na cidade subterrânea de Agartha, e para a maior parte Melquisedeque passou a ser um Mestre de Luz, um Iniciado que habita outras dimensões.

— Muitos jogos eletrônicos têm por nível mais alto chegar a Agartha e conhecer Melquisedeque, o Rei do Mundo. – Disse Eliana.

— Se Melquisedeque era o sacerdote do deus mais elevado, quem era esse deus? Talvez Marduk ou o próprio, disfarçado de sacerdote. O importante não é mais o nome, mas será que existe esse reino de Agartha? – Perguntou Marília.

— Talvez não faça sentido, talvez eu esteja enganado, mas tenho a impressão que os Jinni acham que Agartha não é uma cidade, mas a Rainha da Terra.

Teresa tinha ficado em silêncio durante quase toda a conversa, mas sempre muito atenta. Tudo o que contavam a fascinava, principalmente a aventura de Daniel com o povo do Vril. Uma das crianças chorou e logo se ouviram dois choros. Teresa levantou-se, mas antes de entrar na cabana perguntou a Daniel:

— Porque razão o mundo superior, ou cosmos ou astral, não foi ainda tido em conta? Agartha não poderia ser outro plano, planeta, nave? Talvez uma estação espacial como nós temos uma no espaço e outra sendo construída na lua?

— Segundo dizem o Rei do Mundo vive no mundo, só que dentro da Terra. Agartha tem sido considerada uma cidade, como Shangri-La ou Shambala que há muito tempo tinha um portal no deserto de Gobi, mas que agora está fechado. – respondeu Daniel.

Porém, há uma grande diferença entre cosmos e astral. O astral é outra dimensão. O cosmos é o universo tal como o imaginamos. Nós somos seres cósmicos, porque a Terra é um planeta que navega no cosmos.

Marília também se preparou para entrar, e enquanto o fazia:

— O que entendi é que o povo do Vril, na realidade, não é mais desenvolvido do que nós. Se por um lado controlam a energia do Vril, por outro não parecem ter desenvolvido o amor nem a consciência. Continuam vivendo num sistema de castas, controlando aqueles que consideram inferiores, enquanto os usam, da mesma forma como acontecia com os nossos antepassados e contemporâneos, que extraem os minérios que necessitam para ampliar suas riquezas e assim poderem dominar-nos, na medida em que os escravos também se multiplicam.

∞

As duas famílias passavam o dia na praia, comprazendo-se com a companhia uns dos outros e a alegria das crianças. A comida, bebidas e serviço eram providenciados sempre que pedidos pelo telefone. O almoço seguido por uma longa soneca, eram momentos que cada família desfrutava separadamente. Esse isolamento junto com os seres que Daniel mais amava, revitalizava as suas energias e clarificava o seu entendimento, enquanto sentia um vigor intelectual e físico que nem na juventude tinha conhecido. Daniel pensava que se a felicidade fosse algo atingível ele tinha conseguido chegar ao cume.

No fim da tarde, a brisa acariciava as alvas cortinas do deck que no seu lânguido esvoaçar acrescentavam ainda mais harmonia ao ambiente. As diferentes tonalidades do mar e do céu, refletiam-se nos olhos e na alma. Palavras seriam intrusos nesses momentos magníficos em que a natureza mostrava o esplendor da sua força e magnetismo. Daniel e Marília sentiam com se estivessem vivendo dentro de um quadro vivo, criado pelo maior pintor que jamais tivesse existido.

Nesse deslumbramento, a única coisa possível que o coração e a alma poderiam sentir era o mais nobre e elevado sentimento humano, o amor. As suas almas não conheciam mais as sombras do medo ou da incerteza. Não importava o que estivesse pela frente, eles eram fortes, tinham um ao outro. Se todos os seres da Terra sentissem o mesmo não haveria necessidade de reis do mundo. Mas... e se fossem esses seres poderosos quem evitasse que todos os habitantes desse planeta fossem capazes de sentir dessa maneira? Assim pensava Daniel, enquanto Marília a seu lado atinava algo muito parecido. O amor que os unia era de uma qualidade muito acima do comum. Era um amor verdadeiro, sem sentimentalismos e capaz de resistir a qualquer tormenta.

Na outra cabana Teresa e Ronaldo também ficaram em silêncio, sentindo e vendo o mesmo espetáculo do sol descendo no horizonte. Seus filhos, embora tão pequenos, pareciam entender a magia do momento, enquanto chupavam o dedo de olhinhos esbugalhados e cravados em cores que eles ainda não sabiam descrever.

Daniel, Marília, Eliana e Gustavo caminharam até à cabana de Ronaldo. Sentados na varanda jantaram e ficaram juntos até muito tarde. Gustavo, com os olhos pregados no horizonte, deu início a uma longa conversa.

— Ontem mencionei o cavalo branco de Maomé, que o levou ao céu. Segundo dizem o Instrutor do próximo futuro é o Avatar Branco do Ocidente, o Instrutor da Humanidade, sendo simbolizado por um cavalo branco, o que está presente em tradições de todas as épocas e civilizações. Seus vestígios encontram-se na arte maia, quando se refere aos continentes perdidos de Atlântida e de Mu. Nos petroglifos e dolmens dos druidas e celtas. Pégaso da mitologia grega e na própria Igreja católica, o cavalo branco de São Jorge quando vence o dragão. O cavalo branco é sinal de mistério e poder, como o cavalo branco de Napoleão.

Ronaldo, que também tinha os olhos fixos no horizonte como se daí lhe viesse toda a sua inspiração, acrescentou:

— A memória genética, a realidade, o sonho, a vontade e a imaginação trabalham com os arquétipos de formas cristalinas. Se num sonho virmos algo que não sabemos definir passamos a interpretá-lo de acordo com os nossos próprios símbolos, que são universais.

— Então, alguns cavalos brancos da simbologia mítica são naves, ou barcos alados, como se vê nos hieróglifos, que por serem inexplicáveis são substituídos por símbolos conhecidos numa determinada época.

— Disse Eliana com ar de quem não precisa de muito esforço intelectual para chegar a tal conclusão.

— Então, agora que conseguimos entender a analogia entre mitos, arquétipos, imaginação e realidade digam-me: a figura de Jesus toma o nome de Cristo, denominando uma hierarquia, a qual se transfere para a possibilidade de uma segunda vinda, como Mestre ou instrutor da futura Humanidade. Mas a segunda vinda não é monopólio do cristianismo. Para os Tibetanos seria Maitreya, para os Mongóis Chenrazi, para os muçulmanos Iman Jahdi e para os persas, Sossioh. Os maias e outros povos das Américas também sabiam que seus deuses há muito desaparecidos, iriam voltar. Tanto Toltecas como Asetecas e Maias veneravam Quetzalcíatl, (Serpente emplumada) que representava a ascenção espiritual do ser humano. Para essas culturas Quetzalcíatl voltaria para estabelecer um novo reino, por isso quando da conquista da Nova Espanha, Mesoamérica, os indígenas acreditaram que Harnán Cortez era Quetzalcóatl. Porém, o místico do início do século XX, Jean Marquès-Rivière disse ter ouvido de seu Guru, "Sabei que reina na Terra, e muito acima dela O Lama dos Lamas. Aquele diante do qual o próprio Trach-Lama se prosterna na maior das reverências. Aquele a quem chamamos o Senhor dos Três Mundos. Mas seu reino terrestre mantém-se oculto à visão dos homens". Também conheci uma grande sábia que um dia me disse: "Shambala existe, pode ter a certeza, mas muito poucos sabem onde fica, só lhe posso dizer que não é na superfície da Terra. A tradição da Terra Oca, fala de Asghardi no Tibete, Ermedi na Mongólia, Hemâdris para os Vedas, Alberdi ou Aryana-Vaejo para os persas e Canaan para os hebreus." Talvez por isso Daniel entrou por um portal no deserto de Negev... – Disse Ronaldo com um ar brincalhão e cinicamente humilde, para continuar:

— Melquisedeque já teve vários nomes. Um deles foi Prestes João, tido como o dirigente da Humanidade ou rei do mundo. Na Idade Média era comum ouvir falar de um grande reino dirigido por um ser cheio de sabedoria. Inúmeras histórias falam de quatro personagens que usavam esse título, situadas no Tibet, na Mongólia, na Índia e na Etiópia. Na realidade são quatro representações do mesmo poder. Um mito descreve as conquistas territoriais de Genghis-Khan. A certa altura ele tentou atacar o Reino de Melquisedeque, mas foi repelido por um raio que quase aniquilou por completo o seu exército. Seria o Vril?

Daniel aproveitou a pausa para dizer:

— O Vishnu-Purana, Parasana Maitri afirma: "Coroado e exaltado pelos próprios deuses e pelos seres celestes que eternamente honram as suas virtudes excelsas, encontramos o Mantenedor do Mundo. Ele detém as Forças Cósmicas. Ele torna possível a existência do nosso Globo". Só sei que esse ser não é Melquisedeque, mas uma força vibratória e inteligente que vagueia entre os três mundos.

∞

Desde criança que Gustavo se interessava por toda a informação possível que podia encontrar em livros e na Internet. Apesar de ser um ávido leitor, intuitivamente sabia diferenciar o que ele mesmo considerava lixo, daquilo que poderia ter alguma mensagem útil. Ronaldo era a única pessoa com quem se sentia à vontade para falar sobre esses assuntos. Para ele Ronaldo era um tio, substituindo o irmão que seu pai nunca tinha tido. Por sua vez, Ronaldo o olhava como um filho mais velho e nutria por Gustavo um imenso carinho.

Gustavo levantou-se, postando-se na frente de Daniel:

— Papai não acha que chegou a hora de nos mostrar o Ank? Ninguém quer falar, nem o mencionamos, andamos aqui rodando em conversas abstratas, mas todos estamos mortos de curiosidade. Sabemos que está nessa mochila que você nunca larga.

— Não sei se devo. Não encontro mal algum nisso, mas a minha vida mudou tanto desde que o encontrei...

Eliana cortou-o com voz trêmula:

— Ninguém irá tocar nele, só pra ver...

— Tá, não quero que vos aconteça alguma coisa.

Daniel abriu a mochila, desenrolou um saco de flanela com um objeto dentro embrulhado em papel de alumínio. Muito devagar, como se estivesse tocando no objeto mais sagrado do universo, ia desenrolando o Ank, que mais parecia ser a chave do maior mistério humano. Aí estava ela, resplandecente de luz. A cruz de Ank dourada, cheia de símbolos e pequenas cavidades. Na penumbra parecia que a cor do ouro emergia de uma névoa arroxeada. Todos o rodearam para ver melhor. Teresa foi buscar uma pequena mesa onde colocou um robe de cetim rosa, para que Daniel aí colocasse o precioso objeto. Todos ficaram mudos.

De repente, todo mundo queria falar ao mesmo tempo. Tanta pergunta, tantas idéias! Arranjaram as poltronas de verga de maneira a ficarem sentados em círculo ao redor da pequena mesa onde o objeto mais precioso estava colocado. Nada os faria daí tirar os olhos. Foi quando a voz de Ronaldo os fez ficar em silêncio.

— O que é a cruz de Ank?

Gustavo foi rápido em responder.

— É um símbolo que representa Vida e Imortalidade. Tem sido encontrado em gravuras e hieróglifos a partir da quinta dinastia egípcia, em templos como Karnak, Edfu, Luxor, Medinet Habu e outros. No túmulo de Amenhotep II, vimos o Ank sendo entregue ao faraó pelo deus Osíris, concedendo-lhe o dom da imortalidade ou o controle sobre os ciclos vitais da natureza. Outras vezes é encontrado próximo à boca das figuras representando os deuses, o que pode significar o Sopro da Vida. Na tumba de Tutankamon, foi encontrado um porta-espelho na forma de Ank, já que a palavra egípcia para espelho também é Ank...

Eliana cortou Gustavo e muito corada, como se tivesse tido uma ideia luminosa:

— O espelho é símbolo de autoconhecimento. Será o Ank a representação máxima do poder do homem? Os faraós consideravam-se filhos dos deuses ou deuses e eram os únicos que usavam o Ank.

— Bem pensado. – disse Daniel que imediatamente ficou absorto em pensamentos, enquanto olhava o objeto diante de si.

Gustavo continuou enquanto lá de dentro se ouvia o choro de uma criança.

— No ocidente, o Ank é conhecido como cruz egípcia ou cruz Ansata, o que vem de Ansa, palavra latina para 'asa'. Interessante, não? Outros lhe chamam a Chave do Nilo, Chave da Vida ou Cruz da Vida. Nos nossos dias, como Ank é um símbolo da Ordem Rosa Cruz e outras, também tem um significado místico.

Ronaldo fez sinal a Gustavo que queria falar:

— A interpretação oficial é que a alça ovalada na parte superior dos braços sugere um cordão entrelaçado com duas pontas opostas que significam os princípios feminino e masculino. Em outras interpretações, representa a união entre as divindades Osíris e Ísis, que proporcionava a cheia periódica do Nilo, fundamental para a sobrevivência. O ciclo inalterável das águas era atribuído ao conceito de reencarnação, uma das principais características da crença egípcia. A linha vertical que desce exatamente do centro do laço, é o ponto de intercessão dos polos, e representa o fruto da união entre os opostos. Em algumas representações mais antigas, a parte inferior possui suas extremidades inferiores bipartidas, o que também pode representar dois ou mais mundos abaixo da superfície da Terra, se virmos os braços como a representação da superfície e o laço superior como o mundo do cosmos.

Dizem que no final do século XIX, o Ank foi agregado pelos movimentos ocultistas, mas a realidade é que muitas ordens herméticas existentes desde o tempo dos egípcios e que têm deslizado no tempo atravessando diversas culturas, sempre foram ocultas, de contrário teriam sido aniquiladas e com elas o conhecimento místico. Essa sabedoria ou conhecimento, tem sido o maior mistério por também ser o maior perigo para os dirigentes da Humanidade em todas as épocas. Se os povos soubessem a Verdade e pensassem de uma maneira totalmente diferente, a cultura seria outra, as religiões não seriam dogmáticas, os conceitos filosóficos seriam inteiramente diferentes, o mundo não seria o mesmo e o ser humano seria mentalmente livre. Por exemplo, há muitos dicionários que dão como sinônimo da palavra "culpa", "responsabilidade".

— Sem comentários... – disse Marília, mas Ronaldo não podia deixar passar essa oportunidade para expressar as suas ideias.

— Aparentemente é insignificante, mas para muitos tem lógica. Isso é uma demonstração de como a cultura nos impõe dogmas, conceitos e doutrinas que nos impedem de ser livres. As religiões organizadas, sejam elas quais forem, são parte do network ou rede que nos controla e impede de pensar de acordo com o que realmente somos. Elas nos dizem o que pensar, o que gostar, o que fazer, mostrando-se responsáveis pelas populações enquanto lhes tiram todo o sentido de verdadeira responsabilidade. Esse estado de inércia mental ativa a preguiça de pensar e a superficialidade, aceitando apenas o que já foi digerido por outros, transformando os dentes em adornos, e ninguém mais sabe que servem para mastigar. A culpa não nos torna mais determinados e objetivos, mas sim fracos, medrosos, irresponsáveis e violentos. A auto responsabilidade nos leva a refletir sobre os nossos atos e contemplá-los como experiências a serem ou não repetidas, enquanto nos aprimoramos e autoconhecemos, com o fim de nos desenvolvermos. Ninguém se desenvolve através da culpa e do medo dos castigos, mas sim da responsabilidade, para consigo mesmo e com o todo.

Daniel sorriu e tomou a palavra:

— Para que esta conversa nos leve a algum lado não nos podemos desviar do assunto principal. O símbolo do Ank podia-se encontrar por todo o antigo Egito. Até entalhado nos utensílios usados nos alimentos do povo. Contudo, os faraós usavam o Ank, não como uma jóia ou símbolo, mas como uma ferramenta que os poderia igualar aos deuses, espelhando o seu íntimo desejo em daí receber algum poder. O Ank era o símbolo de Ísis, deusa do mundo subterrâneo.

— Coincidência... – disse a voz irônica de Teresa e depois adiantou – Zeus! O maior atributo de Zeus era o raio, ou seja, o poder de saber manipular energia. Foram os ciclopes que viviam no interior da Terra, gigantes com um só olho, dos quais um, Golias, foi morto pelo pai do Rei Salomão, o rei Davi, que deram a Zeus uma arma de onde saiam raios, para que este matasse Cronus.

— Os Brutus são algo parecido com a descrição dos ciclopes. Porém sem qualquer poder além da força. – Disse Daniel, mas logo Gustavo especulou:

— Quem sabe eles tivessem roubado o Vril de outro Povo?

— Quem sabe... mas o importante é que o controle dessa energia está sempre ligado a povos no interior da Terra. – lembrou Ronaldo.

— Principalmente na mitologia clássica. Os deuses sumérios e até os maias também usavam uma espécie de varinha que tinha poder, digamos, parecido com o laser. Era uma ferramenta que emitia energia. O povo do Vril também usa uma varinha idêntica. Contudo, quando usam o Vril através dessa ferramenta, tudo bem, mas quando o usam através do seu corpo ou mãos ficam cansados e por vezes esgotados. Isso me faz lembrar o que está escrito no livro de Enoque: “Aprendi que a luz não se separa do raio, e ainda que um e outro sejam unidos por espíritos diferentes, nem por isso são menos inseparáveis... seus espíritos se detêm no momento oportuno e mantêm um justo equilíbrio”.

Daniel parou de falar, novamente absorto em pensamentos. Ele não queria contar tudo o que sabia. Não era a hora certa. Ronaldo continuou:

— Para terminar, tudo o que sei sobre o simbolismo do Ank pode ser explicado da seguinte forma: o laço superior é a essência divina que desliza para alimentar a essência humana ou matéria, dando assim a possibilidade à matéria ou ao ser humano de se tornar divino. Por isso é circular, descendo até às profundezas e tornando a subir. Essa troca de energia entre o divino e o humano, também pode ser interpretada como a força que tudo une, vindo do alto e atravessando o mundo da superfície da Terra, que são os braços e descendo até o ponto mais profundo do planeta, representado pela sua haste inferior. Porém, na realidade, o Ank simboliza as três esferas, o mundo do interior da Terra, o mundo da superfície e o mundo invisível ou menos denso, ou seja, a dimensão paralela que atravessa a matéria, onde vivem as mentes mais evoluídas. O Ank também simboliza a imortalidade da alma.

Quando Ronaldo parou de falar, Teresa voltou na intenção de entregar algo a Marília. Foi nessa altura que o maior imprevisto aconteceu. Do Ank saiu uma luz quase branca formando uma esfera e dentro dela estava a estátua da pinha da praça principal do Povo do Vril. Todos ficaram hipnotizados. Marília encostou-se a Daniel e o mesmo fizeram os dois irmãos, Teresa e Ronaldo. Depois de alguns minutos, ou assim lhes pareceu, o interior da esfera mudou e mostrou a biblioteca do Povo Jinni como se estivesse sendo filmada em todos os seus pormenores. A certo ponto, a imagem mudou para o outro pedestal junto à pinha de rubi. Aí se encontravam Ninan e Kryta. Ambas acenaram e a bolha de luz desapareceu.

Todos choravam de emoção, até Daniel tinha os olhos úmidos. Sem nada dizer ou mostrar, ele sabia que a partir daí o perigo era maior; o Ank tinha sido ativado... Abraçaram-se e seguiram em silêncio para os seus respectivos quartos. Porém, Daniel ouvia a voz de Kryta no seu ouvido repetindo: “Não temas Daniel, eles não mais podem detectar as coordenadas do Ank.”

∞

Naquela noite a brisa ondulava as cortinas na mesma cadência com que Marília escovava o longo cabelo. Daniel olhava-a com a ternura de um homem realizado ao lado da mulher com quem tudo era sincronizado, num ritmo perfeito. Ela era o eixo da sua vida. Amava-a tanto que seria capaz de sem pensar dar a vida por ela.

Marília foi ao seu encontro. Beijou-o levemente nos lábios, no rosto, nas mãos. Sem tirarem os olhos um do outro deitaram-se. Ele dizia que a amava enquanto com dedos bem leves afagava cada poro. Ela respondia com ternura, com desejo, com carinho. A cumplicidade de uma intimidade profunda amparava-os numa dimensão onde o amor não permitia restrições. Com a língua macia e úmida ela lambia os mamilos dele, enquanto entre gemidos e suspiros ele acariciava e beijava-lhe o cabelo e a pele. O magnetismo de mãos ternas, desejosas e carinhosas dava-lhes um brilho que só eles eram capazes de ver. Ele levou-a ao climax no beijo mais íntimo e ela abrançando-o brincou com o umbigo, beijou-o como fêmea e deu-lhe uma das maiores provas de amor que uma mulher pode dar a um homem, bebeu o seu sêmen enquanto que com prazer sentia a essência da vida do homem que tanto amava, espargir-se nas suas entranhas. Ele tomou-a nos seus braços, desejando que aquele momento fosse eterno. Ela beijava-o como se o mundo terminasse no dia seguinte. As suas extremidades pareciam tinir, enquanto sentiam que dos dedos saiam fachos de energia. O amor que os unia vibrava em uníssono no coração na alma e nos corpos frementes. Depois do gozo fizeram promessas, declararam sentimentos e dormiram abraçados esperando que o sol nascesse mais tarde.

∞

No dia seguinte as duas famílias resolveram andar de barco pela tarde. O hotel providenciaria um pequeno iate. O dia estava lindo e este seria o último, já que no dia seguinte todos, à exceção de Daniel, seguiriam para a Índia, onde aparentemente estariam a salvo na residência da mãe de Nasser. Este, depois de os ter deixado em Bora Bora tinha seguido para a Austrália, em viagem de negócios. No dia seguinte estaria esperando-os na pista do aeroporto.

Pela manhã, enquanto Teresa e Marília se entretinham com as crianças e Gustavo e Eliana tomavam sol jogando xadrez, Daniel e Ronaldo conversavam. Daniel tirara o Ank da mochila. Tinha tido um sonho estranho, onde o sol refletia-se no Ank, mas não diretamente. O que se refletia eram os raios que emanavam do seu reflexo na água. Estranho, porque não refletir o sol diretamente no Ank? Daniel esperava uma oportunidade para experimentar o que tinha feito no sonho. "Talvez à tarde, quando estivessem a bordo do iate", pensava quando Ronaldo sem mais nem menos disse:

— Em Paris mencionei uma coisa que vou repetir, visto você nessa altura ter de fugir e a nossa conversa não ter tido continuação. Como você sabe pertenço à Ordem dos Cavaleiros Terrestres. Quando damos o nosso primeiro voto, voto de silêncio, somos iniciados. Eu tenho uma posição na Ordem que me permite ordená-lo. Isso lhe dará mais energia e na iniciação você poderá aprender algo que me parece nunca lhe ter passado pela cabeça e a este ponto das circunstâncias, é necessário que saiba.

— O que preciso fazer? Quais seriam as minhas obrigações? Como? E para quê? Desculpe Ronaldo, mas não vejo até onde essa ordenação me seria útil.

— Por enquanto a sua obrigação é sobreviver. Contudo, você precisa de muita energia. A ordenação liga-o a uma energia ou vibração sutil que muito o pode ajudar. Como ordená-lo? Pode ser na sua cabana, visto aqui estar muita bagunça e ruído. Vá andando, eu tenho de levar umas coisas, estou indo num minuto.

Daniel sentou-se na salinha da cabana, sentindo a brisa morna. Pensava em tantos anos que fora amigo de Ronaldo. Para que insistir tanto em ordená-lo. Isso não iria fazer nenhuma diferença, mas era uma maneira de fazer o amigo de infância ficar mais tranquilo. Ronaldo chegou com roupas nas duas mãos.

— Quem entra para a Ordem só se ordena depois de muitos e muitos anos. Você já entra sendo ordenado.

Ronaldo colocou as roupas em cima do sofá. Com elas estavam duas espadas, um anel e uma corrente. Daniel vestiu o terno negro e o cinto onde embainhou a espada. Cobriu-se com uma capa branca. Colocou o anel no dedo da mão esquerda, junto à aliança, e a corrente no pescoço. Ajoelhou-se na frente de Ronaldo que o ordenou.

∞

Nesse dia as duas famílias almoçaram juntas na cabana de Teresa e Ronaldo. Depois de uma pequena siesta, e já a bordo do magnífico iate, Daniel estava muito sério. Parecia preocupado, talvez porque o momento de se separar de sua família estava cada vez mais próximo.

Quando o arquipélago era apenas um ponto disforme no horizonte, Daniel tirou o Ank da mochila. Durante o almoço tinha contado o sonho da noite anterior e todos estavam interessados em ver a sua reanimação, embora sentindo borboletas na barriga. Pairava um certo receio.

— Nunca devemos ter medo, essa emoção é como um câncer num corpo são. Daniel, você quer mesmo fazer essa experiência? Está a tempo de mudar de ideias. – disse Ronaldo de uma forma que não admitia dúvida.

— Quero sim. Sinto que é tudo o que mais desejo neste momento. – disse Daniel de uma forma concentrada e pausada.

Com o Ank dourado na mão, como se fosse uma espada, Daniel virou o punho de maneira a refletir o reflexo do sol espelhado na água. De repente, o Ank inundou-se de uma luz tão forte que todos tiveram de fechar os olhos ou olhar noutra direção. Lentamente essa luz foi tomando todo o corpo de Daniel, que mais parecia um espelho ou uma tocha fulgurando a luz do sol. Todos, mesmo sem olhar diretamente viram esse fenômeno acontecer sem que nenhuma palavra fosse dita ou um lamento fosse solto. Depois, na fração de um segundo, a luz, o Ank e Daniel desapareceram e com isso o mundo ficou no mais profundo silêncio, nem a água batendo no casco do barco se ouvia.

O iate voltou à ilha transportando um grupo de pessoas tristes, ansiosas e resignadas. Caminhando na areia em direção às cabanas todos olharam para trás, como que esperando o milagre de ver Daniel reaparecer. Pela primeira vez repararam no nome do iate, “Até outro dia”. Havia esperança.

29

Reino de Agartha

Daniel teve a sensação de ter ficado desmaiado por muito tempo. Acordou dentro de uma gruta altíssima, que mais parecia uma imensa catedral. Os rendilhados das pedras entrelaçavam-se em laços e desenhos fantasmagóricos. As estalagmites e estalactites pareciam sair de imensos cachos de safiras, diamantes, esmeraldas e rubis. Entremeando tudo o que era visível, havia uma luz que parecia emanar de algum lugar no interior das paredes, fazendo-as cintilar de uma forma inconcebivelmente linda. Aquele lugar não se comparava a nada do que tinha visto. Havia um som, como se uma mão invisível tocasse harpa e pedras preciosas fossem as cordas. Daniel sentiu-se um ínfimo ponto dentro desse imenso guarda jóias no interior da Terra. Deslumbrado por tanta beleza pensou em Marília, como gostaria que ela também visse tudo isso, e foi nesse momento que uma tontura ou vertigem o derrubou. Caiu no chão tonto, mas não perdeu os sentidos. Tentando levantar-se reparou no chão. Era cheio de veios de ouro recortando enormes pedras que pareciam ser topázio e âmbar. Era daí que vinha uma luz quente e inebriante. A sua imaginação, mesmo tentando visualizar um mundo celestial, nunca teria conseguido intuir tanta beleza e riqueza. "Ó Mãe Terra, como és linda", pensou esse homem comum da superfície.

O Ank de ouro estava no chão, a poucos metros de seus pés. Desta vez Daniel não tinha a mochila para proteger o seu tesouro. Tinha de caminhar com o Ank na mão. Reparou que os calções de banho tinham um cordão na cintura, além de dois botões. O melhor seria retirar o cordão e pendurar o Ank no pescoço. Assim fez, pensando que ficaria pesado, mas não, o Ank parecia não ter peso. O único incômodo era o tamanho, chegando-lhe abaixo do umbigo, mas isso não era importante.

Daniel caminhou até o que lhe pareceu ser o fim da gruta, para logo entrar noutra. Esta era mais baixa, onde corria um rio que seguia para outras grutas. Continuou andando. Não havia o perigo de se perder. Ali não haviam mapas indicando onde estava. Tudo aquilo era um mundo perdido! Continuou andando até que ouviu um ruído. Pareciam vozes e também o picotar de picaretas. Continuou na direção das vozes cada vez mais nítidas. Falavam inglês, não japonês, espanhol? Seria?

∞

Quando Daniel chegou numa gruta imensa, ainda maior do que a primeira e aparentemente ainda mais ornamentada de pedras preciosas, não podia acreditar nos seus olhos. Momentaneamente pensara que tinha chegado ao Reino de Agartha, mas aquilo parecia mais ser algum lugar desconhecido do seu próprio mundo, seria? Homens e mulheres quase nus tentavam retirar os diamantes e outras pedras das paredes, com ajuda de pequenas picaretas douradas. Outros estavam sentados pensando ou dormindo. Um homem e duas mulheres viram Daniel e, largando o que estavam fazendo, aproximaram-se.

— Acabou de chegar? – perguntou uma mulher, que vestia apenas uma tanga.

— Creio que sim. Que lugar é este?

— Talvez Shangri-La. Ninguém sabe ao certo.

— E vocês? De onde vêm? Para onde vão?

— Eu vim dos Estados Unidos, estava num barco perto das Bahamas. Aquele ali é coreano, estava pilotando um avião a leste da Coréia. O triângulo do dragão, entende?

— E... vieram parar aqui como?

— Como você. – todos riram. – Onde estava?

— Em Bora Bora, num iate.

— Claro, disse outro homem. Eu sempre disse que não era só o triângulo do dragão e das Bermudas. Há outras entradas para os subterrâneos do mundo.

— E quem nos puxou para cá? Quem vive aqui?

— Ninguém sabe. Só sei o que aqueles que já estavam aqui quando cheguei, me disseram.

— O que comem? Como sobrevivem? Que planos têm?

— Há uma gruta depois desta que tem muita comida. Nunca acaba. Um dia iremos explorar outras grutas e devemos chegar a algum lado. Mas queremos levar algumas destas pedras. Serão muito valiosas quando voltarmos à superfície.

Daniel continuou andando, viu outras entradas para outras grutas de onde também ecoavam vozes humanas. No momento em que ia entrar noutra gruta um animal enorme, com mais de seis metros de altura vinha saindo. Parecia um mamute cego. Procurou outra gruta. Nessa corria um rio muito verde com tons amarelados, como se refletisse as cores das paredes e estas ficassem gravadas nele para sempre. Ladeando o rio havia uma plataforma de granito. Era escorregadia, tinha de caminhar com cuidado. Andou por muito tempo. Por vezes encontrava grutas com quedas d'água que deixava correr sobre o seu corpo, enquanto bebia a água com sofreguidão. Todas as grutas e corredores eram iluminadas com uma luz amarelada que emanava do chão. Daniel também encontrava frutos, nozes, peixe seco e até verduras desconhecidas, acomodadas em nichos ao longo dos corredores, os quais comia com prazer. A certa altura perguntou-se quem poderia colocar toda essa comida em lugares onde não haviam árvores de fruto nem cultivo, mas logo em seguida esqueceu, para olhar a beleza do caminho.

Desta vez chegou a uma bifurcação. Agora seguia um túnel onde havia alguma água, mas que não era o leito de nenhum rio caudaloso. Entrou noutra gruta, que como todas as outras estava iluminada de uma forma estranha e indireta. Reparou que o chão era idêntico ao das duas primeiras grutas, mas tinha mais ouro e menos âmbar. No fundo, contrariamente ao que tinha acontecido até aí, essa gruta terminava noutra tão iluminada que a abertura se via de longe. Daniel continuou caminhando, mas estava tão cansado que tinha receio de não ter força para alcançá-la. Ainda pensou, "pra quê pressa, será outro labirinto que dará para outras grutas e galerias e outras e outras e outras ainda. Terá isto algum fim?"

Daniel sentou-se no chão. Encostou as costas à parede quente, praticamente sem forças para continuar. Queria dormir, dormir, dormir. Pensou em Marília. No seu corpo nu que deslizava ao ritmo do seu em total harmonia. Com ela, ele conhecera o êxtase negado a muitos mortais. Ela era a sua alma gêmea, disso nenhum dos dois tinha a menor dúvida. Quando estavam juntos não era apenas uma comunhão de corpos, mas de mentes e almas. Ela era um nenúfar no meio da lama desse mundo. A mãe de seus filhos tão queridos. A companheira eterna... Os sentidos apagavam de mansinho e o homem mais solitário do mundo dormiu deitado num chão morno feito de ouro e âmbar enquanto sonhava com os beijos de Marília.

∞

Os olhos abriram trazendo Daniel à sinuosa e estranha realidade desse momento da sua vida. O fundo desse túnel continuava mostrando uma luz branca e intensa. Talvez a uns cinco quilômetros de distância. Daniel continuou andando. Fazia o inventário de seus haveres. Estava vestido apenas com uma camiseta, uns calções de banho e sapatilhas de borracha, próprias para andar de barco. Notou que estavam muito gastas. Como? Se eram novas? Dois dias de uso. No anelar tinha a aliança e o anel de diamante que Ronaldo lhe tinha dado. Ao pescoço uma corrente de platina e o Ank com o laço enfiado num cordão de algodão. Andou mais de cinco quilômetros, mas a luz continuava no mesmo lugar e aparentemente à mesma distância. De repente, por algum motivo desconhecido, sentiu-se cheio de vigor e decidido a encontrar algo. O Ank não o tinha levado até ali sem razão. Nesse momento, lembrou-se que em algum lugar, talvez entre conversas sobre símbolos – as favoritas dos arqueólogos, alguém disse que o Ank representava o útero, por ser símbolo de vida e fertilidade. Então, pensando bem, esse objeto que ele tinha pendurado no cordão do calção de banho, tinha-o levado ao interior da Terra. O útero do planeta. Mas para quê?

A luz parecia maior, mas ainda bem distante. Do lado direito havia outra entrada para uma gruta mais iluminada do que o corredor. O chão de âmbar e ouro, só continuava na direção dessa gruta. A continuação do caminho que até aí percorrera era escuro, tão escuro que dois metros mais à frente já não era capaz de ver onde punha os pés. Que fazer? Sentiu o rastejar de algo, talvez cobras, escorpiões. Sentiu também o bater de asas; morcegos, talvez. Seria um sinal para mudar de rumo ou uma prova da sua coragem? Depois de pensar por alguns segundos o bom senso ganhou e Daniel seguiu o caminho iluminado de âmbar e ouro. Essa gruta era apenas constituída de diamantes e esmeraldas imensas, que como nas primeiras grutas pareciam terem sido polidas. A beleza era muito acima de tudo o que até aí tinha visto. O seu vocabulário era insuficiente para encontrar palavras que descrevessem tanta beleza. Olhando ao seu redor pensava como poderia descrever o que via? Como depois de ter sido exposto a tanto, poderia continuar olhando o mundo e vivendo da mesma maneira como o tinha feito até aí?

Daniel aproximou-se de outra abertura, enquanto ouvia o forte ruído de água, talvez uma catarata. Não conseguia ver o teto da gruta, já não era mais uma gruta, mas um espaço imenso, coroado por uma cúpula invisível que refletia uma cor pérola como o céu da superfície num pôr-do-sol nublado. Via luzes cintilantes como estrelas no firmamento, talvez fossem diamantes refletindo a luz do chão, pensou. Continuando viu o vulto de uma ponte, certamente não era natural, tinha uma estrutura bem definida. Por baixo passava um rio bem largo que vinha de umas cataratas que ficavam a uns três quilômetros da ponte e lhe pareceram maiores do que as de Iguaçú. Elas eram inteiramente iluminadas por uma luz muito forte que vinha do seu lado esquerdo inferior. Daniel atravessou a ponte, virou à esquerda e seguiu na direção das cataratas. Foi quando viu a luz forte que por tantas horas o tinha guiado e que agora era um vulto de fogo branco que ia da sua parte inferior até o topo do canyon de onde vinha a água, antes de cair. Nitidamente essa água gerava a energia que era difundida pela massa de luz a qual Daniel era incapaz de encarar diretamente. O que seria?

O visitante continuou detendo-se de vez em quando para apreciar tanta beleza e tentar decifrar como essa energia era criada e distribuída. O caminho de ouro e âmbar virava para a direita, na direção de outra imensa abertura. Na entrada encontrou um ser humano que lhe fez uma vênia. Estava vestido com uma túnica curta, que lhe tapava um só ombro e um enorme cinturão de pedras preciosas. Daniel, numa fração de segundos, lembrou-se que mesmo sem saber onde ia, sabia que não estava adequadamente vestido. Parte de suas roupas estavam rotas e sujas. Esse ser, que não parecia ser homem nem mulher, mas era humano, indicou o caminho a seguir inclinando a cabeça. Daniel seguiu sozinho. À medida que andava a gruta não mais parecia uma gruta, nem se via o teto. De repente, entrou numa clareira e viu campos imensos a perder de vista, cultivados com o maior esmero. Era algo parecido com um sistema hidropônico.

Tudo parecia ser iluminado pela luz de um sol sem brilho. Depois de ter atravessado outra ponte sobre um rio que ia na direção de campos cultivados, Daniel encontrou duas mulheres. Ambas fizeram uma vênia e sem falar ladearam-no, conduzindo-o a uma escada, também de ouro, topázio e âmbar. Desceram, talvez o equivalente a 10 andares. Daniel estava extasiado. As paredes dessa escada pareciam ser de metal cor de bronze. Talvez fosse cobre, mas não tinham sinal de oxidação, o que lhes daria um tom esverdeado. No fim da escada Daniel foi conduzido a um lugar de águas térmicas que tinham um ligeiro cheiro a enxofre. Indicaram-lhe roupas limpas e óleos mantidos em cavidades entre os rochedos das piscinas. As duas mulheres saíram por onde tinham entrado.

Daniel tomou banho, nadou e brincou com a água. Lembrou-se das piscinas do povo do Vril, e embora estas fossem mais simples lhe pareciam muito mais belas. Foi nessa altura que notou que seu cabelo estava enorme. Chegava-lhe no meio das costas. Começou a ter dúvidas do tempo que passou caminhando naquele subterrâneo. Encontrou uma pedra muito afiada, que parecia ter sido ali posta propositadamente. Cortou o cabelo da melhor maneira sem sequer ter algo que lhe servisse de espelho.

De repente Daniel ficou com pressa. Queria saber o que o esperava. Secou-se numa grande esponja muito macia e vestiu-se. O cinto era de um material maleável que parecia âmbar, pelo menos nos tons amarelos e manchas marrom. Retirou o Ank do cordão e meteu-o no cinto, como se fora uma espada. Sentia-se resplandecente, como se estivesse pronto para ir ao encontro da pessoa mais importante que jamais poderia conhecer.

Daniel Salinas caminhou na direção por onde tinha entrado e encontrou as mesmas mulheres. Elas tinham o cabelo muito curto, olhos de esmeralda, corpos esculturais e eram muito mais altas do que ele. Talvez, três metros de altura. Ladeando-o caminharam na direção de outra gruta, que tinha uma pequena abertura em arco.

∞

À primeira vista, Daniel apenas viu uma grande profusão de flores. Os vasos eram todos moldados do mesmo material das paredes das grutas. Rosas vermelhas em vasos de safira; lírios brancos em vasos de rubi, e tantas outras flores que ele nunca tinha visto, de folhas imensas e de variadas cores. Haviam canteiros formando desenhos geométricos, outros em forma de pássaros voando. Daniel ainda não tinha visto pássaros, mas viu abelhas e lindas borboletas que rodopiavam de flor em flor numa azáfama como se esse mundo fosse terminar no dia seguinte. Não se conteve e teve de caminhar pelas alas entrecortadas por áleas de arranjos das mais belas flores, deixando as duas mulheres esperando no caminho principal desse imenso lugar.

Daniel já tinha dúvidas se aquilo eram grutas. Se estava sonhando ou se tinha morrido. Rodando ao longo dos canteiros deu de cara com um Ser. Era fêmea. Era alta. Era linda. Era meio transparente. Era humana. "Mas não é deste mundo", pensou Daniel, enquanto, sem se dar conta, num movimento automático, fez uma vênia ficando apoiado num joelho e sem vontade de se levantar. Por fim, esse Ser, magnético e imponente, disse em perfeito inglês:

— Levante-se Daniel Salinas. Acompanha-me.

Naquele lugar esplendoroso havia uma clareira com várias cadeiras e uma mesa baixa, com frutas, sucos e nozes.

— Coma e beba. Precisa de muita energia para conseguir manter-se desperto na minha presença.

Dizendo isso esse Ser maravilhoso saiu. Daniel comeu e bebeu os sucos que imediatamente o revigoram. Pensou que já nem sabia quando tinha sido a sua última refeição. As duas mulheres vieram ao seu encontro fazendo-lhe sinal para as seguir até outro jardim adjacente. Neste havia uma espécie de habitação, mas os muros baixos eram feitos de plantas e flores entrelaçadas. Daniel pensou que tudo era mais uma demarcação de espaço do que propriamente um habitat. Quando entrou viu móveis. Todos feitos dos mesmos materiais das paredes das grutas. Cadeiras, armários, canapés, mesas e estantes, tudo feito de safiras, rubis, esmeraldas, diamantes, e todos os cristais que Daniel conhecia e não conhecia.

Esse espaço imenso, era uma sala maior do que duas quadras de tênis. No centro tinha um espelho de água esculpido no que parecia ser um só rubi. Era adornado com motivos marinhos que Daniel desconhecia, também esculpidos em blocos de pedras preciosas. Nos vários recantos haviam cadeiras mesas e canapés. As cadeiras eram estofadas do mesmo material do cinto de Daniel, maleáveis e confortáveis. O Ser que tinha falado com ele no jardim, apareceu e sentou-se num canapé apontando outro de menor porte para que Daniel se sentasse e continuasse tocando com os pés no chão. Mas, além disso ele teve a impressão que se ajustava ao seu porte, de uma maneira muito sutil.

— Bem-vindo ao reino de Shambala.

Daniel pensou, "Será este Ser maravilhoso A Grande Rainha?"

— Sim Daniel. Sou o que muitos chamam a Rainha da Terra e presido ao verdadeiro governo oculto do mundo. Hoje estou aqui para responder a suas perguntas.

Fez-se um profundo silêncio que durou, talvez, vários minutos ou horas, quem sabe? Daniel perdera a noção de tempo. Quando conseguiu falar, até com receio de romper algum protocolo, perguntou:

— E o Rei da Terra?

— Há milhares de anos, quando Shambala passou a ser reinada pelos usurpadores da Terra – o rei Marduk e seus vassalos – passou a ser chamada de Agartha, para que aquilo que represento nunca fosse associado ao princípio feminino. Sendo assim, os humanos esqueceriam a importância de uma parte de si mesmos. Quando fui obrigada a sair da Terra, os usurpadores levaram Shambala à ruína. Nada foi plantado, polido ou criado. Seus habitantes escravizados. Seus poderes usados. Marduk nunca entrou ou saiu pelos portais etérios de Shambala por ser a representação do absoluto da matéria. Tudo o que fez foi enfraquecer a vitalidade do sol oculto, o seu pulso e magnetismo. Todos os povos do interior do planeta como os da superfície sofreram muito e em alguns casos involuiram, como se nota nos países da superfície onde a mulher ainda é ignobilmente subjugada e escravizada e o homem extremamente violento, ignorante, mental e emocionalmente deficiente. Neste planeta poucos são os que procuram ir ao encontro da sua alma, o que substituíram pelo desejo de um céu onde a alma descanse no tédio da inação por toda a eternidade à imagem de Marduk. Essa noção vem dos impostores que precisavam ralentar a evolução mental e emocional do ser humano para atingirem os seus fins.

O amor passou a ser sinal de fragilidade e dependência. O desequilíbrio entre o feminino e o masculino, tanto entre os gêneros homem e mulher, como na anima, criou imensa destruição, quase parando o processo evolutivo da Humanidade. A degeneração da mente através de culturas patriarcais levou os humanos ao sofrimento, não só físico e mental, mas emocional e espiritual. Por isso hoje indivíduos e povos são tão dependentes, atrofiados emocionalmente, ignorantes de si mesmos e violentos.

— Dependentes?

— Vivem e alimentam-se da mente coletiva. Dependem da benevolência dos deuses e de crenças contrárias ao princípio universal. Acreditam que o individualismo é errado ou pecado e poucos são os que pensam por si mesmo. O ser humano, que deveria ser um canal da Grande Obra Universal, tem sido o oposto, bloqueando a disposição da energia cósmica, enquanto estimula o primitivismo. A maneira de pensar tem de urgentemente ser substituída por outra que os ajude a chegar a outro nível de consciência. Essa cegueira teimosa em defenderem conceitos e princípios obsoletos e desapropriados provoca desdém, noutros seres ou povos que vos visitam periodicamente. Os povos da superfície chegaram num tal ponto de involução emocional e de consciência, que para haver uma mudança tem de acontecer algo de grande envergadura. Muitos serão sacrificados, mas a Humanidade não perecerá inteiramente. Os que sobreviverem darão início a outra raça.

— Raça?

— Sim. A vossa raça é a sexta sub-raça da raça raiz Ariana. Vocês estão neste preciso ponto da História humana dando início à primeira sub-raça da próxima raça raiz. O Homo Egoente ou homo do futuro já existe no mundo da superfície. Você, Daniel Salinas, tem uma missão a cumprir para que a Grande Obra se materialize na Terra.

— Falaste do sol oculto...

— Daniel, o sol oculto é de onde emana a Força e a Consciência Divina. O magnetismo da consciência humana eleva-se quanto maior for a abertura do canal entre cada indivíduo e Shambala, porque é aqui que se encontra a divindade de todo este sistema terrestre. O sol oculto é o pulso ou o coração vital. Ele representa a passagem entre a matéria e o etéreo. É do sol oculto que o povo do Vril retira a sua energia, mas eles não conseguem ir além da matéria, por isso entraram num terrível processo de involução.

— Apesar de tudo, Agartha, ainda há esperança, tanto para eles como para nós?

— Sim Daniel, mas tudo vai acontecer muito rapidamente e você tem de estar preparado. O que acontecer na superfície vai afetar todos os mundos das três esferas.

Daniel ficou em silêncio, e como que negando o que tinha ouvido, ou com medo de aceitar tal responsabilidade pensou que aquele lugar não existia e tudo era um sonho. Então, como que agarrando uma tábua de salvação onde pudesse provar que nada daquilo era real, disse:

— Os metais e cristais da superfície não se encontram lapidados ou polidos como se vê aqui. Tudo o que vi não faz sentido.

— Somos nós que lhes damos o brilho. Manipulamos as pedras, transformando grutas, por vezes medonhas, em lugares de incalculável beleza... como vocês Daniel, sem o saberem ainda, podem transformar as vossas almas.

Agartha olhou na direção da entrada, de onde um homem, também vestido com uma túnica, se aproximou com um grande cristal na mão que colocou diante de Daniel. Agartha fez um sinal com a cabeça e o homem passou a mão pelo cristal que imediatamente ficou radiante. Aquele pedaço de cristal era agora um diamante lapidado e polido. Daniel estava assombrado. Depois de um longo silêncio, e do homem já ter saído, o arqueólogo ainda fez mais uma pergunta nascida de suas dúvidas e medos:

— Como fala inglês tão bem?

— Eu sou o poder temporal e espiritual da Terra. Vagueio por todas as esferas. Sei tudo o que se passa dentro delas.

— Quantos seres humanos da superfície já tiveram a oportunidade de ver tudo isto?

— Muito poucos ao longo dos milênios. Há um número que acidentalmente entra nos portais de Agartha, mas sem que os obriguemos a aí ficar, eles não conseguem passar dos primeiros portais. O deslumbramento que sentem ao ver a magnífica riqueza da Terra, transforma-se imediatamente em ambição, e por lá ficam até à morte, acumulando as efêmeras riquezas de diamantes, esmeraldas, rubis e outros cristais, na utópica esperança de voltar à superfície cheios de poder. Sem que sejam vistos, os habitantes de Shambala fornecem-lhes comida, mas eles chegam ao ponto de esquecer de comer. Os que conseguiram ir além dos portais tiveram vário fins. Um foi desistir de usar a razão para procurar os possíveis povos que tão delicadamente poliram e trabalharam os cristais; outros foram absorvidos pelas opiniões da mente coletiva, que os barraram de desbravar outros subterrâneos, limitando-os a um só lugar através do medo; outros perderam-se através das muitas cavernas, e sem coragem para continuar desistiram; muitos nunca saíram das primeiras grutas, tendo ficado por lá até morrer. Porém, a maior parte enlouquece. A dúvida entre o que veem e o que aprenderam transforma-se numa luta sem objetivo. Na superfície, a ideia de povos que vivam no interior da Terra é absurda ou proibida. Se a ideia persiste, como as declarações dos que já nos visitaram, é ridicularizada e retirada dos livros, os quais poderiam ser grandes obras de referência, a menos que sejam catalogados sob ficção. É por isso que uma fração importantíssima da História dos povos, é-vos inteiramente desconhecida. A razão da existência de algumas escolas iniciáticas tem sido transmitir ao longo dos séculos e milênios o que muitos têm querido apagar da memória histórica da Terra, a existência dos mundos interiores. Porém, nunca conseguiram apagar da memória genética da raça, a qual se reflete nos arquétipos.

Daniel, você saíu do mundo da superfície há mais de um ano. A sua pureza de alma, desapego, vontade, ideal e persistência trouxeram-no até aqui. A missão que o seu subconsciente sabe que tem de cumprir, não seria suficiente sem essa força que vem da sua essência.

Daniel estava de boca aberta. O inimaginável era realidade. Seria tudo isso uma alucinação? Ele sabia que não. Depois de uns momentos de silêncio, perguntou com reverência:

— Diz-me, Agartha, essas pessoas que vi nos portais de Shambala, como vieram aqui parar? Que acidentes são esses a que se refere?

— Em todo o planeta há vários lugares que levam aos portais de Shambala. Acontece que os dois maiores portais se encontram localizados em fossas muito profundas dos oceanos Pacífico e Atlântico, locais a que os povos da superfície chamam triângulos: o triângulo do Dragão e o triângulo das Bermudas. Como a água reflete o que está abaixo melhor do que a terra, quando acontecem repentinas aberturas no fundo dos oceanos, o reflexo de Shambala torna-se momentaneamente visível, o que em poucos minutos logo conseguimos controlar. Essas aberturas formam túneis, como o olho de um ciclone, que tanto podem ser estreitos como largos. Quando são estreitos a atração e o magnetismo, são como tentáculos. Uma vez que a abertura cria um vortex, permitindo que a luz do mundo interior se torne visível, dá a sensação de estar próxima à superfície das águas. Quem vir essa luz sente-se irresistivelmente atraído projetando-se nela de livre vontade, o que não passa de um efeito hipnótico. Por isso têm encontrado barcos desertados, mas sem nenhum sinal de conflito, o que seria natural no caso de um motim. Esse vortex tem uma força que suga o que está exatamente acima dele. Uma vez que alguém se encontre dentro desse raio de atração, é sugado ao ponto de atravessar as fossas do fundo do mar. Isto pode ser comparado a um caminho de minhoca, entre o mundo da superfície e o mundo do interior da Terra. Sendo assim, a maior parte dos seres que entram nesse vortex, conseguem passar de um mundo para o outro sem sofrer os efeitos da pressão, pelo menos de uma maneira fatídica, embora alguns morram devido ao pânico. Quando essas aberturas são largas, os veículos, sejam barcos ou aeronaves, entram nesses corredores de minhoca, mas a maioria dos seres vivos que aí se encontrem, não sobrevivem. Por esses movimentos da Terra, que são independentes do deslocamento das placas tectônicas, serem espontâneos, muitas vezes não podem ser previstos, o que não nos permite ter tempo para impedir que acidentes aconteçam. O magnetismo, criado por esse vortex desorienta e atrai quem atravessa o seu campo de ação. Outras vezes acontecem verdadeiros acidentes, quando os nossos próprios veículos ou naves, não são bem manobrados saindo das águas impropriamente inclinados, formando grandes redemoinhos capazes de destruir os barcos ou objetos que se encontrem no seu caminho. Há rajadas de ventos marinhos e terrestres não antecipados que permitem esses erros e acidentes. Cada vez que um veículo sai ou entra em Shambala, a nossa maior preocupação é evitar acidentes desse tipo, mas nem sempre o conseguimos. Eis a razão porque os cientistas da superfície tanto tentam encontrar uma explicação para esse fenômeno, mas todos os seus esforços têm sido em vão.

Agartha levantou-se e fez sinal a Daniel para segui-la. Depois movimentou a mão em leque, na frente de uma parede. Esta abriu imediatamente, mostrando uma passagem estreita. Daniel entrou seguindo Agartha que mais parecia flutuar do que caminhar. A passagem dava para uma grande abertura, como se fora uma imensa varanda suspensa onde vários homens, mulheres e hermafroditas trabalhavam no que em termos terrestres seria uma torre de controle. Todos vestidos de túnicas e cintos de várias cores, falavam entre si uma língua inteiramente desconhecida.

A torre de controle tinha pouca luz e o chão era escuro. O que mais admirou Daniel foi o fato de não ser muito diferente das torres dos aeroportos da superfície. Eles também usavam sistemas de computação, ou algo muito parecido, embora tudo fosse feito de cristal. A torre estava localizada bem acima de uma pista onde vários veículos se encontravam. Alguns pareciam ovos enormes. Outros eram alongados como um canhão em cima de um ovo. Outros tinham um formato que lembrava abas de um chapéu envolvendo um ovo. Daniel sentiu a tensão que emanava de todos os presentes, como se algo importante e iminente estivesse para acontecer. Olhou Agartha, que lhe fez sinal para continuar olhando a pista. Como que saindo do nada, apareceu, no meio daquele céu cor de pérola, um enorme ovo com abas. Girando em espiral perdeu altura e rapidez, ficando momentaneamente pairando acima do solo, até que da frente e dos lados desceram três pernas, como um tripé, e o veículo pousou. Agartha anunciou a Daniel que tudo tinha corrido bem e nenhum acidente tinha acontecido, tanto na entrada da atmosfera, como do mar. Enquanto isso, dois seres, que como todos os outros pareciam humanos, só que mais altos, saíram do aparelho e caminharam na direção da torre, onde Daniel se encontrava.

Depois de uma longa reverência a Agartha e outra mais pequena a Daniel que logo retribuiu, uma das mulheres falou com a Grande Rainha, que lhes fez um sinal apontando o convidado.

— Podem falar na língua inglesa.

Uma das recém-chegadas disse:

— Os satélites estão quase todos na eminência de serem destruídos. Conseguimos reparar alguns dos mais importantes para o nosso trabalho. A entrada no cinturão de fótons está sendo cada vez mais acidentada. Mais uns meses e nenhum satélite terá a menor possibilidade de funcionar.

— Muito bem. – respondeu Agartha. – É o tempo que necessitamos.

Daniel olhou Agartha sem nada entender. Talvez... porque não quisesse entender. Agartha tornou a abrir a rocha e caminhou, seguida por Daniel, até outra sala. Esta era oval, dando a impressão ao desorientado habitante da superfície, que estava dentro de um ovo ou de um útero. A gruta era toda azul, incluindo o chão, como que esculpida dentro de uma única safira. Era pequena em comparação com as outras. No chão, teto e paredes havia uma luz cintilante, refletindo um espelho de água de mais ou menos dois metros de diâmetro, que se encontrava no centro. Como que para salientar os veios, cadeias de diamantes contornavam todas as facetas dessa imensa safira. Nos lados haviam saliências que pareciam ser da mesma pedra, mas eram maleáveis. Agartha sentou-se num dos lados e convidou Daniel a sentar-se do lado oposto. Nesse momento ele sentiu que a sua visita a Shambala estava chegando ao fim e se conseguisse definir o que sentia, seria angústia e alívio.

∞

A voz de Agartha era simultaneamente imponente e doce.

— Muitas vezes trabalho em grutas aparentemente bem horrendas. Negras, cheias de insetos e répteis. Cheirando aos milhares de anos que ficaram esquecidas e abandonadas. Entro nelas e sinto toda a sua história. Absorvo toda a sujeira. Uno-me a ela como se fossemos uma só pedra e aí, de dentro para fora, dou início à minha tarefa. Esta gruta era uma delas. Desde o princípio até o fim do meu trabalho, quando a dei por concluída e ficou tal como está neste momento, pensei em você, Daniel. Afinal esta gruta era uma lindíssima e única safira, apenas escondida. Enquanto a polia e decorava pensei na sua alma e enchi todo o cristal com a sua vibração. Quando você tiver necessidade de se refugiar pense neste lugar. Ele o ajudará a regenerar a sua energia.

Depois de uma longa pausa, Agartha olhou Daniel e perguntou:

— Daniel Salinas, tem mais alguma pergunta?

— Agartha, como poderei ter uma missão a cumprir, se sou um homem comum, sem nenhum poder extra-sensorial nem aspirações a herói?

— Tens sim, Daniel. Sempre tiveste. Quanto a herói, quer queiras ou não já o és no teu mundo. Basta olhar o poder de teus inimigos. Quando chegar a hora, ou talvez num momento de desespero, saberás usar os teus poderes. Lembra-te sempre, Daniel, que o segredo de tudo, o que também é uma lei universal, não está na atração, mas no desapego. Sem concentração e amor de nada te servirão os teus poderes. Quanto à tua missão, terás de descobri-la. Nem eu te posso dizer qual é. Tem de vir da tua própria vontade e discernimento.

Daniel sabia que se quisesse aprofundar alguma coisa esta seria a hora de perguntar.

— Como poderá alguém harmonizar as três esferas?

— Através do amor.

— Seria preciso uma multidão?

— Basta um só ser humano da superfície. Os três reis magos simbolizam as três esferas. Nenhum levou um exército ou família para venerar o Mestre. Só num momento de total solidão o ser humano pode descobrir-se e reconhecer quem é. Para o conseguir terá de desobedecer aos limites, sair dos estereótipos, livrar-se de qualquer conceito, transitar fora da sua identidade e não limitar a existência com noções pré-condicionadas ao que é real ou possa ser fantástico. Sua bússola terá de ser uma firme convicção num só ideal onde o amor pela Humanidade predomine como único ponto magnético. A única maneira de o conseguir não é atraindo, mas sintonizando a vontade com a essência da lei da renúncia. Para encher um copo de água cristalina tem primeiro de esvaziar o que estiver dentro dele. O ser humano sofre por causa dos apegos, muitos deles impostos por cultura e outros por dependência. Sê livre Daniel. Sê pioneiro do novo sistema magnético, capaz de sintonizar-te com as vibrações das outras esferas.

Lembra-te Daniel, um dos maiores crimes da tua cultura contra o conhecimento da Verdade, mas que todos têm o direito de saber, tem sido esconder a existência de outras civilizações muito anteriores àquilo que chamam o início da História a qual colocam seis mil anos atrás. Se o planeta tem pouco mais de quatro bilhões de anos e continentes e oceanos estavam formados há três bilhões e meio de anos, como poderia um ser inteligente apenas ter surgido há 120 mil anos, o qual deu início a uma civilização há apenas 6 mil anos? Repara Daniel, vocês continuam pensando segundo o que vos foi dito por seres extremamente ignorantes e que tentaram escrever a História dentro da sua pouca compreensão e conhecimento científico. A única forma de elevar a alma humana até à dimensão Divina é percorrer o caminho da ciência dentro de uma compreensão inteligente, consciente e amante do Belo e do Bom, e inteiramente livre de dogmas e fanatismo. Vai Daniel, talvez as outras civilizações tivessem desaparecido porque ainda não havia ninguém com essa capacidade.

Agartha terminou de falar e ficou num profundo silêncio. A pouco e pouco Daniel tinha mais e mais dificuldade em ajustar os olhos à visão que tinha na sua frente. Durante todo esse tempo, ele ainda não tinha conseguido olhar a Rainha da Terra nos olhos.

— Chegou a hora de partir, Daniel. Mas antes quero que grave na sua memória que não precisa vir a Shambala para encontrar-me. Sempre que vir uma flor, uma árvore, um riacho, um rio, o mar, os campos, as montanhas, o vento levando as nuvens, os animais e os outros humanos, a própria água do teu corpo ou o teu próprio reflexo e se sentires um amor profundo, estarás na minha presença.

— Agartha, poderá algum mortal ver-te tal como és?

— Não. Teus olhos apenas viram uma sombra do que sou, porque estou envolta em véus de névoa que tapam o meu brilho, magnetismo e vibração, para não te ferir e para que possas resistir e sobreviver na minha presença. Também não foi conscientemente que ouviste todas as minhas palavras, as outras ficaram retidas nos lagos do teu subconsciente.

— Mas... Agartha, na verdade quem és Tu?

Agartha levantou-se e abrindo os braços em círculo acima dos ombros, com as mãos viradas para cima, disse:

Eu sou Ela.
A projeção
da alma da Terra.
A matéria,
A etérea.
A manifestação da não manifesta.
A não manifesta manifesta.

A sempre presente.
A primeira e a última.
A mais espoliada.
A mais venerada.
Sou a expressão do Seu nome.
Represento a Magnífica,
A Mãe, A Fonte, A Vida.
As três dimensões
As dimensões infinitas.
O Tempo.
O Caos.
A Guardiã da Verdade.
A Liberdade.
O Equilíbrio e a Harmonia.
O passado e o devenir.
O eterno Presente.
A única Presença.
A eterna Vontade.
Como Ela,
Sou o Tudo
E o absoluto do Nada.
Ela está em mim,
Eu estou Nela,
Ela É.

Na medida em que Agartha, de uma forma cadente e melodiosa ia pronunciando essas palavras, uma música que Daniel sentia mais pela vibração do que pelo som, envolvia não só tudo o que o rodeava, mas o seu organismo, os seus neurônios, os seus átomos, a sua alma. Enquanto isso, Agartha parecia ficar cada vez mais brilhante e maior, desvanecendo o seu corpo físico em algo cada vez mais etéreo e vibrante, confundindo os sentidos de Daniel ao ponto de vê-la como se fosse parte da safira côncava que continuava vibrando e tilintando, quais sinos cósmicos no interior da Terra. Quando a Rainha da Terra pronunciou a última sílaba desapareceu, como que evaporando-se na própria pedra. Daniel sentiu uma imensa vertigem e, cambaleando, caiu no chão de safira, imerso no sono mais profundo.

∞

Quando Daniel acordou tinha a seu lado algumas roupas. Vestiu-se, deixando a túnica e o cinto no mesmo lugar. Com o Ank ainda enfiado no cordão dos calções de banho, perguntava-se:

— E agora? Que faço? Como sair daqui?

Nesse momento o círculo de água no meio da gruta desapareceu dando lugar a uma imensa escadaria. Esta, como todos os caminhos do Reino de Agartha, tinha os degraus feitos de âmbar, topázio e ouro. A escada parecia não ter fim. A certo ponto o âmbar foi ficando cada vez mais escuro, assim como tudo o que o rodeava. Quando Daniel tocou o último degrau, foi como se a luminosidade tivesse dado o último suspiro. A escada de âmbar tinha desaparecido e o chão era negro e duro. Se as paredes ainda eram de pedras preciosas, tinham perdido a sua luz. Daniel empunhou o Ank. Andou com cuidado, apalpando a parede na esperança de encontrar alguma saída. Sentiu um vulto aproximar-se, ficou tenso, mas logo em seguida pensou que Agartha não iria permitir que ele morresse antes de cumprir com a sua missão, muito menos nos seus domínios. Aí, sentiu outro vulto quente e ofegante passar a seu lado para em seguida desaparecer na escuridão do subterrâneo. Sentia insetos tocarem-lhe no rosto, nos braços e nas pernas. Sentia que pisava em algo viscoso, por vezes orgânico e arredondado. Contudo, continuava andando. A escuridão e a incerteza levavam-no à beira do desespero. "Serei incapaz de encontrar uma saída". Repetia desesperado.

Corria, escorregava, caía, mergulhava em águas viscosas, enquanto o ar ficava cada vez mais insuportável. Tinha calor e dificuldade em respirar. Tinha a certeza que bichos medonhos só não o atacavam porque não o podiam ver. O cheiro nauseabundo daquele lugar estava agora entranhado no seu corpo, o que parecia ser uma defesa para que esses seres das profundezas não o conseguissem detectar. A pouco e pouco Daniel foi chegando à beira da loucura. Tudo o que tinha acontecido não passava de uma amálgama de sonhos e pesadelos, no meio de corredores que não levavam a lado nenhum. A certo ponto escorregou e perdeu o Ank. Onde estaria? Até ele perdera a luminosidade. Enterrado no mundo das trevas, encostou-se à parede viscosa completamente sem forças. Iria morrer ali, ninguém iria saber qual o seu fim, nem jamais saberiam quais as mensagens de Agartha. Outro animal ou ser medonho passou por ele. Tocou alguma coisa metálica, seria o Ank? Daniel pôs-se de quatro, procurando-o com as mãos. A pestilência era cada vez pior. "Ainda bem que não posso ver", pensou. Finalmente encontrou o Ank. Apertou-o pelo punho desejando colocá-lo junto ao coração, e pedir-lhe desculpa por estar tão sujo. Mas não teve tempo. Uma pata ou pé pisou o seu braço. O desespero que sentiu, onde em uma fração de segundo se viu morrer na gruta mais pestilenta da Terra, o obrigou a fazer o supremo esforço físico de se levantar e empurrar o que quer que fosse que obstruísse o seu caminho. Empunhando o Ank como uma espada, apontou-o para cima e com o dedo pressionou a concavidade central. Pensou em Marília, com a mesma intensidade como se esse fosse o último pensamento da sua vida. Ela foi o mantra que o ajudou a superar o impossível.

Sentiu que algo o empurrava, enquanto seus pés escorregavam e caía uma vez mais. Foi então que os ruídos dos insetos desapareceram, os movimentos de formas monstruosas se aquietaram e nesse silêncio tão total, Daniel lembrou a sua iniciação dada por Ronaldo em Bora Bora. Levantou o Ank acima da sua cabeça, com o braço bem erguido, e deu-lhe uma ordem, cuja vibração saía de todos os átomos de seu corpo:

— Viiidaa! Viida! Viiiida!

Imediatamente sentiu-se rodopiando como se estivesse dentro de um vortex, onde uma energia desconhecida o impulsionava para cima. Sentia que seus átomos vibravam com uma rapidez capaz de o levar a outra dimensão. E foi assim que Daniel, um homem comum apaixonado por arqueologia, iniciou uma viagem através da solidez do mundo. A matéria já não era mais do que um vento maleável. Por vezes, parecia que a sua percepção extra-sensorial reconhecia seres aparentemente humanos, outros não. Sentia odores mistos. Umidade, enxofre, barro, flores e essências. Velozes raios de luz entremeavam a escuridão total. Era como se entrasse e rapidamente saísse de universos paralelos. Tinha a sensação de que muitos outros mundos concêntricos e invisíveis também habitavam a Terra. O seu entendimento não era suficiente para assimilar e reter o que via ou vivia, devido à rapidez em que tudo acontecia. Era uma viagem entre moléculas e átomos, onde a eternidade se desvanecia num presente percuciente. A essência do homem surfava as entranhas do corpo da Grande Deusa, enquanto a divindade, que muitos desejam encontrar no fim da vida, manifestava-se nesse poder celestial, geograficamente colocado nos abismos da Terra e nas profundezas de si mesmo.

30

Rio Hindus

A correria por espaços e dimensões desconhecidas desacelerou. Daniel sentiu que a sua cabeça batia em areia ou terra macia. De um momento para o outro estava dentro de algum rio banhado pela luz do sol. Tinha voltado à superfície. Os olhos demoraram a habituar-se à luz do dia. Nadou até terra firme, tirou a camiseta onde envolveu o Ank. Onde estaria?

Ao longe viu algumas mulheres de sari e homens vestidos com túnicas estilo muçulmano. Olhando ao seu redor sentiu que só podia estar algures entre a Índia e o Paquistão. Caminhou bastante. Por fim encontrou um homem em uma carroça puxada por uma mula. Perguntou se podia subir. O homem acenou. Daniel descobriu que se encontrava no Punjabe, perto das ruínas de Harappan e da cidade de Sahiwa. Era território paquistanês, já bem perto da fronteira com a Índia. Felizmente que esse lugar estava repleto de turistas, mas assim mesmo as tropas dos dois países investigavam a pente fino quem entrasse em suas fronteiras e Daniel nem tinha passaporte.

O arqueólogo resolveu ir até Kasur, outro lugar turístico. Aí estaria a pouca distância de Bardes na Índia. Tudo o que queria era passar a fronteira e telefonar para Nasser. Em Kasur, o fim de tarde já estava dando lugar ao anoitecer, a melhor hora para entrar no rio sem ser visto. Daniel colocou o Ank no pescoço, bem preso no cordão dos calções. Haviam vários bancos de areia no meio do rio onde conseguia descansar um pouco. Ele nem se dava conta da velocidade das braçadas e que o esforço que fazia seria impossível até para um atleta olímpico. Nadou até o nascer do dia; quando os primeiros raios de sol afastavam a noite, Daniel estava em terras da Índia. A fome era atroz, já nem conseguia pensar, tinha até a impressão de estar prestes a perder os sentidos a qualquer momento. Na sua caminhada até algum lugar que tivesse um telefone, viu uma vaca com o ubre cheio. Bebeu até não aguentar mais. Continuou andando por essas terras tão ricas em lavoura, devido à exuberância do rio Hindus. Tomou uma estrada poeirenta, que o levaria a algum lugar... pensava Daniel, enquanto dizia a seu corpo para aguentar mais um pouco. Apesar de tudo, Daniel sentia que o fim dessa jornada estava próximo.

Nesse dia o vento era muito forte, o que lhe deu muito prazer. Há quanto tempo não o sentia afagando a sua pele? A poeira metia-se-lhe nos olhos, ouvidos e cabelos, mas isso foi motivo de alegria para esse ser tão sedento da vida tal como ela era no seu mundo. Daniel viu uma folha de jornal que rodopiava, como se o vento a tivesse escolhido para brincar. Correu para apanhá-la, mas o vento era implacável e a folha voava, corria e escondia-se como uma criança. Porém, os termos trocaram-se. Era agora ela quem iria escolher um companheiro para justificar a sua brincadeira tão abstrata e tão real. Voou para o cimo de uma árvore, desanimando-o, para logo aparecer atrás de uma cerca, correndo e saltando no chão de pó, até se esparramar contra uma pedra. O homem sorrindo corria de um lado para o outro, até caía, dominado pelo desejo de... ler? A certo ponto, Daniel correu na direção oposta à qual o vento empurrava o que ao longe parecia uma pequena vela cinzenta, prestes a voar alto mais uma vez. Foi quando outra rajada a trouxe como se fosse uma bala, para se estatelar no chão, ficando inanimada por um segundo. Quando Daniel estava prestes a agarrá-la, a folha parecia rir da brincadeira, e com um ruído crepitante, transformou-se em asas, fugindo e debochando do seu opositor enquanto voejava ao redor da sua cabeça. Ele levantava as mãos, ainda a tocou de mansinho, mas ela continuava rindo e correndo, voando e pulando. A certo ponto, como que imitando um pinguim, desajeitada, no meio da estrada poeirenta, mancou no momento em que o vento deixou de soprar. Cambaleou ainda, virou-se pela última vez e, finalmente, como que dizendo "sou tua, cansei de lutar, me lê..." caiu adormecida.

Daniel ofegante sentou-se na beira da estrada. Olhou a página furtiva deparando-se com as notícias esportivas da Índia de um mês atrás. Sorriu. Não foi uma vingança, mas uma brincadeira sadia. Mesmo assim foi bom. Há quanto tempo não lia! Há quanto tempo não brincava! Há quanto tempo não desejava! Há quanto tempo não via a luz do dia?

Ao longe apareceu um vulto. Seria outra carroça? Ó sim era uma carroça puxada por um cavalo. Quando se aproximou, Daniel fez sinal, pedindo para subir. O homem acenou, como que perguntando onde ia e Daniel fez sinal de que precisava usar um telefone. O homem devolveu-lhe o sinal. Desta vez para subir. Daniel ainda tinha a folha de jornal na mão. Olhou-a sorrindo para depois a transformar numa bola, jogando-a o mais longe possível.

"É hora de parar de brincar, o mundo precisa de mim," pensou Daniel, mas o vento tinha voltado, ainda mais forte do que antes, trazendo a bola de jornal que se jogou na sua testa, como que acordando-o e dizendo, "nunca pares de brincar, Daniel, isso é morrer". Daniel sorriu e ficou pensando Nela.

Num pequeno povoado da estrada que ia para Nova Deli, havia um telefone público. O carroceiro ficou esperando. Daniel fez a chamada a cobrar para casa da mãe de Nasser, o que foi imediatamente aceite, embora tivesse dado um nome falso.

— Posso falar com Nasser?

— Falando. Ó não acredito! É você?

Daniel deu-lhe o nome do povoado. Estava sem dinheiro e com fome. Nasser pediu para falar com o homem da carroça. Daniel esperou que lhe passasse o telefone depois de falarem, mas este desligou, fazendo-lhe sinal para subir novamente. Poucos minutos mais tarde parou na frente a uma casa tosca de chão de terra. Várias crianças vestidas de cores muito vivas brincavam descalças por entre galinhas. Daniel entrou. Serviram-lhe arroz de caril com passas e um colchão para dormir, o que fez imediatamente, abraçado à camiseta que envolvia o Ank. Durante a noite abriu os olhos e com o reflexo da luz que entrava entre as frestas do telhado e da pequena abertura ou janela, viu os vultos de duas crianças. Fingiu que continuava dormindo, até que uma delas, com mãos de seda, puxou a camiseta devagarzinho. Daniel sentiu o Ank escorregar por baixo do seu braço e, quando o ia prender com a outra mão, a criança já tinha conseguido meter a sua dentro da camiseta e tocado o artefato. O grito de dor ecoou. O Ank estava agora caído no chão. O homem da carroça apareceu com uma vela na mão para ver o que tinha acontecido, enquanto a criança se contorcia de dor. O Ank que sempre fora brilhante, parecia agora uma espada velha e ferrugenta. O homem olhou a criança e começou a gritar com Daniel. Toda a família rodeou a criança que continuava gritando. A pele parecia que tinha sido queimada. Daniel não sabia o que fazer. Entendeu que no mínimo o carroceiro queria dar-lhe uma surra, mas o dinheiro que seguramente Nasser lhe prometera para tratar bem esse hóspede o impedia. Daniel envolveu o Ank na camiseta e saiu para a rua. Sentou-se numa pedra que fazia de degrau da casa, sem saber o que fazer. Pouco a pouco todos voltaram a dormir. Daniel retirou o Ank do invólucro e para sua imensa satisfação, este tinha voltado à sua forma anterior. Então, entrou na habitação e viu o menino chorando em cima do seu colchão. A mãe dormia a seu lado. Daniel aproximou-se da criança e, no escuro, encostou o Ank à mão e braço queimados. O doentinho deixou de soluçar. Daniel acariciou a sua testa desejando do fundo do coração que tudo isso não passasse de um pesadelo e que no dia seguinte a criança estivesse boa e ninguém se lembrasse do que tinha acontecido. Voltou a sair da habitação, quando os galos já estavam fartos de cantar. Todos dormiam tranquilos.

Sentado na pedra que fazia de degrau, Daniel viu uma jovem mulher aproximar-se. Esta sentou-se no chão a seu lado e, sem cerimônia, olhou para ele, encarando-o. A luz da alvorada permitia ver os olhos jovens contrastando com a miséria das marcas do sofrimento. A dor estava estampada no rosto, nas mãos e no esgar que queria sorrir. Era toda uma vida tão curta e tão comprida sedenta de milagres e ressequida de humilhação. Daniel perguntou-lhe em inglês:

— Que quer?

Ela não entendeu, mas talvez depreendesse a pergunta. Olhou o céu como que vagueando com os olhos numa procura que a tirasse da dor imensa que lhe ia na alma e no corpo, e que parecia impossível de suportar. Depois olhou Daniel com um rasgo de esperança, escondendo a angústia do sonho que não lhe era permitido sonhar. Finalmente, pronunciou a única palavra que sabia em inglês.

— Go... Go... – E continuou olhando o céu, onde parecia procurar uma força que a levasse ao centro da paz. De todo o seu corpo ressoava uma certa vibração que Daniel conseguia detectar, mas que a realidade escurecia e escondia no absurdo da doença, onde inexplicavelmente a revolta e a resignação se abraçavam.

Daniel seguia os olhos brilhantes, que emolduravam os cantos de uma boca amarga de lábios mordidos, ressequidos e febris. Olhou o infinito e pensou na sua própria mortalidade, na evolução do caminho da eternidade e nas armadilhas que tornam a vida tão burlesca. Nesse momento ele sentiu que tinha de libertar essa mulher das algemas da ignorância e da escravidão. Gostaria de lhe oferecer um doce, um sorvete, um lindo vestido, calçado, uns brincos e ensiná-la a amar a vontade de saber.

Fazendo sinais com a mão, apontando para si mesmo:

— Daniel

— Indira, – disse ela, entendendo o gesto.

Quando o dia nasceu, a mulher do carroceiro trouxe chá quente. Indira levantou-se e colocando o véu sobre a cabeça, tentou fugir aos gritos da hospedeira de Daniel. Mas este agarrou-a pelo braço, enquanto fazia sinal para a outra parar de gritar. Enquanto isso, as crianças saiam para a escola, entre elas o menino que fora queimado e ninguém lembrava. Algumas, as mais velhas, fizeram sinal de enxotar a menina velha, como se fora uma mosca peçonhenta. Nesse momento Daniel lembrou as palavras de Agartha, "A mais espoliada e a mais desprezada. A mais Venerada."

∞

A pequena aldeia foi surpreendida por um helicóptero que a sobrevoava procurando um lugar para descer. Daniel correu na direção da clareira, levando Indira pela mão. Era Nasser. O carroceiro também corria na mesma direção. Daniel saltou imediatamente para dentro da aeronave, depois de ter ajudado a jovem que parecia uma velha, a subir. Entretanto, Nasser dava uma boa soma de dinheiro ao dono da carroça e do cavalo, o qual tinha esquecido o pesadelo dessa noite.

31

Calcutá, Índia

Dois dias tinham passado, depois da chegada de Daniel ao seio de sua família e amigos. Porém, ninguém sabia ainda onde tinha estado e o que tinha acontecido. Nem Marília. Daniel passou o terceiro dia na melhor clínica de Calcutá para fazer todos os exames médicos possíveis. Indira estava internada no mesmo hospital e Daniel, quando podia, ia visitá-la. Tinha sífilis e hepatite além de estar desidratada e subnutrida. Daniel queria que Indira tivesse a melhor assistência possível. Ele ainda não entendia o poder que tinha, que ele mesmo poderia curá-la e transformá-la na mulher que potencialmente era. Entretanto, para ele, ela representava a reconstrução do novo mundo. Aquela jovem ainda não tinha completado 18 anos e, no entanto, parecia uma velha beirando os portais da morte. A reconstituição daquele corpo, quase cadáver, tinha de ser conseguida. Era como um símbolo, ele não sabia de que, talvez de esperança.

Ninguém fez perguntas, nem Marília. Todos respeitaram o silêncio a que Daniel parecia ter-se convertido. Apenas falara de assuntos referentes a Indira e tudo o que Daniel pediu foi-lhe concedido. Quando estavam em casa, dormia bastante, recompondo-se dessa viagem tão estranha. Marília e os filhos limitaram-se a contar tudo o que tinha acontecido naquele ano, tanto nas suas vidas como no mundo. A sua cabeça continuava a prêmio. Um índio do Amazonas contou às autoridades que o tinha visto, mas, ou não acreditaram ou preferiram deixar esse episódio no esquecimento, talvez porque desconfiavam que Daniel tinha acesso a algum meio de transporte rápido demais para que isso fosse do conhecimento da opinião pública.

Nesse dia ao jantar compareceram dez pessoas, Daniel esposa e filhos. Ronaldo e esposa. Nasser, sua mãe e padrasto e Arjuna Patil. O assunto do dia era as comunicações. A entrada no cinturão de fótons, que muitos ainda teimavam em não admitir que era uma realidade, principalmente as igrejas e os governos, tornava as comunicações cada vez mais difíceis. Já não eram apenas os satélites a serem afetados, mas computadores e todos os sistemas eletrônicos ao redor do globo. Nos noticiários falavam de explosões solares, o que era apenas uma pequena parcela da verdade.

A mãe de Nasser, seu marido e Arjuna Patil informaram Daniel sobre o Centro de Pesquisa e Comunicação Espacial, CPCE.

— Trata-se de um sistema especial de telescópios e antenas parabólicas de captação e transmissão de som intergaláctico. Estão ligadas umas às outras emitindo um ritmo musical que é projetado por ondas de rádio em diferentes frequências.

Patil tomou a palavra.

— Utilizamos enormes diamantes como chips, os quais são acionados por um certo tipo de vibração musical, de tal forma harmonioso, que sem sofrer os efeitos de impactos que lhe sejam adversos, ajudam o som a penetrar o cinturão de fótons. Para que todo este equipamento esteja protegido, não só de espiões como de ondas magnéticas ou de rádio, é mantido numa cavidade da terra coberta por uma camada de solo. Na realidade é um abrigo. Em lugares específicos temos lentes e antenas que passam despercebidas aos olhos de qualquer espião. O mais surpreendente em todo esse processo é que nenhuma sonda terrestre ou nos satélites nos poderá detectar. Essa foi a parte mais difícil de conseguir em toda a operação. Além disso, todo o sistema é operado por especialistas de toda a confiança.

— No planeta Terra ninguém mais tem essa capacidade. – comentou Nasser.

— Logo que se sinta mais fortalecido iremos até ao Centro. – disse Maheen sorrindo.

— Que energia usam? Turbinas de hidrogênio? – perguntou Daniel

— E enormes diamantes. – Daniel sorriu e perguntou:

— Onde os encontraram?

Todos ficaram contentes por ver o recém-chegado animado com a conversa, visto até aí ter-se limitado a apenas ouvir. Maheen respondeu:

— Nem nós sabemos bem como foram parar no Centro. Estávamos escavando o solo para colocar os postes quando os encontramos aí enterrados.

— Interessante. – disse Daniel – Pois eu vi os maiores diamantes, safiras, rubis, esmeraldas, ametistas, e todos os cristais que possam ou não imaginar, de tamanhos tão imensos, que só para terem uma ideia, uma única sala era uma gruta no interior de uma só safira. Tinha o formato de um ovo e era decorada com cascatas de diamantes. A beleza do que vi é indescritível. Na superfície da Terra não se podem encontrar cristais desse tamanho. Será que mais alguém de outras esferas vos está ajudando nesse projeto?

— Se estiverem é de uma maneira muito sutil. Além do miraculoso achado dos diamantes, tudo tem sido muito estranho. – respondeu Maheen.

— Onde viu tudo isso? – perguntou Marília.

— Deixe-me adivinhar, – cortou Gustavo – o pai esteve no reino de Agartha?

— Na realidade, estive no reino de Shambala, governado pela rainha Agartha.

Todos sorriam maravilhados. Alguns tinham lágrimas nos olhos. De um momento para o outro passaram a fazer as perguntas mais pertinentes – e todos ao mesmo tempo. A alegria era imensa. Daniel finalmente despertou do marasmo. Era como se tivesse voltado à vida. A convivialidade do grupo estava permeada de alegria, respeito e muito amor. Marília abraçou o marido com muito carinho e admiração, o que abriu a porta para que todos o abraçassem. O mordomo serviu champanhe, e depois todos passaram à sala a que Maheen chamava "Ilha do segredo", por ser um lugar isolado do resto da casa e para onde iam quando queriam falar à vontade. Tinha uma grande lareira, sofás, mesas, cadeiras e muitas almofadas. Conforto esse que convidava qualquer contador de lendas ou estórias a falar e a ser ouvido. Num canto da sala encontrava-se o bar e em cima do balcão estavam garrafas de água e térmicas com leite, chá e café, assim como os biscoitos mais variados. Fecharam portas e reposteiros, acenderam luzes indiretas e sentaram-se prontos para ouvir o que Daniel tinha para lhes contar.

∞

Daniel fez um resumo do que acontecera desde Bora Bora. Tinha a certeza que não lembrava tudo. Porém, os diálogos que tivera com Agartha eram o que considerava mais importante. Todos estavam fascinados.

Gustavo perguntou se Daniel já tinha alguma ideia sobre a sua missão. Daniel respondeu que alguma coisa teria de acontecer, como um sinal, um impulso, uma vontade irresistível.

Maheen, enquanto se servia de mais chá, comentou:

— O que entendi é que Agartha representa a tomada de consciência, enquanto Marduk fazia tudo para o evitar. Os que dominam e manipulam o que acontece na superfície do planeta sabem que o mundo entrou num ponto sem retorno, e estão presentemente fazendo os impossíveis para continuar manipulando a mente humana, nem que para isso desenvolvam novas formas de filosofia, infiltrando-as dentro da linha de pensamento da nova era. Serão eles capazes de conseguir algum resultado antes dos povos tomarem consciência do que está acontecendo?

Daniel respondeu ponderadamente:

— Creio que devido ao aumento da população e de uma classe média mais culta do que nunca, eles estão perdendo o controle. Isso leva ao desespero. Penso que agora já não serão tão sutis quanto antes. Lembram o que em outubro de 2007 o próprio presidente G. W. Bush disse, quando estava sendo televisionado? Reparem que nem foi de uma forma privada: "Quem não nos obedecer, será eliminado"? Ele referia-se ao Iraque, mas na realidade era uma indireta para todo o mundo. Já nem se sentem na obrigação de serem sutis. O desespero é grande, por isso o que fizerem vai ser monstruoso.

— Temos de nos apressar. – disse Nasser.

— Apressar para quê? – perguntou Ronaldo

— Tudo tem de ser feito da melhor maneira possível. A seu tempo Daniel virá com uma boa ideia. Só precisa saber que estamos à sua total disposição. As suas ordens são as nossas alegrias. – Maheene disse isso olhando Daniel nos olhos e de uma forma demasiadamente distinta para a ocasião.

Eram três horas da manhã. O pequeno grupo resolveu ir dormir e reunirem-se no dia seguinte depois do chá da tarde. Daniel, que tinha posto o Ank em cima de uma mesa na sua frente, colocou-o numa bainha que Marília tinha mandado fazer de um tecido vermelho, bordado a ouro. Servia para evitar que por acidente alguém tocasse o Ank e se queimasse.

Quando Nasser abriu a porta da sala a que Maheen chamava "Ilha do Segredo", o mordomo estava a poucos metros ao lado de duas empregadas que tinham os filhos de Ronaldo ao colo. Rodeando-os estavam todos os outros empregados da residência, uns vinte policiais hindus e Richard Morgan com comitiva.

32

Nova York, EUA

Nesse fim de ano, a cidade de Nova York estava lotada. O movimento nas ruas tornava a vida muito difícil aos que tinham pressa para chegar a algum lado.

Anna descia as escadas do Metropolitan Museum quando foi abordada por uma mulher distintamente vestida.

— Anna Jani?

— Sim, – meio atrapalhada – em que posso ser útil?

— Sou Loretta Carnegie. A sua vida corre perigo. Acompanhe-me.

— Desculpe, não a conheço de lado nenhum, ou estou enganada?

— Tem razão, nunca fomos apresentadas, mas eu sei da sua existência e da sua família.

— Minha família? Vivemos num canto do planeta, bem longe do mundo ocidental.

— Portanto, você está aqui.

— Viajo de vez em quando, só isso.

— Talvez na intenção de melhor proteger Daniel Salinas?

— O que sabe você de Daniel? Ele desapareceu há mais de um ano. Além disso a minha família não tem nada a ver com essa pessoa.

— Anna, a sua família há mais de um ano que abriga as famílias de Daniel Salinas e Ronaldo Ciciliato. Uns dias atrás Daniel foi detectado num vilarejo do norte da Índia. A única coisa que se sabe é que alguém o buscou, levando-o num helicóptero, assim como a uma nativa prostituta, para a residência de seus pais, onde se encontra sob a proteção de sua família. Você talvez ainda não saiba, mas um empregado de confiança de seus pais denunciou-o, atraído pela recompensa.

Anna estava aterrada. Imediatamente tirou o celular da bolsa e discou o número da residência em Calcutá. Loretta esperou. Não conseguiu fazer a ligação. Os satélites pareciam ter deixado de funcionar. Discou de novo. Nada. Finalmente Loretta tornou a falar.

— Não sei o que aconteceu depois de sua residência ter sido invadida por soldados locais e alguns agentes internacionais. Ainda não fui informada, mas certamente encontram-se detidos, para que sejam interrogados.

— E quem é você para estar tão bem informada? – perguntou Anna com vontade de jogar a mulher pela escadaria, de tanto desespero que sentia.

— Já lhe disse o meu nome. Através de meu marido obtenho informações, as quais em princípio, seriam segredos, mas eu consigo fazer com que me conte tudo. Agora temos de ir. Também não me devo expor a que me vejam consigo, senão terei a mesma sorte de sua família.

— Ir onde?

— Um refúgio que mandei construir, onde as pessoas que não foram inoculadas com o chip eletrônico de identificação pessoal, não sofrem o efeito das ondas magnéticas. Sei que as autoridades, daqui a mais ou menos meia hora, farão mais uma busca para detectar mais alguns dos que não foram inoculados.

— Você foi inoculada? – perguntou Anna.

— Fui, mas já o retirei. E você?

— Não. Sei que estou em perigo. Tenho umas pílulas para não sofrer o efeito desse magnetismo, mas têm terríveis efeitos colaterais. O pior é a náusea. Também não posso usar os principais aeroportos. Tornou-se muito perigoso viajar.

As duas mulheres dirigiram-se a um prédio ainda em construção. Nas traseiras havia uma escadaria que dava para as futuras garagens. Entraram por uma pequena porta nos fundos, que Loretta fechou cuidadosamente. Ao fechá-la tocou em algo imperceptível ao lado da fechadura e o muro em frente deslizou, abrindo espaço suficiente para uma pessoa passar para o outro lado. Era um longo corredor que levava a um largo vestíbulo com espaço para quatro veículos tipo karts de golfe. Enquanto dirigia através de um longo túnel, Loretta colocou a bolsa no colo de Anna.

— Abra.

— E...?

— Aí dentro está um estojo verde. Dentro tem uma seringa com um chip falso. Injete-se. Assim não terá mais problemas nos aeroportos etc.

Anna subiu a saia e injetou-se na coxa. As duas ficaram em silêncio, cada uma envolvida em suas ânsias, tramas e sonhos. Quando chegaram num espaço bem amplo, Loretta estacionou o kart. Entraram por outra porta eletrônica que dava para um refúgio. Quase todas as cadeiras estavam ocupadas, embora muitos estivessem de pé ou sentados no chão, conversando animadamente.

— Todos são admiradores de Daniel. Acreditam que ele poderá mudar o mundo.

— Todos têm um símbolo de Ank pendurado no pescoço, – comentou Anna com admiração. Os anks pareciam ser de ouro com uns dez centímetros de comprimento. Todos iguais.

— Aqui está um para você, assim não terão razão para tentar convertê-la, – disse Loretta rindo pela primeira vez, desde que estavam juntas e acrescentou: – É um negócio bem rentável...

Num dos lados estava uma tela transmitindo o discurso que Daniel tinha gravado em Zurique. No outro tinha um placar com as palavras do fim do discurso. "Continuarei na senda da busca pela

Verdade, o que a partir de hoje será a minha missão". Por baixo lia-se: Daniel Salinas é a nossa esperança.

Anna ouviu alguns comentários, como um homem dizendo que Daniel estaria preparando um exército para combater as forças do mal, que não estavam no inferno, mas na Terra. Uma mulher dizia que Daniel tinha feito um pacto com os extraterrestres que construíram as pirâmides. Outra mulher dizia para terem paciência, pois Daniel iria reaparecer em breve, para lhes indicar a sua missão.

— Meu irmão ia gostar de ver isto.

— Nasser?

— Sim. Você sabe tudo, heim?!

— Gostaria de saber mais. Por exemplo, o que teria acontecido na residência de seus pais ontem à noite.

— Nem fale, mas tenho esperança de que minha mãe e Daniel tenham dado um jeito.

— Não vejo como. Contando que mais ninguém estivesse presente, como poderia Daniel salvar, pelo menos onze pessoas, seus próprios filhos e esposa, Nasser e seus pais, além da família de Ronaldo?

— Não sei, mas não posso acreditar que tudo termine assim.

— Agora só temos de esperar.

— Esperar o quê? – perguntou Anna com lágrimas nos olhos, que tentava conter, mas a tristeza e a incerteza eram mais fortes do que ela.

— Comecemos por ver os noticiários.

Loretta levou Anna para uma sala privada. Era um salão mobiliado com requinte.

Desde a CNN à Fox News, BBC, RADA, ORTF, AL JAZIRA etc. ninguém mencionou fosse o que fosse relacionado com Daniel Salinas.

— A ausência de notícias pode ser um sinal de boas notícias. Tenhamos esperança. – disse Loretta com um sorriso.

— Loretta, por que é que você se dá a todo este trabalho e despesa?

— Despesa? Isto não é nada para a minha imensa fortuna pessoal. Fui a única herdeira de meus pais. Pelo lado de meu marido, como todos os do seu círculo, a nossa fortuna também é muito grande. A minha paixão é a vontade de saber e o que faço é uma pequena contribuição que satisfaça o meu desejo de um novo mundo, um planeta de paz. Não aguento mais o estado em que este planeta se encontra. Por vezes sinto que não sou daqui. É tudo tão primitivo, tão infantil... ou tão violento... Eu não sei viver sem entusiasmo e é isso o que mais falta neste mundo.

— Você trabalha com quem ou para quem? – perguntou Anna bem interessada.

— Ninguém. Somei dois mais dois e vi que tenho a possibilidade de ser útil. Só esperava o momento certo. Finalmente consegui localizá-la, quando fui informada que você tinha marcado um encontro com a curadora do Metropolitan, aproveitei a oportunidade.

— Mas você anda a par de toda a minha vida.

— A curadora, Christine Lanz, é minha amiga e companheira de sonhos... – disse Loretta sorrindo candidamente.

33

Calcutá, Índia

— Finalmente, peguei toda a quadrilha. Pensavam que eram invencíveis, mas o dinheiro tem muito poder. – disse Richard Morgan com um sorriso demoníaco cheio de sarcasmo, enquanto olhava o mordomo com desdém.

Todos ficaram em silêncio. Porém, Daniel tinha a mente trabalhando a todo o vapor. Sua mulher, filhos e amigos não podiam sofrer por causa dele. Mas como sair dessa situação?

Teresa chorava querendo agarrar os filhos, enquanto chamava as empregadas para junto de si, mas Richard não permitiu, dizendo "No", de uma forma bem autoritária, indicando que quem tinha o poder sobre a vida ou morte dos presentes era ele, e só ele. Um telefone tocou, mas Richard também não deixou atenderem. Outro celular também ficou por ser atendido. Richard, quatro homens, que aparentavam ser da mesma estirpe, de ternos elegantíssimos, e os soldados dominavam inteiramente a situação.

A certa altura Daniel sentiu a mão de Marília agarrar a sua. Nesse momento sentiu um desejo, uma vontade incontrolável de que todos dessem as mãos e assim foi. Marília deu a mão a quem estava a seu lado e assim sucessivamente. Nesse momento, com a rapidez de um átomo, Daniel largou a mão de Nasser, enquanto este colocava a mão nas suas costas. Tirou o Ank da bainha e agarrando-o pelo punho como se fosse uma espada, perguntou a Richard:

— É isto que procura? Se lhe entregar o Ank promete deixar-nos em paz?

— Daniel Salinas, você está em desvantagem, o que não é uma boa posição para negociações.

— Quem disse? Desvantagem porquê? – Daniel queria que os outros compreendessem que tinham criado um semicírculo protetor.

— Somos mais numerosos e temos armas. Essa é a vantagem. Vamos, sigam.

— Para onde? – perguntou Maheen.

Um soldado respondeu que tinham veículos esperando no estacionamento da residência. Na realidade os soldados estavam cheios de medo, porque a família Jani era muito poderosa e respeitada, não só na Índia como em União de Myanmar, antiga Burma. Sanjit Jani perguntou ao mordomo, que estava bem na sua frente:

— Quem você chamou para denunciar que Daniel Salinas se encontrava aqui?

O mordomo olhou para Richard com medo de falar, enquanto este lhe fazia sinal para ficar quieto. Porém, Daniel, com o Ank na sua frente, deu-lhe uma ordem que não admitia desafio, obrigando-o a responder a Sanjit. O tom de voz era de tal forma vigoroso que todos ficaram parados como estátuas, incluindo Richard e seus companheiros.

— Chamei o Dr. Richard Morgan, no dia em que o Dr. Daniel Salinas voltou. Um de seus secretários tinha-me contatado há mais de um ano, pedindo para o informar se soubesse de alguma coisa e confirmando o prêmio.

— Como vê Daniel, todos os seus ideais de um mundo novo caem por terra perante a realidade. São vermes como este que precisam de quem os domine, senão a sua raça virará uma sub-raça.

Vamos, sigam os soldados. – disse Richard, gesticulando para que se movimentassem e saíssem.

— Ninguém vai a lado algum. – disse Daniel.

— Saiam todos da minha propriedade imediatamente. – ordenou Sanjit Jani aos soldados.

Richard deu uma gargalhada nervosa:

— Ainda não entenderam? Quem dá ordens aqui sou eu.

Quando Richard acabou de falar um dos soldados, talvez por medo de represálias ou porque forças superiores o tivessem induzido, disse:

— O senhor e seus amigos são estrangeiros, nós não temos que lhe obedecer. Os senhores são quem tem de sair.

Enquanto o mordomo gritava, quase deixando cair o turbante imaculadamente branco, "e o meu prêmio... e o meu prêmio...", Richard tirou a pistola do bolso interno do casaco e apontou na direção de Marília, sendo imitado pelos homens que o acompanhavam. Um deles apontou para Daniel, outro para Maheen e o outro para Sanjit. Tudo foi mais rápido do que as próprias balas. Sem pensar, Daniel lançou o Ank ao acaso para o meio da sala. Esse artefato tão precioso como misterioso, deu várias voltas no ar enquanto era atingido pelos projéteis que logo fizeram ricochete voltando ao lugar de onde tinham saído, explodindo as armas ainda na mão de cada assassino. Os gritos de dor e raiva lembravam animais ferozes no momento de seres capturados.

Todos os soldados acompanharam Richard e seus amigos para fora da residência. Um deles falou com Sanjit Jani em particular, para depois algemar o mordomo e empurrá-lo na sua frente.

Quando a casa ficou tranquila, todos sentiram um grande alívio, mas Daniel sabia que Richard e seus lacaios não ficariam por aí. Ninguém queria ou podia dormir. Maheen decidiu que o melhor seria irem para uma das largas varandas da casa que ficava virada para o lado norte dos lindos jardins da residência e de onde, naquela noite, se podia ver um céu brilhante, onde as estrelas lembravam os diamantes dos contos e aventuras de Daniel nas entranhas da Terra. Teresa foi ver as crianças. Maheen falou com a governanta e mandou servir um substancial café da manhã, embora ainda faltassem horas para o nascer do sol.

∞

— Não sei bem o que aconteceu naquela sala, mas embora tudo parecesse muito natural, não entendo como foi possível voltar o feitiço contra o feiticeiro. – comentou Arjuna Patil.

— Verdade, como poderia acontecer uma coisa dessas? – disse Maheen olhando Daniel. Este sorriu, dizendo:

— Não olhem para mim. Também não sei, mas senti uma grande força quando demos as mãos e empunhei o Ank.

Todos tinham sentindo uma energia ou força inexplicável. Enquanto conversavam Sanjit telefonou para o comissário para saber como Richard tinha conseguido os soldados para invadir a casa de um cidadão, sendo este um estrangeiro.

— Estaremos nós voltando ao colonialismo?

— Dr. Jani, peço muita desculpa, mas as ordens foram dadas por alguém muito importante, a quem tenho de obedecer. – disse o comissário.

— Quem?

— Não posso dizer Dr. Jani. Se o fizer os jornais amanhã dirão que me suicidei.

Jani desligou o telefone furioso. Maheen olhou Nasser em sobressalto.

— Seria seu tio? Isa Rukh?

— O importante minha mãe, é que Daniel e o Ank têm um poder superior. Daniel é invencível. – disse Nasser, enquanto de olhos brilhantes olhava Daniel com a reverência de um demente, retratando um fanatismo quase doentio, o qual substituía a natural e intrínseca admiração que os outros nutriam por esse herói tão humano e tão desapegado de ambições pessoais.

— Não diga uma coisa dessas, foi apenas uma forma inteligente de dirigir a situação. – disse Daniel meio assustado com a atitude de Nasser, e adiantou, – Richard e os seus não vão ficar por aqui. Eu estou em perigo e vocês também. Richard Morgan é muito perigoso e poderoso; muito mais do que possamos imaginar.

Maheen abriu os braços e fez sinal para que todos ouvissem

— Já se deram conta... – parou olhando cada um nos olhos – Richard Morgan é um dos homens mais ricos e poderosos da Terra. O fato de se ter deslocado e dado ao trabalho de vir aqui mostra o incomensurável valor que esses homens atribuem ao Ank.

— Talvez haja algo além do valor atribuído... – Disse Daniel semicerrando os olhos – Reparem, eles sabem que só eu posso tocar o Ank e que há a possibilidade de não servir para mais nada além de um lugar de destaque num museu. Mas para o Richard sair do seu pedestal e vir aqui pessoalmente, faz-me pensar que há algo mais...

— Tem toda a razão, – disse Arjuna Patil – talvez o Ank seja uma enorme ameaça. Uma ameaça sem precedentes...

— Como? – perguntou Sanjit Jani.

— Talvez seja a única coisa neste mundo capaz de destruir a cúpula, essa que durante milênios tem regido a psique e o destino da Humanidade.

Arjuna Patil interrompeu a discussão:

— Creio que o mais importante é fazer uma análise dos acontecimentos que envolvem o Ank e Daniel. Entender a razão e o objetivo de tudo isto. Daí poderemos chegar a alguma conclusão e discernir qual o caminho a seguir. Parece-me que a situação em que estamos envolvidos tem de tomar um rumo, visto ter chegado a um ponto onde nos sentimos encurralados.

— Na realidade, nada do que aconteceu até aqui foi planejado nem premeditado. As coisas têm acontecido, como se eu fosse orientado por forças mais fortes do que eu. Porém, apesar de tudo isso, nem o Povo do Vril, o Povo Jinni ou Agartha me deram qualquer indicação do rumo a seguir. Ela disse que me falta conhecer outro mundo. Mas se eu sair daqui o que poderá acontecer com vocês? Quem vos poderá proteger?

— Não se preocupe, além do mais temos um refúgio absolutamente secreto. – disse Sanjit Jani num tom que não permitia dúvidas.

— Tive uma ideia, por que não filmarmos você falando um pouco de tudo o que aprendeu? – disse Maheen, enquanto Teresa e Marília se aproximavam dela para abraçá-la. Todos acharam uma ótima ideia.

∞

Depois de descrever um pouco do que vira, Daniel terminou dizendo:

— O ser humano tem de ser livre, não só física, mas psiquicamente. Cada um de nós é um indivíduo completo, tendo uma mente perfeita que nos permite raciocinar e discernir a diferença entre o que somos e o que nos dizem que somos. O maior direito humano é a dedicação contínua à autodescoberta ou autoconhecimento, assim como o reconhecimento da nobreza e da grandeza inerentes à sua essência. Só quando sabemos quem somos é que podemos desenvolver o que possuímos. Para que haja harmonia neste mundo temos de renunciar a todos os conceitos que nos aprisionam e limitam. É um trabalho difícil. Desde a arte à filosofia, passando pela religião até os mais comuns usos e costumes, tudo tem de ser revisto. O mais importante, é que hoje há um fator que nos leva, como nunca, a entender essa necessidade – a ânsia em libertar o mundo da miséria e da ignorância, num momento em que as forças do cosmos nos impulsionam a ir além da sobrevivência. Já Albert Einstein dizia "O mundo é um lugar perigoso, não por causa daqueles que fazem o mal, mas sim devido aqueles que observam e deixam o mal acontecer". Quem continuar vivendo na inércia, passivamente vendo a vida passar enquanto ficam sentados na sua zona de conforto, deixando-se dominar por mentes sem consciência e sedentas de poder, não desenvolverá a consciência e a vibração necessárias para sobreviver ao que está por vir. A maior prova de que estamos perto de uma grande mudança é o aumento de erupções vulcânicas, movimentos abnormais nas placas teutônicas, ruptura do ritmo das correntes marítimas e diminuição do magnetismo da Terra. E na mente humana? Quais poderão ser os efeitos se cada um não gerar a sua própria energia e magnetismo que lhe sirva de escudo ou meio para superar essas forças? A Humanidade nunca sofreu tanto emocionalmente. Porquê?

É no interior da nossa casa, do nosso Ser, que podemos encontrar as maiores riquezas. Aquilo a que chamamos Divindade está no nosso interior. Olhemos para dentro, porque só aí poderemos encontrá-la. Quando isso acontecer passaremos de criados, sim criados, além de criaturas, a Criadores. O grande mistério tem sido o interior da Terra e do Ser. Os que me querem matar têm medo que através do poder do Ank eu possa influenciar as populações a ver outra realidade.

Saibam que a Terra tem riquezas infinitas, eu as vi e toquei. Existe muito mais do que o suficiente para todo o mundo, mas a maior riqueza está dentro de cada um de nós, no desenvolvimento do nosso Ser. Indo ao seu encontro nada nem ninguém nos poderá enganar, escravizar e manipular dentro dos princípios da mente coletiva.

Temos de seguir o ponteiro da coragem e de nossos mais nobres sentimentos e aspirações, se não, sempre seremos joguetes daqueles que nos usam. A realidade humana está vindo à tona, como o azeite vem à tona da água. Todos sabemos que os mais ignorantes são os mais fiéis vassalos dos opressores. Defendamo-nos deles ensinando-os a progredir.

Aprendi com o povo Jinni que alguns grupos têm sido, desde o início da História, os guardiões da Verdade, embora também tivessem degenerado. Porém, apesar de tudo, conseguiram trazer a esta época, vestígios da Grande Obra e da Grande Verdade. Reparem como regimes, países, civilizações e culturas tiveram seus princípios e fins, enquanto as igrejas continuaram estagnadas e cristalizadas no tempo, sempre usando os mesmos dogmas de culpa, medo e vingança, impondo a ignorância, disfarçada de fé e promessas de riquezas, até virgens... fora da terra. Condenando a individualidade, essas doutrinas não nos permitem ir ao encontro de nós mesmos, nem olhar para dentro. Deus não está lá em cima, mas dentro de cada um. A Rainha da Terra não está noutro planeta, mas dentro da própria Terra.

O mundo nunca terá paz e o ser humano não poderá desenvolver-se enquanto não houver perfeito equilíbrio entre os dois princípios masculino e feminino, tanto nos gêneros como na anima. Quando Marduk, usurpou a Terra, obrigando a Grande Rainha a mudar para outra esfera, instituiu o patriarcado. Com isso, o pensamento humano reverteu todas as noções de valor, entrou no desequilíbrio anímico e emocional, desenvolvendo o instinto de preservação através da violência. Foi Marduk que concebeu religiões que não passam de instituições antimulher e antidemocráticas. Submeteram a mente humana à sua demente misoginia e pederasta homofilia deixando a violência transbordar, destituindo as mentes de alma, enquanto amordaçavam o princípio feminino. A violência existe porque não há equilíbrio e harmonia entre os princípios feminino e masculino. Nunca esqueçam que a mensagem do Mestre Jesus Cristo foi inteiramente baseada no autoconhecimento e no amor. Sem nos amarmos a nós próprios não poderemos amar os outros e sem amor a vida perde todo o sentido, enquanto a violência aumenta.

Há outra realidade. Vamos descobri-la juntos. Não temam. O medo é o nosso pior inimigo. A Humanidade, chegou no seu ponto de saturação. É hora de reverter valores e princípios e deixar de sofrer. Só assim sobreviveremos às naturais mudanças de um planeta vivo, de forma a podermos entrar noutro patamar da evolução humana. O homem do futuro já existe sobre a Terra. Agora temos de limpar a poeira do passado e abrir caminho para que os raios do sol do amanhã iluminem tudo e todos com uma energia que ainda nos é desconhecida, mas que sem ela não poderemos sobreviver por muito mais tempo.

∞

Daniel terminou o discurso e foi abraçado por todos os presentes. Marília e Teresa choravam mais abertamente, mas todos tinham lágrimas nos olhos. Maheen limpando o catarro da garganta, disse:

— Agora temos de fazer muitas cópias e mandar para várias pessoas. Entre elas Anna, que se encontra presentemente em Nova York.

No dia seguinte Daniel visitou o CPCE, Centro de Pesquisa e Comunicação Espacial. Depois de um dia calmo todos foram para os seus aposentos mais cedo do que de costume. Contudo, Daniel chamou Nasser de parte.

— Nasser, você sabe que estou colocando em suas mãos os seres que mais amo na vida, minha mulher e filhos assim como Ronaldo e família. Ronaldo é como um irmão para mim.

— Eu sei isso muito bem. Darei a minha vida por eles... e pela sua. – respondeu Nasser de uma maneira bem sincera.

— Outra coisa, Nasser. Ouvi uns rumores de que você vê em mim um messias. Tire isso da cabeça. Sou um homem comum que teve a oportunidade de ter outras experiências. Nada mais. Entende?

Nasser fez que sim com a cabeça e abraçou Daniel.

— Tenho você na mais alta estima. Isso ninguém pode tirar de mim. É um grande privilégio ser seu amigo.

— Nasser, continuo preocupado. Quem poderia exceder o poder de Sanjit Jani?

— Uma só pessoa. Meu tio paterno, Isa Rukh. Ele é membro do Clube de Bilderberg, mas não creio que por agora faça alguma coisa contra nós. Por algum motivo ele gosta muito de mim. Nunca me fará mal.

— Obrigado por tudo. Quero ainda pedir-lhe outro favor. Quando Indira melhorar traga-a para junto de Marília.

— Daniel, você ainda não entendeu que tem o poder de fazer

tudo o que quiser? De desaparecer e reaparecer, de curar, de construir etc. Porque não vai você buscá-la?

Daniel lembrou o filho do carroceiro. Sim ele ou o Ank tinham o poder de curar. Recordou também a viagem e a travessia do Paquistão até à Índia. Como tudo teria sido mais fácil... mas também não teria salvo Indira daquela vida miserável. Foi com esses pensamentos que empunhou o Ank, como tinha feito nos subterrâneos de Shambala. Pensou em Indira. Os subterrâneos do tempo e do espaço eram infinitamente pequenos. Em menos de um segundo estava no hospital olhando esse corpo de criança mais sofrido do que o de muitas mulheres. Ela dormia tranquila. Daniel colocou o Ank sobre o seu ventre e peito, desejando-lhe muita saúde. Pouco depois colocou o Ank no cinto, retirou os tubos e seringas e pegou em Indira ao colo.

— Marília, pode chamar Maheen?

Marília olhou Daniel com Indira ao colo, sem entender o que estava acontecendo, mas logo foi chamar a dona da casa. Daniel não precisou dar explicações. Indira foi colocada num quarto adjacente ao de Maheen, voltando a dormir de uma forma tranquila, talvez como nunca tivesse acontecido.

∞

Depois de ter dormido menos de uma hora, Daniel não conseguia retomar o sono. Não querendo acordar Marília, vestiu-se e foi pé ante pé até os jardins. Caminhou vagarosamente absorto em pensamentos confusos. Tinha ainda tantas perguntas... Enquanto caminhava teve a sensação de que alguém o via de uma das janelas da residência, mas continuou tranquilo, absorto em pensamentos misteriosos. Sentou-se num banco de jardim, perto de um grande chafariz do lado norte da residência. O murmúrio da água era como uma melodia sem drama, que suave e levemente ia despertando sentimentos calmos no seu coração. Quase sem se dar conta, Daniel retirou o Ank da bainha, colocou-o nos joelhos e acariciou cada uma das suas misteriosas figuras. A lua refletia-se na água de uma maneira plácida e serena, como que querendo iluminar algum caminho ainda não percorrido. Daniel lembrou o fenômeno de Bora Bora, quando refletiu no Ank a luz do sol refletida na água. Levantou-se do banco e entrou dentro do chafariz. Colocou o Ank na horizontal acima da água, enquanto o segurava pela base do laço de maneira a que este refletisse o luar emanado por uma lua bem cheia. Foi nesse momento que um vento estranho levantou a água, que brilhando como se fora a própria lua, desenhou um Ank enorme, onde a parte inferior formava uma escada, que ia até às asas ou braços, de onde saía um laço tão brilhante que era impossível ver alguma coisa além da luz. Daniel entendeu que devia subir os degraus que o levariam a algum lado. Era outro salto no desconhecido, outro momento de total renúncia de si mesmo, do que sabia, do conforto, da família e da segurança de estar vivo. Assim mesmo continuou subindo uma escada de luz, mas sólida. Sólida demais para ser apenas uma visão.

34

Nova York, EUA

Anna Jani acabara de se encontrar com a curadora do Metropolitan Museum, Christine Lanz. Voltava correndo para um dos apartamentos que Loretta tinha colocado à sua disposição dizendo que era mais seguro do que a elegante residência nova-iorquina de sua família. A razão de tanta pressa era o fato de inesperadamente ter recebido um DVD mandado por Nasser. Deveria ser muito importante, pensava. A família usava uma caixa postal em Nova York, que estava alugada sob o nome de um amigo que vivia em União de Mianmar. Anna ainda não sabia do que se tratava, nem o que tinha acontecido na residência de seus pais. Seu irmão apenas telefonou falando por alguns segundos, afirmando que estava tudo bem e para que continuasse em Nova York até receber notícias em contrário.

Apressando o passo, Anna pensava em seu pai e na razão que a tinha levado a viajar em tempos tão perigosos. Numa revista obscura de achados arqueológicos, Sanjit Jani tinha lido um artigo sobre um achado no deserto de Nevada. Consistia de um cristal octogonal que tinha sido vendido por nativos americanos ao Metropolitan Museum. Christine admitiu que o museu tinha adquirido essa raridade, mas que ainda não estava em exposição. Anna tinha-se apresentado como uma potencial compradora e nesse dia as duas mulheres tiveram o seu segundo encontro. Porém, houve um contratempo. Christine não conseguiu localizar o cristal, pedindo-lhe mil desculpas e que voltasse novamente dois dias mais tarde. Contra todas as regras e todos os seus hábitos, Christine acompanhou Anna à saída do museu, e na hora de se despedirem disse-lhe ao ouvido:

— Não é assunto para falarmos ao telefone. Logo à noite estarei no refúgio para entrar o novo ano com os "Amigos de Daniel". Espero vê-la.

∞

O que Anna sabia de Loretta era que seu marido tinha ido à Suíça para uma reunião muito importante, onde ficaria por alguns dias. Ela tinha conseguido livrar-se de algumas obrigações sociais a fim de passar a passagem do ano com Anna, Christine e seus amigos do refúgio. Anna sentia que esse grupo de pessoas não era apenas constituído de gente pura de coração. Sem dúvida que haviam espiões, ou talvez não, mas isso não prejudicava Loretta, porque a fama de excêntrica era um imenso escudo para as suas atividades obscuras.

Loretta não precisou estacionar o carro, Anna já a esperava no meio-fio. Estava muito inquieta, o que era visível, mesmo para quem ainda não a conhecia bem.

— O que aconteceu? Está nervosa, transtornada diria...

— Tenho de lhe mostrar uma coisa, antes de descermos ao refúgio.

— Posso saber o que é?

— Um DVD. – e sem mais nem menos adiantou: – Tem a certeza que o refúgio é seguro?

— Nem Hitler tinha um como este, apenas maior. Foi construído por franceses e só tem duas entradas, as quais, embora talvez não pareça, são inteiramente à prova de intrusos e detectores eletrônicos. Só entram aqueles que têm a minha permissão. Infelizmente também usei um sistema de microchips. É a maneira mais segura.

— Entendo... Eu fui inoculada com um, é isso?

— Sim. Mas só serve para este fim e para passar nos detectores.

Numa sala privada do refúgio, Anna, Loretta e Christine viram o vídeo com o discurso de Daniel. Nenhuma das duas novas amigas de Anna estava preparada para isso. Para desanuviar o impacto Loretta abriu uma garrafa de champanhe. Passados uns minutos as três falavam ao mesmo tempo, riam nervosas e aplaudiam. Por volta das 22:00 horas Loretta perguntou se deviam mostrar o vídeo aos amigos do refúgio.

— Mas foi para isso que Daniel o gravou. Claro, que sim. – disse Anna de olhos brilhantes.

— Também o devíamos mandar para várias estações de televisão. – disse Christine. – Mas não já. Daqui a uns dias...

∞

O refúgio estava cheio de gente. Eram os "Amigos de Daniel". Título que os identificava através do mundo. Loretta foi no canto onde se encontravam os aparelhos eletrônicos e pegou no microfone.

— Boa noite a todos. Venho desejar um Novo Ano cheio de amor, paz, harmonia, realizações e soluções.

— Para você também. – aplaudiram e gritaram vários dos presentes

— Tenho aqui na minha mão – mostrando o DVD – o maior presente que lhes poderia dar. Peço que fiquem em silêncio, para que todos possam ouvir. Isto que vão ver é aquilo a que podemos chamar ...

— ..."A segunda parte do discurso de Zurique" – gritou alguém.

— Muito melhor do que isso. Daniel contando os mundos fantásticos por onde tem andado.

Primeiro o silêncio tomou a textura de algo sólido, depois todos gesticulavam e falavam ao mesmo tempo. Loretta colocou o DVD e foi sentar-se junto das amigas, enquanto as exclamações e gritos de alegria e expectativa, abafavam as primeiras palavras da gravação. Alguém pediu silêncio, enquanto tornava a colocar o vídeo no início.

35

Povo do planeta Shelo

Daniel Salinas entrou num túnel de sons estranhos, luzes e aromas desconhecidos. Tinha sido projetado dentro de um espaço brilhante, que tanto parecia ser metálico como de vidro. Seria um corredor com tanta cor que parecia tê-la perdido? Seria o brilho que escondia a cor? Além da cor... silhuetas alegres como notas musicais coloridas. O arqueólogo caminhou por alguns minutos até chegar no cruzamento de dois corredores. Virou à esquerda de onde lhe parecia ouvir vozes. A certo ponto, na sua direção vinha uma jovem, que mais parecia uma criança com corpo de mulher. Era loura e tinha enormes olhos verdes esmeralda. Estava vestida com uma calça e colete que delineavam todas as formas de seu corpo e caminhava com uma elegância e suavidade que mais parecia voar baixinho. Ela chegou perto dele, sorriu e apontou para uma entrada. Era uma sala ampla com cadeiras, colocadas ao acaso. Um homem completamente calvo, mas de barba, e também muito mais baixo do que Daniel, levantou-se e veio na sua direção com os braços estendidos. Colocou as mãos nos cotovelos do recém-chegado, dizendo de uma maneira muito bem-humorada:

— Bem-vindo ao nosso mundo, Daniel Salinas.

— Bem-vindo. – disse uma mulher jovem, linda e também muito bem-humorada.

— Bem-vindo, ao nosso mundo – disse outro homem que parecia ter a idade de Daniel, e mostrava ter muito orgulho na sua barba ruiva e longa, que não parava de acariciar.

O primeiro homem apontou uma cadeira ao visitante, enquanto se sentava perto dele.

— O meu nome é Waliat e sou o comandante técnico desta nave.

— Nave? Perguntou Daniel.

— Sim, estamos a bordo da nave mãe de uma expedição. Somos habitantes do planeta Shelo, do sistema solar Alfa situado na constelação Daara. Minha companheira é Kunaia. – a qual saudou Daniel com uma vênia e um grande sorriso.

— Bem-vindo. Eu sou Xiteia, a Comandante Geral desta nave.

— Eu sou Copadi. Esta é a minha companheira Surria.

— Eu sou Munki, o companheiro de Xiteia.

— Eu sou Lauce, companheira de Rande.

— Eu sou Vegia, companheira de Lerache.

O ambiente era tão desconcertantemente descontraído e bem-humorado que Daniel disse sem pensar:

— Eu sou Daniel, companheiro de Marília, mas na Terra as mulheres não viajam muito com os maridos além da estratosfera.

Todos riram. Nesse ambiente acolhedor e tão bem-humorado, Xiteia serviu uma bebida quente, parecido com chá de damasco. Waliat, olhando Kunaia, comentou como se só os dois estivessem na sala:

— Mas que confusão esses humanos terrestres conseguiram fazer nesse planeta tão lindo!

— É verdade e o pior é que a intenção é fazer ainda mais danos.

Daniel reparou que todos os homens eram calvos, mas tinham barba das cores mais variadas, e todas as mulheres tinham o cabelo muito curto. Umas eram muito jovens, de cabelo branco. Outras louras, morenas, vermelhas, azuis, verdes, rosa etc. Embora os cabelos divergissem bastante na cor, a forma de vestir era quase idêntica, que, como o cabelo, variava apenas nas cores. Os casais tendiam a ter a mesma cor de cabelo nas mulheres e barba nos homens. O visitante notou que podia ver as estrelas através das escotilhas da nave. Aproximou-se de uma janela sendo seguido pelo ruivo Zaro.

— Gostamos muito de olhar o céu. Expande os limites da mente e nos faz lembrar continuamente que somos uma pequena parte da imensidão em contínuo movimento. O pensamento humano não flui porque pensa que tudo é estático, e a noite é apenas parte do dia.

— Verdade...

— Vê aquela estrela do lado esquerdo de outra avermelhada?

— Sim.

— É o vosso sol.

— Como consegui vir tão longe em tão pouco tempo?

— Não é tão longe assim. Só queremos a sua companhia por uns dias. Temos de devolvê-lo. – disse Vegia rindo, o que parecia ter ativado o riso de seus companheiros, até mesmo de Daniel, que conforme lembrou assim esqueceu de perguntar como tinha chegado ali. Kunaia quebrou o momento dirigindo-se ao visitante:

— Como já deve ter reparado estamos comunicando-nos na língua inglesa britânica. Só o fazemos porque nos parece ser a língua internacional do seu planeta.

— Claro, e vocês falam sem sotaque. Melhor do que eu, podem crer! Pelos vistos andam bem a par das coisas da Terra.

— É primordial para o nosso trabalho. Continuamente temos alguém por lá, com o fim de nos pôr a par dos acontecimentos. Por isso estamos tão preocupados. O que se passa no vosso planeta interfere no sistema e por conseguinte na harmonia dos outros sistemas. Se assim não fosse, além do nosso senso de dever, nem perderíamos o nosso precioso tempo com vocês. Há outros seres, de outras raças que até gostariam que os habitantes do seu planeta deixassem de existir. Todavia, os humanoides galácticos, dos quais somos parte, temos obrigações em relação ao planeta azul. – disse Pezi, a mais linda de todas as mulheres presentes.

— Mas, se é que posso perguntar, digam-me a razão porque estou aqui...

— Creio que você foi escolhido para fazer um trabalhinho no seu planeta. O que lhe dissermos talvez seja uma repetição do que já ouviu, embora sob outro ponto de vista. Porém, a verdadeira razão porque você está aqui é porque se não tivesse saído da Terra naquele preciso momento já estaria morto, assim com seus amigos e família. Nós só estamos aqui para o entreter, talvez porque somos um dos povos mais risonhos e alegres da galáxia. Não lhe somos superiores nem inferiores, apenas temos mais sabedoria. Disse Waliat sorrindo.

Kunaia retomou a palavra, também sorrindo.

— Ninguém pode mudar o rumo dos acontecimentos da Terra por vocês. São vocês que têm de tomar consciência e ter a coragem e o discernimento para começar tudo de novo.

Munki riu enquanto repetia, "Tudo de novo",

— Ouviu bem? O que vocês vivem é o inferno de que têm tanto medo. Têm de começar tudo de zero. Os vossos sistemas, conceitos, filosofias está tudo virado de pernas pró ar. Entende?

— Vocês nem sabem a vossa História. Não sabendo de onde vêm como poderão saber para onde vão? Como podem saber quem são? – Perguntou Surria, abrindo os braços desalentada.

Nesse momento Copadi e Surria abraçaram-se e ambos rolaram no chão beijando-se como se estivessem prestes a fazer amor. Depois sentaram-se e ficaram de frente um para o outro afagando os respectivos rostos.

Toda a conversa era entrecortada por risos. Entretanto Naar tomou a palavra:

— Daniel, olhe só, o patriarcalismo implica a submissão da mulher ao homem. Você já viu alguma ave voar só com uma asa? É o que o mundo tem feito. Sendo assim, não deixam de ser galinhas ciscando o chão, tendo apenas a visão do grão que comem. Matam-se e odeiam-se por uns grãos miseráveis. Assim como a mulher, o homem também não é livre, nem pode usar todo o seu potencial, por reprimir a anima dentro do seu próprio ser. Agora imagine, pássaros que só usem uma asa, e mesmo essa estando quebrada. Eis a grande razão porque não há união nem tão pouco uma visão ampla e superior que eleve os humanos além do seu micromundo. A Humanidade da Terra só poderá voar quando suas asas forem saudáveis e descobrirem espaços amplos e livres para poderem amar. Entende?

Lauce aproveitou uma pausa de Naar:

— Olhe só Daniel, a Humanidade está prestes a ser vítima do maior genocídio da sua História. Porém a ideia de genocídio é aceite pelos próprios arquétipos humanos. Os arquitetos da vossa cultura criaram heróis que foram os maiores genocidas da galáxia. Há várias partes da vossa história que ultrapassam todos os limites da compreensão e da razão. Veja só esta sobre o grande guerreiro Abraão: (Deuteronômio 3:6,7) "...destruímos todas as cidades, homens, mulheres e crianças." "Porém, todo o gado, e o despojo das cidades, tomamos para nós por presa". Este testemunho é referente a 60 cidades, como diz no versículo 4. E é nesse personagem que as religiões mais influentes da Terra se fundam.

— E o pior é que muito do gado, banhado de sangue humano, era o dízimo que Abraão entregou a Melquisedeque, o qual ele entregaria a seu deus. Já viu o absurdo? Esse deus que precisa de dízimos, gado etc. teria sido o criador do universo... Assim mesmo Melquisedeque é hoje considerado um Mestre Ascendente pelos que na Terra se consideram Nova Era, além de ser o patrono da Ordem do mais alto grau do clero. Entenda Daniel, entenda, Abrãao foi a pedra fundamental do patriarcalismo, da divisão entre homem e mulher e também do genocídio. Há muitos tipos de genocídio, o psíquico é o pior de todos. Mas o mais incrível e inconcebível é que ninguém vê, apesar de ser tão claro. Será que toda a Humanidade foi atacada por demência? – Naar rompeu em gargalhadas contagiando todo o mundo, incluindo Daniel. Todos se contorciam rindo, levantando e sentando no chão para se tornarem a levantar, rindo incontrolavelmente.

— E... segundo os ocultistas, Melquisedeque é o rei do mundo!! O inconcebível é que ninguém vê que a Terra só pode ser administrada por uma Rainha e que Melquisedeque é o fundador da ideia de que genocídio é aceitável, desde que os meios justifiquem os fins, sejam eles o poder do deus ou de um ideal como a purificação da raça pelo grupo da Bavária de que Hitler fazia parte, ou quando os europeus mataram os índios das Américas. Na realidade a intenção foi roubar-lhes as riquezas, o ouro... propriedade de judeus, aztecas, maias, nativos americanos e outros. Por outro lado, o ideal comunista praticou genocídios muito maiores, talvez com menos requinte de malvadez, mas que na Rússia, China e Cambodja matou mais de 120 milhões de pessoas. Os genocídios continuam em maior ou menor escala. Ruanda e Somália não são os únicos. Os genocidas sentem-se protegidos pela aceitação que os povos carregam na memória dos feitos de seus heróis.

— Pior ainda, alguns dizem que a Ordem de Melquisedeque é regida por Jesus Cristo. Mas o Mestre nunca se referiu a Melquisedeque...

— Que era um mortal como qualquer outro ao serviço de Marduk ou Jeová, como lhe queiram chamar...

— Já deve ter reencarnado várias vezes para limpar o karma...

Todos riam quase sem controle

— Enfim, Daniel, o seu mundo é um absurdo e as bases da sua cultura são ridículas.

— Toda a estrutura da nova cultura está sendo estudada meticulosamente, tal como no passado, absorvendo o novo e maculá-lo com o antigo. Os povos aceitam sem contestar, porque foram ensinados a não pensar. O dogma é o mistério inviolável dos deuses e seria pecado indagar a sua razão de ser. Como vê, Daniel, nada mudou. A mudança tem de ser drástica, virar tudo do avesso. Entende?

— Um dos maiores segredos da História sempre foi tentar por todos os meios esconder a existência de seres inteligentes, além dos que vivem na superfície. A própria Bíblia refere-se a eles o tempo todo, mistificando-os como deuses, virgens e anjos, que apenas santos e profetas podiam ver. Quem falar noutros seres inteligentes que existam além ou aquém da superfície da Terra, é ridicularizado, descreditado e muitas vezes desaparece. Contudo, se o visitado em lugar de lhes chamar extraterrestres, disser que teve uma aparição de uma virgem, santo ou anjo, poderá até ser canonizado.

Todos riam. Zaro aproveitando uma pausa, desabafou:

— É impossível não falarmos da vossa religião, se tudo o que pensam e fazem é baseado nos vossos mitos. Israel não existe por ser "a terra prometida"? E fundando-se no seu deus, o Senhor dos Exércitos, não se prepara para uma guerra medonha?

— Na mitologia cristã, Maria e sua prima Isabel engravidaram segundo a intervenção de anjos. Noutras mitologias, como Krisna ou Maya, a mãe de Buda, aconteceu o mesmo, além de muitas outras que nem vale a pena mencionar, as mães de muitos heróis engravidaram através de "intervenções divinas". Porém, no último século, chamam a essas intervenções "abdução". Antes era um privilégio, agora é um abuso. Antes eram anjos, agora são horríveis seres. E isso porquê? Porque na obsessão de esconder a existência de outros humanoides e verdades que deitariam por terra todas as vossas distorcidas crenças, usaram o sistema de medo e pavor a tudo o que não está dentro dos parâmetros do conhecido. Os humanoides do planeta Terra, são os que mais desenvolveram a secção do cérebro que domina as emoções do medo, terror, pavor e desânimo. Se o normal fosse de um a três, os terrestres expandiram essa parte do cérebro até 3000. Esse medo passou a ser parte de todo o mecanismo da sua existência, permeando todas as outras emoções. Os mais temerosos são também os que menos capacidade têm de amar e de se desenvolverem. Contudo, no dia em que o ser humano conseguir atrofiar essa parte do seu cérebro, através de um pensamento livre, racional e consciente, a transformação será muito rápida, nalguns casos instantânea. Mas se alguém do teu mundo me ouvisse diria que isso seria impossível, justificando os seus julgamentos com elaborados e científicos pontos de vista, como se fosse o dono da verdade e do conhecimento. Na sua ignorância, os terrestres nem têm como medir a sua falta de clareza sobre o próprio corpo e mente. Só quando encontrarem outros seres com os quais possam comparar o seu conhecimento, é que poderão sair da apatia e reconhecer o seu atraso, que, no entanto, e isto é importante, não é biológico, mas cultural.

— Vocês acreditam, mas acreditam mesmo... que já atingiram o máximo da vossa evolução e capacidade... já viu o absurdo...

Risos, risos, risos, vindos de todos os lados.

— Vocês terão de entender que as possibilidades na vossa frente são infinitas e para entrar nessa outra dimensão de existência basta que radicalmente mudem a forma de pensar.

— E sair do pensamento coletivo...

— Claro, claro. – disseram alguns em coro.

— Vamos agora mexer na sua cabecinha. Podemos, Daniel? – Perguntou Lauce rindo, enquanto os outros batiam com as mãos e esperneavam de tanto rir.

— A História dos humanos terrestres...

— Daniel, lembre-se que humanoides não são privilégio do seu planeta... há muito mais humanoides nesta galáxia.

Risos e gargalhadas

— Lembre-se também, Daniel, aqueles que escrevem a História oficial são os que manejam, manipulam e orientam a realidade na direção que mais lhes convém. Essa é a razão porque a História de todas as mitologias, incluindo a descrita na Bíblia, que não passa de uma compilação de documentos históricos e deturpados, não parecem ter sentido nem lógica. Os oprimidos, escravos ou mesmo os que perderam as guerras não escreviam, ou porque não lhes permitiam ou porque sentiam vergonha de descrever derrotas.

— Repare Daniel, transformar seres humanoides em deuses, discursar sobre um deus benévolo que mata e castiga eternamente, é irracional. Entenda Daniel, a vossa História é apresentada de uma forma irracional, escrita por gente demente. Sendo assim, entende-se perfeitamente porque 75% da Humanidade tem problemas psíquicos. Em muitos países esse problema alastra-se a toda a população.

A linda Naar aproveitando o momento em que Lauce tomava fôlego, olhou Daniel bem nos olhos dizendo:

— É tudo tão lógico e claro, e bem na vossa frente. Mas vocês continuam fechando os olhos, preferindo atirar-se nos braços da ignorância, fanatismo e sofrimento. Enquanto não aceitarem as evidências da vossa realidade não poderão livrar-se daqueles que oprimem a vossa mente. Repare ainda, meu bom Daniel, citando ainda o livro histórico a que chamam Bíblia, a qual usam para adorar deuses carniceiros e desumanos. Repare no que está escrito na Gênesis, 6:7,8. Cito isto para mostrar como aquilo a que chamam anjos eram idênticos aos humanos, por serem como vós de carne e osso. Um exemplo, é este aqui: os três anjos que apareceram a Abraão. "Abraão apressou-se em ir ter com Sara à tenda, e disse-lhe: Amassa depressa três medidas de flor de farinha, e assa bolos. E correu Abraão às vacas, e tomou uma vitela tenra e boa, e deu-a ao moço, que se apressou em prepará-la. E tomou manteiga e leite, e a vitela que tinha preparado, e pôs tudo diante deles, e ele estava de pé junto a eles debaixo da árvore; e comeram." Outro, dos muitos lugares descritos no vosso livro sagrado, onde os anjos comem e dormem está na Gênesis 19:3,4, referindo-se aos dois anjos que foram a Sodoma, "E porfiou com eles muito, e vieram com ele, e entretanto em sua casa (Loth); e fez-lhes banquete, e cozeu bolos sem levedura, e comeram." Esses dois anjos eram tão importantes para Loth que este preferiu oferecer as filhas ainda virgens a assaltantes, desde que estes não tocassem nos anjos. Porém, esses anjos usaram os seus poderes e "estenderam a sua mão... e feriram de cegueira os varões". Depois disso disseram a Loth para sair com sua família dessa cidade porque a iriam destruir. Os vossos anjos comiam e bebiam, portanto, defecavam, além de dormirem. O que os fazia sobressair do comum eram os seus grandes poderes, pessoais e bélicos, e a magnífica aparência física. Portanto não eram tão etéreos assim, como os terrestres os querem pintar.

— Vês Daniel, – disse a vermelha Lauce, afinal eram como todos nós. Comemos, bebemos, defecamos, dormimos e fornicamos. Eles também, simplesmente porque eram humanoides como você e nós.

— Quem era o chefe desses "anjos"? Já se perguntou? – questionou Lerache, para logo responder à sua própria pergunta, – era aquele a quem os judeus chamavam O Senhor dos Exércitos, ou seja, Jeová, que mais tarde veio a ser Deus Pai para os cristãos e Alá para os muçulmanos.

— Repare bem Daniel, ele também comia. Gostava de vaca, carneiro e rolas. Poderia pelo menos ser vegetariano, como nós, mas por não apreciar legumes, vegetais e frutos, acabou por ser o causador do ciúme de Caim que matou Abel, porque esse deus preferiu a oferta de carneiros e a gordura dos mesmos. Caim, sendo humilhado e sentindo-se rejeitado na sua oferta de frutos e vegetais, encheu-se de ira e ciúme, emoções muito difíceis de controlar no início do desenvolvimento da consciência, e cometeu um crime contra a vida. – A dourada Vegia entrou no diálogo, como quem receia esquecer algo importante antes de rir:

— Mas a parte que eu mais gosto é a imagem que ficou na vossa limitada imaginação, cheia de inibições e traumas sexuais, a figura do vosso deus no Vaticano, pintada por um dos vossos maiores pintores, Miguel Ângelo. Ainda se fosse numa capela obscura de província... mas não, está ali para toda a gente ver, com a aprovação do Sumo Pontífice. Essa obra une a arte monumental de um dos maiores pintores de todos os tempos, a religião, a fé e o ridículo dos vossos dogmas. Lembre-se Daniel, Miguel Ângelo criou essa obra prima contrariado, ele não queria pintar, mas esculpir. Então resolveu ir além do evidente, retratando, para quem tivesse olhos para ver, partes do corpo humano, como orelhas e para quem tivesse discernimento...

Todos riram. A linda Surria de olhos que pareciam atravessar tudo para onde olhava, aproveitou a pausa e tomou a palavra.

— Já sei, sim, sim, a Criação de Adão, no teto da capela Sistina, situada no palácio Apostólico. Não esqueçam, é a residência oficial do Papa. – Todos riram.

— Claro, e quantos pedófilos esse quadro não teria inspirado?! – Perguntou Zaro de uma maneira bem sarcástica, enquanto tomava o fio da ideia de Surria. – Nessa pintura, Adão, jovem e musculoso, deitado de uma maneira bem sensual e de olhos abertos, portanto já com vida, mas sem companhia alguma, levanta seu braço para delicadamente tocar com seu dedo o indicador de deus. Repito, se tem os olhos abertos e levanta o braço é porque já tem vida. O dedão do pé direito bem separado dos outros dedos também é sinal de vitalidade. Por outro lado, o criador é velho. O deus que criou os universos também envelhece como os animais e os humanoides...

Todos riram desalmadamente, caindo e subindo nas cadeiras.

— Mas mesmo assim, essa figura que pretende representar deus, encontra-se intimamente abraçado a uma mulher jovem, nua, e que olha Adão de uma forma bem cobiçosa, o que é interpretado como sendo Eva, antes de ser criada. Imagine... como poderia se na Bíblia diz que foi criada de uma costela de Adão? Se o toque dos dois dedos refletisse o momento em que Adão recebe vida, como poderia Eva já estar criada e deitada nua ao lado do deus? Miguel Ângelo mostra que tinha perfeita consciência de que não estava pintando um retrato bíblico, para livremente expor a ideia de que a Bíblia não refletia a Verdade. Porém, ele, Miguel Ângelo, reproduzia a realidade crua e nua da ociosidade do clero na época em que a capela cistina estava sendo pintada. As barcas, retratadas como orelhas, são outra indicação de que ele estava comunicando algo que ia além da imagem. – Surria retomou a palavra.

— O criador, de cabelos ao vento, faz esforço para tocar o dedo de Adão, o que parece não conseguir facilmente, ao ponto de quase cair da sua barca, ou útero, ou orelha, conforme as várias interpretações. Nessa pintura, os dedos são símbolos extremamente fálicos, principalmente se forem comparados com o falo do homem solitário. Por outro lado, os anjos, quais titãs, são seres adultos com corpo de criança. Têm rostos sem nada de angélico. Esses anjos, encontram-se nus, os quais, no afã de seus movimentos, esfregam seus corpos contra a figura do deus. Evidentemente que neste quadro o homem é muito mais puro do que o deus que ciumentamente o quer contaminar. – Copadi aproveitou um pequeno silêncio para interferir.

— Isso representa a psicose de corrupção e degradação dessa época.

— Na atualidade, numa sociedade civilizada, isso seria uma abominação julgada e condenada por pedofilia. – disse Vegia fazendo uma careta.

— Tanto o homem como a mulher do quadro da Criação, não têm nada a ver com o Adão e Eva do quadro do Fruto Proibido, onde Miguel Ângelo os retrata de uma maneira muito mais rude e disforme. Esse grande mestre, expressa na pintura da Criação a hipocrisia da Igreja de uma maneira monumental. A echarpe verde que, segundo alguns, parece sair do ventre de deus, mas se saísse de algum ventre seria da mulher a seu lado, onde se pretende incutir na mente dos estudiosos, que representa ou simboliza o cordão umbilical, não passa de uma alusão à falta de vitalidade da igreja, seus dogmas, manipulações e inverdades, por sempre ter sido governada por mentes corrompidas e impregnadas da misoginia clerical. O cordão umbilical é um símbolo apenas feminino, e quando não ligava a mãe ao filho não tinha qualquer outra utilidade. Só nos tempos modernos é que passou a ser usado para células tronco. Se Miguel Ângelo tinha alguma intenção em simbolizar o nascimento do ser humano como filho genético dos que viajam pelo céu, escondendo as suas intenções à igreja, sem dúvida que o conseguiu. Foi capaz de transmitir para a posteridade muitos dos segredos e mistérios da Humanidade, numa caricatura onde também desnudava a hipocrisia do clero e do papado. Conseguiu descrever numa pintura a sua própria mensagem, enquanto também satisfazia o gosto de seu cliente. O papado, no afã de enganar os povos enquanto deles escarnecia ostentando a sua pompa e circunstância, apresentava-se magnífico, basta ver a grandeza da capela cistina ou a pompa da missa e das procissões, numa época em que o povo vivia miseravelmente. Com isso a Igreja aumentava a glória do deus que pretendia representar, perante um povo estrondosamente tão ignorante, como malnutrido, enfermo e miserável, tornando-o assim cada vez mais fanático e capaz de defender os interesses dos que mais o sugavam e matavam lentamente. Ninguém questionava ou sabia que a Igreja tinha sido criada por homens e que a filosofia de Cristo tinha sido escondida, queimada e rejeitada.

— Ainda bem que já encontraram os Evangelhos Gnósticos... – disse Xiteia, mas logo Vegia acrescentou:

— Nesse quadro, além de tudo o mais, ao colocar o cordão umbilical rodeando o corpo do deus, Miguel Ângelo reflete o maior crime humano, a usurpação do lugar da mulher, que na demência do ciúme pelo mais sagrado princípio feminino acabou por se tornar na maior razão da violência e bestialidade que assolam o planeta Terra. Originalmente a figura de deus estava nua, o que a Igreja achou que não era apropriado, pedindo a Miguel Ângelo que o cobrisse. Porém, o artista vestiu esse ser masculino com um vestido transparente de mulher. Mas ninguém viu, ninguém notou. Só nós, porque vivemos fora do quadro, entende? Esse vestido representa duas coisas, a fraude ao apoderarem-se criminosamente do lugar da mulher, o que era literalmente contra a filosofia de Cristo, e a monstruosidade da pedofilia que nesse tempo era exercida de uma forma quase legítima, devido à pobreza dos povos, onde os pais não podiam sonhar com nada melhor do que ter seus filhos nutridos nas cozinhas da Igreja. Só no fim do século XX, esse crime contra todos os princípios humanos começou a ser desvendado e condenado.

— Miguel Ângelo foi um historiador e um visionário, pois sabia de antemão que essa pintura que retratava a realidade da sua época duraria séculos, e que um dia, num futuro distante, alguém teria olhos para ver os relatos históricos aí contidos. Quando não há liberdade de expressão os artistas sempre arranjam meios para tornar público o grito de revolta que lhes vai na alma, mesmo que leve dezenas ou centenas de anos para serem ouvidos.

— Daniel, a vossa Bíblia não diz que deus soprou nas narinas de Adão o fôlego da vida?

— Sim. – respondeu Daniel, enquanto seu rosto mais uma vez demonstrava surpresa.

— Você parece muito surpreendido... – dizia a engraçadíssima Minali, quando Daniel logo se apressou a responder:

— Sim, mas mais ainda pelo vosso conhecimento tão pormenorizado do meu mundo.

— Como poderíamos ajudá-los sem os conhecer?

— Ajudar-nos como?

— Defendendo a Humanidade dos que vos querem dizimar.

— Exterminar...

— Aniquilar

— Reduzir a zero.

— Porquê? – perguntou Daniel.

— Porque a vossa violência interfere nas ondas galácticas e nos astros de uma maneira muito nefasta.

— Voltemos ao sopro da vida nas narinas de Adão. – disse Copadi, como se estivesse com pressa. – Qual a razão porque Miguel Ângelo preferiu pintar uma coisa totalmente diferente? Por que o sopro da vida é um símbolo muito mais místico do que as ações e conceitos humanos sobre a Criação? Miguel Ângelo procurou mostrar a materialidade da soberba, da hipocrisia e da ignorância humana, em toda a sua extensão, retratando a terrível realidade onde a miséria encobria o crime a troco de algumas moedas ou um prato de sopa.

— É preciso não esquecer que Miguel Ângelo também foi amigo e discípulo de Lourenço de Medici, que era o grão-mestre de uma ordem hermética, tendo vivido por muitos anos na sua corte. A igreja era o maior inimigo dessa família, ambicionando adquirir todos os seus territórios e riquezas. Foi o papa e o bispo de Florença quem planejou o assassinato do querido irmão de Lourenço de Medici, onde este também não morreu apenas por milagre...

— Entende Daniel? Miguel Ângelo tinha bases para retratar a realidade da época, o que também o torna um historiador. – disse Larache muito sério.

— Onde aprendem vocês tanto sobre a Terra? Leem os nossos pensamentos?

— Já te dissemos, temos os nossos informantes e os mais sofisticados meios de comunicação, além de grandemente termos desenvolvido a nossa capacidade multissensorial.

Waliat levantou-se, fazendo sinal a todos para fazerem o mesmo. Estavam agora numa espécie de sala de jantar. No centro havia uma grande mesa retangular e muitas cadeiras. Todos se sentaram. A comida já tinha sido servida. Kunaia tomou a palavra para explicar a Daniel que na sua sociedade não haviam servos, os trabalhos mais difíceis e domésticos eram feitos por todos, segundo os diferentes turnos e obrigações de cada um. Por exemplo, nem todos eram engenheiros, mas estes também participavam dos trabalhos menos especializados, dedicando-lhes as mesmas horas que qualquer outro membro dessa sociedade.

∞

Rande e Lauce ladeavam Daniel, quando depois da refeição, seguiram para uma das extremidades da imensa nave, onde tanto a cobertura como os lados e o chão eram transparentes. Dava a sensação de estarem no espaço sem proteção, o que transmitia um sentido de beleza inigualável. Rande explicou:

— Esse vidro aparentemente tão fino tem dez metros de espessura e foi feito de um metal que não existe na Terra. Se tivéssemos templos, escolheríamos este lugar. É com muita reverência que olhamos o firmamento. Porém, consideramos que cada um de nós é um ser sagrado. Sendo assim, concentrar-nos de olhos fechados no nosso firmamento interior é a melhor forma que conhecemos para entrar em comunicação com o Divino. Muitos de nós escolhem este lugar, outros preferem os seus aposentos. Mas isto não é um templo, nem temos sacerdotes. Temos professores e orientadores, que nos ensinam as técnicas necessárias ao nosso desenvolvimento.

Rande falava enquanto se sentava numa das várias cadeiras transparentes desse salão. Entretanto, Lauce sentou-se do outro lado de Daniel, pegou-lhe na mão e apontou para uma galáxia que tinha as hélices perfeitamente delineadas. Tudo era tão simples e magnífico. Tudo era também tão familiar, pensava Daniel, quando os seus pensamentos foram interrompidos, pela voz da lindíssima Xiteia.

— Repare Daniel, nesta nave você não foi nem será exposto à nossa tecnologia. As salas onde entrou apenas têm cadeiras e mesas. Não o queremos contaminar com os nossos conhecimentos. Não é essa a sua missão. Mesmo os brinquedos de nossas crianças iriam desviar a sua mente daquilo que tem a cumprir. Por outro lado, queremos também que saiba qual tem sido o nosso maior papel em relação à Terra. Evitar que outros seres galácticos vos visitem e interfiram no vosso desenvolvimento. Nós, os humanoides galácticos, protegemo-nos uns aos outros.

Daniel olhava ao seu redor deslumbrado. Como seria bom viver numa sociedade como essa. Saber tudo o que eles sabiam. Porém, o que saiu de seus lábios foi:

— Reconheço que os humanos da superfície ainda têm um longo caminho a percorrer até entenderem a escravidão em que se encontram. Mas como mudar? Einstein dizia que não se poderia resolver os problemas do mundo com a mesma forma de pensar que os criou. Para mim isso é a maior verdade. Mas como mudar?

— Tudo começa pelo vosso conceito de deus ser tão primitivo e ridículo, o que não lhes permite saber quem são. Sentindo-se miseráveis, veem miséria em todos os outros em lugar de se reconhecerem como entidades sagradas. Porém, o pior é a cegueira, inércia e amnésia que parece assolar a Humanidade. A religião é uma farsa, que manipula a mente humana, para que os maiores sistemas financeiros mundiais possam continuar em vigor. Tudo se resume à ganância. E porquê? Porque desde o princípio, desde a infância da Humanidade, que vocês identificaram A Força e Consciência e o Amor Divino do Universo ao deus a quem também chamavam o Senhor dos Exércitos a quem também eram obrigados a dar o dízimo e para quem crianças, mulheres e homens, mesmo reis e rainhas, valiam menos do que gado. Hoje continuam fazendo o mesmo. Sendo assim, como poderiam preocupar-se em orientar os humanos no reconhecimento do seu próprio poder interno ou na autodescoberta que os levaria ao encontro do princípio divino ou ajudá-los na sua evolução? Para eles os humanos eram apenas escravos que viam morrer, enquanto as aves de rapina esperavam para que dessem o último suspiro, sem qualquer sombra de remorso. E diz-me Daniel, não é isso o que ainda acontece nos dias de hoje? Na Arábia Saudita mulheres ainda são flageladas por serem estupradas, enquanto os prevaricadores nem são castigados, assim como ninguém pune aqueles que matam milhares de crianças à fome. Por dia morrem de fome no mundo 25.000 pessoas, enquanto os agricultores são pagos para não cultivar a terra e assim os grandes monopólios manterem os preços. É inadmissível.

— Os inimigos do planeta são os inimigos da Mulher.

— A felicidade que os terrestres tanto procuram é o conhecimento absoluto dentro da harmonia absoluta, que sem o equilíbrio dos princípios feminino e masculino é inteiramente impossível ser experimentado ou vivido. A união desses dois princípios só pode ser alcançada através do autoconhecimento o que leva ao equilíbrio da anima. Os inimigos do ser humano não induzem ao estudo da alma, mas a um mundo externo que pune ou gratifica.

— Ocultismo não é mais do que o estudo que leva ao autoconhecimento e só é oculto porque sempre tem sido proibido. Contudo, mesmo o que se diz oculto foi contaminado pelas prerrogativas religiosas pós Marduk, Melquisedeque e Abraão.

— Uma alteração na maneira de pensar tem como consequência o descobrimento da capacidade mental e anímica entrando noutro nível de percepção onde os interesses passam a ser outros. Em lugar de gratificar e idolatrar o externo, há uma reconciliação interior que estimula neurônios ainda adormecidos. O símbolo da expulsão do paraíso não passa de uma metáfora descrevendo a perda da intimidade entre o Ser e o seu âmago ou essência divina. Assim, a divindade foi antropomorfizada, retratando apenas o instinto humano, enquanto se limitava à matéria e aos cinco sentidos. Para se manter dependia inteiramente dos que nela acreditassem e assim poder existir, onde o puramente inexistente se concretiza em imagens de pau e no dogma. O gênero humano está chegando a um ponto de exaustão onde a visão puramente física ou material chega ao fim de um ciclo irreversível. Como dizia o vosso mais adorável cientista, Carl Sagan, um organismo em guerra consigo mesmo está condenado a autodestruir-se.

— Isso de Carl Sagan é uma opinião puramente pessoal...

Todos riram.

— Um novo ciclo começa agora, mas para isso a mente humana tem de resgatar o conhecimento daquilo que a Humanidade representa sob o ponto de vista cósmico e individual. O princípio masculino tem estado em guerra com o princípio feminino e consigo mesmo. Por isso o mundo está no caminho da autodestruição. A grande técnica para que haja uma verdadeira transformação é saber renunciar àquilo que prejudica, como o antigo pensamento, conceitos e interpretações inadequadas a um sistema coerente e científico. Para isso é necessário que cada um seja extremamente honesto consigo mesmo, mesmo que entre em choque com o próprio pensamento anterior ou com o pensamento alheio.

Daniel levantou-se para caminhar olhando as estrelas, mas Surria tinha tanto para dizer...

— Nada pode ser feito enquanto os terrestres não aceitarem a ideia de que têm de mudar. O cérebro e a mente devem funcionar de uma forma inteiramente nova. Essa é a única maneira de se livrarem da manipulação psíquica a que Marduk, seus descendentes e vassalos vos submeteram e submetem, para que possam criar novos conceitos e daí desenvolver outros níveis de consciência e entendimento. Esta é a hora certa porque a Terra está passando por uma grande mudança vibracional. Todas as formas de vida sentem um aumento de energia, o que ajuda a acelerar todos os modelos de comportamento e a elevar a consciência. Isso também se manifesta nos eventos negativos, porque tudo se amplia sem descriminação.

Porém, as energias quando usadas para o lado negativo são finitas, como se estivessem dentro de um cofre. Quando chegam no ponto de saturação, têm de explodir, ou seja, o cérebro dos que ficarem no mesmo nível, sem elevar a vibração do pensamento e do corpo, não vai poder aguentar as novas frequências.

— Será como consentir que as forças da natureza os destruam.

Daniel fez sinal com a mão que queria pensar. Todos respeitaram o seu pedido e o silêncio era absoluto. Daniel pensava que embora tudo isso já lhe tivesse sido dito, foi nesse momento que a luz surgiu na sua mente. Por vezes, quando nos dizem coisas bem diferentes da nossa realidade, como conceitos, a razão recusa-se a assimilar e interiorizar o novo. Mesmo depois de ter conhecido os mundos subterrâneos, de ter visto o que viu na Terra, e de se encontrar no meio desses seres percorrendo o universo, a razão ainda tinha uma imensa carga de obstáculos que reprimiam a entrada de novas ideias na mente. O método de repetição, onde o mesmo conceito é demonstrado em ângulos diferentes é muito eficaz quando inserido em distintas situações. Por isso mesmo continua sendo usado como "método repetitivo", tanto no ensino primário, quanto a nível universitário. Enquanto esses pensamentos assombravam a sua mente, Daniel teve uma ideia, como se algo muito importante tivesse ficado nas sombras do esquecimento, e abruptamente perguntou:

— Gostaria de saber uma coisa: quem, antes de mim, visitou os povos no interior da Terra usando o Ank?

— Pergunta inteligente.

— Falemos um pouco de história. Em 1958, arqueólogos fizeram uma surpreendente descoberta, durante as escavações da antiga Velia, terra do filósofo pré-socrático, Parmênides. Eram três estátuas que nas inscrições de suas bases mostravam ser de sacerdotes de Apolo, sendo um deles o próprio Parmênides. Portanto, tinham vivido em uma época anterior, ou seja, cinco séculos antes de Jesus ter nascido. Os títulos desses sacerdotes curandeiros era Pholarchos, o que traduzido quer dizer Senhor do Covil. O deus da incubação era, para os gregos, Apolo. Eram os Pholarchos que se ocupavam de uma técnica iniciática, muito conhecida na antiguidade, chamada técnica de incubação, o que não passava de uma forma de aprendizado com o fim de ensinar o iniciado a fazer contato com as divindades do mundo subterrâneo e obter respostas através dos sonhos. Diziam que quando o iniciado se deitava no chão, dentro de uma caverna, gruta ou um aposento subterrâneo, tinha uma visão ou sonho profético, o que era devido a uma alteração no seu estado de consciência. Isso acontecia sem que ele estivesse adormecido nem tampouco tivesse ficado acordado. Talvez a forma mais simples de explicar esse fenômeno é compará-lo ao que vocês chamam de sonho lúcido, embora fosse muito mais do que isso, devido aos efeitos dos óleos com que se untavam e alucinógenos que tomavam na intenção de alcançar outros estados de consciência. Porém, essas viagens eram, acima de tudo, dirigidas pela sua própria vontade e propósitos. O principal propósito dessa caminhada sagrada era procurar curas para diversas doenças. Todavia, há uma outra versão. Os Pholarchos ou Senhores do Covil, tinham contato com os mestres do mundo subterrâneo. O que mencionei antes era o que eles contavam, pois a locação e os meios para entrar nesse outro mundo era o segredo mais sagrado. Eles entravam por um portal usando uma chave muito especial que se auto protegia, queimando quem a tocasse, exceto os escolhidos.

— Agora veja, Daniel... o simbolismo... houve uma grande Iniciada que viveu no Egito há pouco menos de dois mil anos. Esse país mantinha há milênios as tradições esotéricas dos deuses da Suméria, que deram lugar aos ensinamentos herméticos, que de uma forma ou de outra chegaram a este tempo, através de ordens iniciáticas, esotéricas e herméticas. Todo o conhecimento oculto da Pérsia e da Babilônia ficou concentrado no Egito e mais tarde também na Grécia. Pitágoras conseguiu reconciliar todas as linhas de pensamento criando outra que da Grécia se estendeu à Palestina e daí à Europa, onde chegou muito mutilada. Aconteceu, porém, que nessa época, Marduk reinava sobre a Terra. Tendo essa grande Iniciada acesso a outras dimensões, Marduk não tinha poder nem força para impedir os seus passos. Porém, essa alma estava limitada por um corpo humano, o que não facilitava a entrada no mundo subterrâneo pelos portais etéreos. Marduk tinha mandado bloquear todos os portais. Só um ficou vulnerável, no deserto do Egito, ao qual chamavam a Porta. Toda a energia da Terra era densa, e mesmo seres superiores, desde que encarnassem, estariam sujeitos aos efeitos de uma vibração baixa, o que imensamente dificultava todos os movimentos cerebrais e físicos. Fomos nós que a ajudamos a encontrar o Ank que você tem no cinto, porque também fomos nós que o escondemos anteriormente. Depois de ter voltado ao mundo da superfície, essa Iniciada, entregou o Ank à pessoa em quem mais confiava, Onias. Fomos nós que indicamos onde enterrar o Ank aos servidores mais fiéis de Onias e também fomos nós que provocamos aquela tempestade para você encontrar a caixa de topázio.

Daniel estava embasbacado. Olhou o Ank, acariciou-o pensando como seriam as mãos que o tinham tocado antes dele. Era muita emoção. Caiu de joelhos e quase perdeu os sentidos. Imediatamente alguns dos presentes lhe deram algo a cheirar e como que por encanto voltou a si, sentindo-se bem. Minutos depois estava em plena forma, capaz de ouvir e entender o que lhe contavam. Tornou a sentar-se.

— Essa Iniciada também visitou os nossos antepassados, como guardiões da Terra que eram. Já nessa época, os grandes mestres se preocupavam com a posição da mulher e o desequilíbrio na harmonia terrestre. Daniel, é imprescindível que você entenda a importância do equilíbrio dos dois princípios, feminino e masculino. Vocês têm tendência a pensar apenas no povo onde vivem ou com quem se assemelham fisicamente ou na cultura. Mas Daniel... A mulher livre, respeitada e verdadeiramente amada ainda é uma muito pequena percentagem na escala terrestre. Tem de haver equilíbrio. As coisas chegaram a um ponto onde já não há tempo para mudanças lentas. As mulheres do mundo sofrem muito. Tanto...

Daniel reparou que todos choravam. Eram catadupas de lágrimas. Um choro sentido e melodioso, enquanto lágrimas torrenciais caiam e formavam poças no chão. Foi quando Lauce se aproximou e disse:

— Tudo tem de acontecer rapidamente, Daniel. Praticamente de um momento para o outro.

— Voltemos ao importante. Não temos muito tempo. – disse Waliat.

Lerache tomou a palavra e bem empertigado no meio da sala falou de uma maneira solene.

— Sempre que os humanos eram influenciados pelos seres que os queriam ajudar, os enviados de Marduk obtinham a missão de os destruir. Sendo assim, toda a filosofia dos grandes Iniciados foi deturpada e submetida a uma adaptação de culpa, medo e castigo, que apenas favorecia os que queriam continuar mantendo os humanos na miséria, em troca dos favores do rei da Terra. No entanto, essa mesma linha de pensamento era tão forte, que assim mesmo conseguiu subsistir. Muitos dos que a quiseram reviver foram desacreditados e destruídos, mas não todos.

— Daniel, quem são os seus inimigos? Esses que quiseram matá-lo e roubar o Ank, que ainda o procuram e que não vão descansar até destruí-lo. Contudo, você Daniel, tem o apoio de vários povos muito poderosos. Porém, apesar disso, você é o único que pode mudar o rumo dos acontecimentos. Ninguém pode interferir no livre arbítrio do outro. Arbítrio é responsabilidade e liberdade. Povos como nós ou no interior da Terra só poderemos ajudá-lo, se formos chamados. Agora, preste atenção ao que ainda temos para lhe dizer.

— O apelo por uma ajuda superior, é um desejo que vem das profundezas da percepção e da alma humana. Nessa compreensão, cada um terá capacidade para entender que o mais sagrado de todos os princípios é a defesa da continuação da vida, mas de uma maneira nobre e digna, de contrário não vale a pena viver.

— Como dissemos no início, só humanos terrestres podem ajudar a sua Humanidade, o que é uma lei galáctica, para que hajam diferentes formas de evolução e assim podermos subsistir como um todo. Quando atuamos uns sobre os outros, não o fazemos com a intenção de influenciar seja quem for ou trazê-los ao encontro do caminho que já tomamos. A intenção é apenas ajudá-los a sair de situações que só teriam por fim a sua destruição. Porém, assim que o perigo passa não ajudamos a encontrar soluções, isso seria interferência, o que vai contra a Lei de Dharma.

Waliat disse isso de uma maneira quase solene enquanto olhava Daniel nos olhos, ao ponto de parecer ir ao encontro da alma. Daniel não estava confuso nem surpreso, apenas absorvia o que lhe era ensinado, enquanto dentro de si as novas ideias e conceitos se acomodavam e encaixavam de uma forma natural. As expressões de seu rosto e de seu olhar resplandeciam, como se uma nova consciência o tivesse tomado e as incertezas se tivessem evaporado. Mas assim mesmo, ainda perguntou:

— É Cristo Deus?

— Não, Daniel. Não. – respondeu Kunaia – Na Terra a obsessão com deuses é tão grande que ainda não sabem discernir o que é Divino daquilo que está ao serviço dos diferentes tipos de vida no universo. Para vocês, acreditar num deus concreto é mais fácil, portanto, mais importante do que a existência de uma divindade abstrata ou Consciência e Força Universal. Dentro dos vossos conceitos, dizendo que Cristo é deus estão diminuindo infinitamente tudo o que esse Mestre Solar representa.

— Os criadores das religiões humanas na sua arrogância desdenham tanto dos que pretendem abusar, que para mostrar a sua superioridade, dizem-se capazes de crucificar deuses. Que poder poderia ser maior do que matar um deus onipresente, onisciente e onipotente? Por isso a história nunca foi bem contada e a realidade deslizou para as profundezas do esquecimento.

— Da Verdade os humanos só conhecem uma ínfima gota de água do maior oceano e é essa ignorância que os leva a não admitir nem querer ouvir novas ideias. As forças que protegem essa ignorância alimentam o dogma do mistério, o que incapacita e paralisa os seres humanos de procurar o outro lado da sua mesquinha realidade.

— Vocês não conhecem nada, nem o vosso próprio ser ou o vosso próprio mundo. Cristo é um Mestre de outras esferas, como muitos e muitos outros. Repare bem Daniel, a minha vida, tanto como a sua e de todos os outros humanoides não teria sentido se não aspirássemos vir a ser como Eles. Por isso Cristo disse que todos poderiam vir a ser como Ele “ou mais ainda”. Lembra?

Finalmente, a iniciação de Daniel parecia ter chegado ao fim. Copadi colocando-se no meio do salão abriu os braços e anunciou:

— Em alguns momentos teremos uma visita.

— Alguém está vindo por Daniel?

— Sim, adorável Kunaia. Porém, antes quero dizer mais uma coisa, para que Daniel possa digerir tudo isto: o que se procura é um ponto harmonioso que leve à integração das civilizações subterrâneas, da superfície e do cosmos. Basta que os terrestres da superfície mudem a maneira de pensar, sentir e agir, o que os elevará a outros níveis onde uma nova consciência brilhará em todos os seus conceitos e ações. Uma nova percepção os fará entender quem são, porque nos recantos mais profundos da sua essência já o sabem.

Kunaia encaminhou-se para junto de Daniel. Olhando-o fixamente disse de uma maneira solene:

— Houve um escritor grego do século II, Lúcio Apuleio que morava em Roma, e foi iniciado no culto de Ísis. Este é o relato que escreveu sobre essa iniciação: "Aproximei-me da fronteira da morte, pisei no umbral de Perséfone, viajei em meio aos elementos e voltei. Vi o sol à meia noite com seus raios de luz cristalina, aproximei-me dos deuses do mundo inferior e do superior. Adorei-os a um passo de distância." Como vês Daniel, não foste o único a vivenciar todas estas coisas e a conhecer mundos mais escondidos do que desconhecidos. Muitos de vossos antepassados falaram de nós. É tempo de levar a Verdade que foi escondida, de maneiras tão variadas, à compreensão humana. Só assim os habitantes da superfície da Terra poderão saber o que é intimidade cósmica.

∞

Todos os presentes ficaram de pé e em silêncio. Daniel tinha a impressão que meditavam. Ele também silenciou a mente. Os pensamentos deslizavam como se fossem uma queda de água, e por fim conseguiu ouvir a melodia do silêncio.

Aquele aroma era inebriante. Os olhos fechados viam luz. O que estava acontecendo? Teria voltado aos lindos jardins da residência de Maheen? Abriu os olhos para ver diante de si um Ser que não parecia ser homem ou mulher, irradiando uma luz amarelo esbranquiçada, permeada de várias cores muito suaves. A magnificência da forma, da luz e da profusão de cores não eram tão importantes quanto os sentimentos que esse Ser emanava e que pareciam abraçar-se a um ponto vibrante que dentro de Daniel representava a concentração de tudo o que ele essencialmente era. Sentindo uma tontura, teve de apoiar-se numa cadeira para não cair. Foi quando ouviu na sua mente uma voz igual à sua.

— Venho de outra dimensão, mas que está tão perto de ti como a tua alma. É uma dimensão da Terra, a Terceira Esfera. Sou um Ser que evoluiu a partir daquilo que és e do que já foste. Não sou menos nem mais do que tu. Meu nome é Zamuel e personifico o que na Terra intitulam de Mestres Ascendentes, Iluminados, Avatares e outros. Sou um modelo que transcende o que fui, onde deixo transparecer uma parte do que sou segundo os olhos de quem me olha. O que vês é apenas a forma que pode ser compreendida. Estou aqui para ajudar e servir. Na tua presença identifico-me ao que és e representas. Não sou a Força Divina, mas sou parte dela, como tu também és, assim como todos os outros seres. A minha mensagem para os habitantes da superfície da Terra é um apelo para que despertem do pesadelo em que têm vivido, senão, em pouco tempo, a Humanidade será destruída pela sua apatia e pela ambição de alguns. Todos esperamos que saibas usar o poder que adquiriste com as tuas experiências. Voltando ao teu mundo darás a conhecer aos povos tudo o que aprendeste, viste e viveste, desde que encontraste o Ank, no qual tudo foi registrado. Através desse instrumento todos poderão vivenciar a tua experiência. É importante que todos saibam que a Terra está atravessando a ponte entre dois ciclos. Nessa travessia os que não despertarem para outro nível de consciência irão perecer, porque suas mentes não poderão aguentar essa transição. Os outros serão os precursores de uma raça mais harmoniosa e justa. Porém, a morte não é o fim, apenas uma etapa. Não devem temer a morte.

O último momento de vida é onde a consciência atinge o climax de todas as suas experiências. Sendo assim, o importante não é passar para o outro lado da ponte, mas atravessá-la elevando o pensamento aos cumes mais altos e iluminados que a alma possa escalar. Isso só se consegue através da vontade e de um estado de amor muito além do amor comum. Depois da morte, a alma atrai e é atraída pelo nível que representa o ponto onde a sua consciência se encontra nesse momento. Esperemos que o lado escuro da mente e do pensamento dos muitos que morrerem, consiga encontrar a luz antes que isso aconteça. Basta uma fração de segundo de total consciência. O importante é que esse ser seja inteiramente honesto consigo mesmo e reconheça e aceite quem é, sem soberba, sem culpa e sem repulsa. Quanto a ti Daniel, já te foi dito várias vezes que o poder universal está dentro de ti, mas assim mesmo continuas pensando que o Ank tem mais poderes do que tu. Para te ajudar só te quero lembrar que as tuas ações refletem-se na Humanidade. Foste escolhido para uma missão específica, mas, apesar de tudo o que viveste ainda não estás preparado. Não há tempo a perder Daniel. Assume a tua missão e deixa-te de infantilismos. Não há tempo a perder. A intensidade da atividade solar, a entrada no cinturão de fótons, diminuição do campo magnético terrestre, o aquecimento dos oceanos, a núvem magnética que encobre a Terra e os perigos iminentes, são parte das mudanças que assolam todo o sistema solar. A atividade solar está perto do nível que teve há 11.000 anos, quando desapareceu outra civilização humana, a mesma que construiu a pirâmide de Keops. O importante Daniel, é que entendas que todas essas mudanças são necessárias para que o DNA humano se transforme e a Humanidade possa evoluir, ou seja, que a nova raça humana possa nascer, porque esta chegou à exaustão da matéria, o que de certa maneira era a sua finalidade.

Chegou a hora de partires. Sempre que me chamares serás ouvido. Noutra dimensão sou parte de ti e tu de mim.

Com estas palavras a fragrância inebriante e a luz multicor desapareceram. Daniel tornou a sentar-se, só para não cair. Fechou os olhos querendo registrar em cada molécula o que acabara de vivenciar, mas a suave voz de Surria despertou-o.

— A experiência que acabaste de ter precisa ser sacudida da tua mente, para que a interiorizes tal como aconteceu, e assim ficar gravada no subconsciente. Isso evita que a mente racional, que sempre tende a distorcer e modificar o novo ou desconhecido, tentando adaptá-lo a antigos conceitos, deforme a tua experiência. Para que a tua memória absorva o novo sem interferência vamos brincar. Sim, brincar.

∞

Naar agarrou a mão de Daniel e Rande tomou a outra. Todos se colocaram ao redor da sala, de mãos dadas. Daniel não estava preparado para essa surpresa. O ambiente ficou impregnado de música, e de tantos compositores que deveriam haver nesse céu tão imenso, escolheram uma música pastoral, bem terrena, bem sua, concebida por gente do seu povo, genialmente composta por Johann Strauss.

Trautearam rodando e rindo. De faces coradas agitavam as mãos enlaçadas. Olhavam para o lado esquerdo, direito, saltando, sorrindo e vibrando. Afastavam-se até o máximo que o cordão de braços permitia, para em seguida, correr para o meio. Esticando a coluna e os braços para cima e equilibrando-se nas pontas dos pés, erguiam a cabeça, para logo incliná-la o mais possível para trás, deixando o corpo curvar, o que parecia dar-lhes imenso prazer. Daniel tentava imitá-los. Os passos repetiam-se e as notas pareciam atirá-los para uma corrida de alegrias ingênuas que mais e mais os fazia vibrar, dilatar ou alcançar algum poema de colcheias que enriquecia aquela roda de humanos violinos valsando o momentum que quebravam em ondas de tempo. O grupo recolhia-se para de novo espreguiçar-se, rodopiando em imaginárias teclas, sopros e tambores, que violoncelos marcavam e notas tiniam na essência do que eram, lembrando o ritmo das flores, dos campos e das águas cristalinas refletindo um sol inexplicável, enquanto de novo tudo recomeçava.

A música terminou. Todos sorriam contentes, corados e ardentes. Daniel passava as mãos no rosto, como se isso clareasse a expectativa que profundamente sentia. Mas foi a voz de Waliat que o trouxe à realidade desse presente que a partir daí tinha hora marcada.

— Chegou o momento de partires Daniel. Acompanha-me.

Depois de uma pequena vênia a cada um dos risonhos seres do espaço, o arqueólogo ficou com a sensação de há muito ter esquecido quem era. Contudo, sentia-se bem. Leve. Bem-humorado, até alegre. Aquela roda de mãos dadas com entes que personificavam a alegria de viver, trouxe-lhe à memória o que lera sobre os momentos anteriores a Cristo ter sido entregue a seus algozes. Ele também tinha dançado com os discípulos em roda e de mãos dadas, segundo um texto apócrifo de João. A roda, o canto e a dança, movimento e oração, são o símbolo do elo entre o iniciado e o Mestre, e também o início de um compromisso que transcende e transforma, o que é representado na coroa dos reis ou no anel místico de todas as uniões. Quando Daniel saiu da sala ouviu a voz de Copadi, o mais bem humorado e também o mais sensível dos visitantes vindos do planeta Shelo dizendo:

— Vai em paz Daniel Salinas. Nunca percas o bom humor.

Seguindo Waliat, Daniel percebeu que afinal todas as preocupações do mundo resumiam-se a uma tremenda insignificância. O que restava era a essência da idéia fundamental da liberdade.

Com a palavra liberdade ressoando como um eco na sua mente, Daniel seguiu Waliat por corredores sem fim, enquanto a pouco e pouco o via transformar-se em múltiplas silhuetas. Sentia tonturas, o corpo tremia, as pernas perdiam a força. Sentia-se paralisado, mas continuava correndo, ou eram os corredores que vertiginosamente galopavam através dele? Waliat tinha desaparecido. Talvez tivesse ficado muito para trás. Isso não era importante, nada era importante. Daniel sentia a vibração transformar todos os órgãos do seu corpo em pequenas partículas ou algo ainda mais ínfimo. Deixou de ter vida própria, mas assim mesmo tentou abraçar-se, para não ser dividido em milhões de pedaços, evitando disseminar-se em longínquas memórias galácticas, enquanto penetrava cada vez mais profundamente em substâncias atômicas de estrelas e princípios que o tornariam imortal. Eram decorridos minutos, horas ou eternidades? Quem saberia? Daniel perdeu toda a noção de vida, de vibração, de som, de si mesmo. Contudo, algo se apropriava daquilo que tinha sido; daquilo que se diluíra dentro do que fora capaz de ser, nas incomensuráveis repetições do tempo. Agora ele sentia algo muito único, muito íntimo, que o tornava fundamentalmente unido a um futuro que se apresentava nas mãos estendidas do presente. As asas da euforia que velozes o levavam ao encontro de algo parecido com a morte, faziam-no deslizar entre dimensões, (que a razão teria sido incapaz de imaginar) enquanto sem piedade o lançavam no que jamais fora penetrado. Pelas raízes da Terra ele nadava num espaço repleto de estranhos vaga-lumes. Numa fração de tempo ou de eternidade, em que a corrida desacelerou, Daniel sentiu o Ank espalmado contra o que ele seria se estivesse vivo. Pensou em Marília... ela seria a imagem que ficaria para sempre gravada, indo muito além do derradeiro sopro da sua vida.

36

Washington D.C.

Marília estava deitada no chão de uma cela suja, situada nalgum dos muitos recantos inadmissíveis que os homens criaram para tirar a liberdade de expressão e de pensamento de seus iguais. Em tempos de crise os prisioneiros políticos tinham de ser ainda mais humilhados a fim de perderem toda a dignidade e falar.

Sem dizer uma palavra, Daniel e Marília abraçaram-se, enquanto choravam de mansinho. Era um abraço de gratidão, alívio, desabafo e amor. Depois de alguns momentos, um deles conseguiu colocar nos lábios a pergunta que ia na alma dos dois:

— Onde estão as crianças? – perguntou Daniel, abraçando ternamente esse ser tão querido.

Entre soluços Marília respondeu que não sabia. Na Índia tinham sido separados. Nunca mais viu ninguém. No início era questionada vezes sem fim, até que a colocaram nesse lugar onde só aparecia alguém para se certificar de que estava viva e atirar-lhe um prato de comida.

— Onde estamos? – perguntou Daniel.

— Não sei. Foi uma longa viagem de avião. Injetaram-me.

Daniel também não tinha ideia nenhuma de onde estava. O importante era procurar seus filhos, mas antes a realidade exigia meio de transporte, hotel e comida. Abraçando Marília com um braço, empunhou o Ank e pensou em liberdade.

Era um subúrbio de Washington D.C., Silver Springs. Daniel retirou dinheiro do bolso das calças, pensando que teria de ir a um banco fazer câmbio. Mas o dinheiro na sua mão era dólar. Um carro cinzento parou na sua frente. Tinha um anúncio "Vende-se". Sem pensar Daniel foi ao encontro do motorista e perguntou qual o preço. A transação foi feita na hora, bastava assinar o título e pagar. Daniel prometeu que dentro de um mês lhe mandaria as placas pelo correio, o que o outro disse não ser preciso. Enquanto dirigia pensava nesses olhos estranhamente doces. Onde já teria visto essas mãos ressequidas e grossas? Quando parou num sinal abriu o porta luvas. Estava repleto de pepitas de ouro e dólares.

Era preciso pensar em Marília que parecia estar desfalecendo de fraqueza. Porém, a cada minuto que passava ela sentia-se melhor, com mais vigor. Daniel deixou-a no carro e foi comprar roupas. Passaram num drive-in e compraram alguma comida e bebidas. Depois foram procurar um hotel de estrada, onde Daniel alugou quatro quartos.

Marília comeu um pouco, tomou um demorado banho e deitou-se. Adormeceu quase instantaneamente. Daniel sabia que ela estava exausta, mas com saúde. Era melhor que ficasse dormindo enquanto ele procurava os filhos e amigos.

Daniel continuava sem se dar conta do poder que tinha. Pensava que suas ações eram riscos. Foi a pouco e pouco que descobriu que atitudes com propósitos definitivos, na certeza de conseguir cumpri-los, tornavam tudo o que queria uma realidade absoluta. Todavia, nesse momento ainda pensou no que desejava, como um risco. Só as circunstâncias poderiam ensiná-lo a conviver com o que tinha passado a ser. Pensou em Eliana, sem imaginar a grande surpresa que o esperava.

37

Nova York, EUA

Daniel com o Ank na mão "materializou-se"no meio de muita gente. Eliana estava na sua frente, petrificada pela surpresa, até que reagiu e abraçou o pai soluçando. Depois apresentou-o a Anna Jani, que ele já conhecia, a Loretta Carnegie e Christine Lanz. Quase ninguém tinha notado a presença do recém-chegado. Loretta fez sinal para entrarem na sala adjacente. Foi nesse momento que Nasser apareceu, abraçando Daniel efusivamente.

— Que lugar é este? – perguntou Daniel, mas a resposta foi a indicação para saírem dali rapidamente.

No momento em que Daniel seguia Loretta que abria caminho ia tentando entender o lugar onde estava. Um homem aproximou-se com uma arma na mão. Daniel parou pensando que atitude tomar.

— É isto que quer? – perguntou mostrando o Ank.

O homem estendeu a mão para agarrá-lo, mas Daniel já não estava mais ali. Tanto ele como a filha, Nasser e Anna tinham sumido. Entretanto, as pessoas que se encontravam mais perto, sem entenderem muito bem o que estava acontecendo, começaram a gritar:

— Daniel Salinas voltou.

— Onde? – perguntaram alguns.

— Tornou a desaparecer. – respondeu uma jovem.

O homem que tinha apontado a pistola para Daniel tentou sair sorrateiramente, mas outros três, talvez seguranças, que tinham assistido a tudo o que acontecera a poucos metros de distância, agarraram-no. Ataram-lhe os pés e as mãos e colocaram-no no centro da sala atado a uma cadeira.

∞

Num pequeno restaurante em Queens, Daniel foi assaltado por uma tonelada de perguntas, mas não havia tempo a perder. Perguntou o que tinha acontecido e onde estavam Gustavo, Ronaldo e família, assim como Maheen, Sanjit, Arjuna e Indira.

Nasser contou que de uma janela da residência de sua mãe, ele e Eliana tinham visto Daniel desaparecer na fonte do jardim, o que lhes deu a sensação de que todos também deviam partir o mais depressa possível, para o abrigo do CPCE. Porém, logo que Daniel desapareceu num feixe de luz, notaram que a residência estava sendo invadida por muitos carros que circulavam de luzes apagadas. Quando Nasser correu para avisar seus pais já era tarde, no andar de baixo o som de passos tornou evidente que a única coisa a fazer era fugir e salvar Eliana. A residência tinha uma passagem secreta que levava à extremidade norte dos jardins, onde um portão ficava camuflado pelos arbustos. Ele e Eliana correram o mais que puderam, mas o portão tinha sido detectado e estava guardado por vários guardas armados, que pareciam olhar na sua direção. Não havia outra solução, apenas ir para o abrigo, onde permaneceram por três dias. Quando saíram saltaram o muro a uns cem metros do portão. Um amigo de Nasser levou-os de avião e de carro até perto da fronteira com União de Myanmar, antiga Burma. Compraram uma mula e uma carroça, vestiram-se como os nativos e entraram em Myanmar sem acidentes. Depois conseguiram passaportes falsos e viajaram num barco de carga até ao México. A intensão era ir para Nova York o mais depressa possível, mas Nasser tinha medo de ser detido pelas autoridades americanas, visto estas terem meios mais sofisticados para descobrir passaportes falsos. Viveram algumas semanas perto da fronteira com o Texas, esperando alguma oportunidade que facilitasse a travessia. Finalmente esse dia chegou, quando todos os satélites, aparelhos eletrônicos e comunicações ficaram paralisados. Nasser e Eliana arriscaram e passaram a fronteira sem problema. Anna recebera-os com lágrimas de alegria e tristeza. Ninguém sabia onde os outros se encontravam e o único alento era a certeza de que Daniel voltaria e solucionaria todos os problemas. Desde que chegaram a Nova York, tinham vivido no abrigo entre os "Amigos de Daniel". Todavia, de seus pais, Arjuna Patil, Indira, Marília, Gustavo, Ronaldo e família nunca tiveram notícias, nem sabiam em que país se encontravam. Nasser e Anna também explicaram a Daniel o que era o abrigo.

— Marília está bem e a salvo. Agora que já tenho um pouco de informação, vou procurar todo o mundo e quando todos estiverem recompostos e prontos a enfrentar outra etapa, voltarei ao abrigo.

Daniel abraçou Eliana e mais uma vez pediu a Nasser que olhasse por ela. Virando-se para Anna perguntou se sabia quem era o homem que o atacou.

— Não sei Daniel, algum fanático, mas tenho a certeza que os seguranças tomaram as devidas precauções.

Daniel afastou-se do restaurante e pensou em Gustavo.

38

Washington, DC

Desta vez Daniel tinha alguma noção do lugar para onde ia. Eram as instalações da CIA, em Langley, Virginia. "Gustavo", pensou, enquanto na janela da mente via o rosto de seu tão amado filho. Estava agora no porão do edifício, atravessou uma porta de ferro. Gustavo, sentado numa cadeira com as mãos e os pés presos chorava. Na sua frente, Ronaldo encontrava-se na mesma posição olhando o fundo da sala de olhos vazios. Dois homens preparavam um aparato elétrico cheio de cabos, colocado em cima de uma mesa. Aos pés dos dois prisioneiros estavam duas bacias de ferro cheias de água. "Tortura", "choques elétricos" ... Para quê usar sistemas tão antiquados? Esse tipo de tortura humilhava mais... pensou Daniel já invisível aos olhos dos dois homens que apesar disso sentiram a presença de alguém, ficando inquietos e sem saber o que fazer. Daniel apontou o Ank na sua direção e ambos caíram adormecidos. Depois tocou as cadeias de aço, que prendiam Gustavo e que logo abriram. Em seguida, enquanto Ronaldo repetia, "Daniel", "Daniel", colocou o Ank na espinha de Gustavo, que como que por milagre recuperou as forças, podendo equilibrar-se nos pés ensaguentados. O mesmo Daniel fez com Ronaldo Ciciliato. Prendeu o Ank no cinto e com os dois braços enlaçando a cintura desses dois seres que tanto amava, pensou em Marília.

Gustavo e Ronaldo sentados nas duas poltronas do quarto, não conseguiam entender inteiramente o que tinha acontecido. Daniel tinha saído de carro para comprar comida e roupa, sem nada dizer ou explicar. Quando voltou Gustavo saia do banho. Ronaldo, enrolado na colcha da cama falava com Marília que parecia ter recuperado as forças. Pai, filho e amigo abraçaram-se chorando e rindo.

— Eu sabia que você ia voltar e tirar-nos daquele martírio, mas porque demorou tanto? – perguntou Gustavo, enquanto voltava a abraçar o pai.

— Quanto tempo estive ausente? – perguntou Daniel.

— Papai, o senhor não tem noção de quanto tempo? Adivinhe.

— Três, quatro dias no máximo.

Ronaldo riu, enquanto Marília caía de costas nas almofadas, dizendo "não acredito". Gustavo de pé no meio do quarto abanava com a cabeça.

— Dois meses, pai. Há dois meses que estamos presos, indo de masmorra em masmorra. A certo ponto parecia que se tinham esquecido de nós, apenas nos mantendo vivos. Mas hoje voltaram à carga. Creio que descobriram que a mãe tinha fugido da prisão e temiam que você tivesse voltado. Por isso nos prenderam com correntes.

— Você chegou na hora certa. Neste momento estaríamos sendo torturados. – disse Ronaldo enquanto um calafrio lhe passava pela espinha. – Mas, Daniel, a maior tortura é não saber de Teresa e das crianças.

— Agora que estão a salvo, vou procurar a sua família, Maheen, Sanjit, Arjuna e Indira. Eliana e Nasser conseguiram fugir e estão num abrigo em Nova York com Anna Jani. Este quarto tem duas camas de casal, têm aí comida, roupa, leite, sucos e outras coisas. Nos outros três quartos também tem comida. Creio que é o conforto necessário para que não precisem de sair até eu voltar. Procurem ficar juntos.

— Daniel, traga a minha família sã e salva. – pediu Ronaldo chorando amargamente.

— Prometo que este pesadelo acaba hoje.

Marília abraçou o marido com muita ternura.

— Não se preocupe, estamos bem.

Daniel pegou o controle remoto e ligou a televisão. Em quase todos os canais a imagem e o som estavam distorcidos. Outros apenas tinham estática. O jornal falava de uma epidemia que estava provocando autênticos genocídios nos cantos mais pobres do mundo. A Europa estava sendo assolada por um vírus letal, que se manifestava com os sintomas da gripe. Por outro lado, muita gente aparecia morta, sem nenhuma razão ou explicação. A criminalidade aumentava aterradoramente e a polícia não tinha como procurar os criminosos. Nas igrejas muitos oportunistas extirpavam todo o dinheiro que podiam de seus fiéis, com promessas de futuros sem doenças, junto a um deus sentado num trono de ouro e pedras preciosas, embalados pelos sons de uma harpa de cordas inquebráveis e capaz de tocar por toda a eternidade. As massas acorriam a qualquer igreja que as confortasse, mesmo sem saber exatamente qual o conforto que procuravam. A eletricidade faltava o tempo todo, prejudicando o ritmo da vida. Mesmo nas grandes cidades dos países mais desenvolvidos faltava água, devido aos apagões, onde as populações não tinham os recursos naturais de fontes e poços, de outros cantos do mundo. Os rios estavam cheios de gente, lavando-se e lavando roupa. As lojas eram pilhadas constantemente. O pandemônio tornava povos, que até então se julgavam civilizados, em seres quase irracionais. Os mais conscientes procuravam meios para sobreviver e ajudar os outros. Fora das grandes cidades a vida era mais tranquila, embora a falta de informação se tivesse tornado um pesadelo. Todos mantinham as televisões ligadas, para que quando a luz voltasse ou o sinal de satélite abrisse pudessem saber o que estava acontecendo no mundo e por quanto tempo esse pesadelo iria continuar.

Daniel pensou em Maheen, e logo se sentiu voar acima do mundo. Contudo, aquilo não eram asas, mas o poder dos átomos que ao perderem a densidade, corriam no tempo sem a opressão e as limitações da matéria. Daniel agora sentia que o Ank tinha deixado de ser necessário. Ele já era capaz de por si mesmo conseguir o impensável sem qualquer ajuda. Contudo, por outro lado, sentia que o Ank poderia abrir portas intransponíveis. Quais? O tempo o diria. No Ank estava registrado tudo o que Daniel tinha ouvido e vivido. Todos os povos teriam de saber a Verdade e sentir na sua essência a amplitude do imprevisível, a qual constituía a integridade da Obra individual e humana. Daniel reconhecia que só lembrava um pouco de tudo o que tinha vivido, mas mesmo essa fração de uma realidade condensada no tempo, era um selo sagrado que para sempre tinha marcado a sua alma e o futuro de uma Humanidade desesperada. Era preciso que urgentemente todos os povos superassem as estruturas inadequadas que sempre fomentaram a insatisfação, sem que soluções concretas, reais e bem fundadas proporcionassem entendimentos espontâneos, a fim de serem capazes de aumentar o magnetismo que centuplicaria o verdadeiro conhecimento, no caminho do fortalecimento individual, e da evolução da raça.

Com estes pensamentos que na sua mente corriam mais rapidamente que os seus átomos através dos continentes, Daniel chegou a Calcutá. Era uma prisão pestilenta, medonha, capaz de transformar qualquer ser humano num monstro irracional. O ruído de passos e metais ecoava nas profundezas de um edifício com uma aparência imponente. A situação repugnante dos presos ultrapassava qualquer noção de inferno. Daniel entrou numa jaula, infestada de insetos e ratos. Maheen deitada no chão parecia dormir. Aquela mulher sofisticada e distinta, culta, inteligente, sincera, doce, atraente, ágil e forte, parecia reduzida ao trapo que tapava o seu corpo frágil, e aparentemente prestes a dar o último suspiro. Daniel pegou-a no colo e desapareceu. Pensou em Sanjit. Não estava longe... no mesmo edifício. Junto dele estavam outros prisioneiros, entre eles Arjuna. O espanto ultrapassava o sentido de qualquer palavra. Ambos abraçaram Daniel que segurava um vulto frágil. O transporte foi instantâneo.

O estado de Maheen era tal que Marília tentou lavá-la como se esse corpo fosse a peça mais frágil e rara deste mundo. Enquanto o fazia transmitia-lhe muito carinho e muito amor. Porém, o cabelo de Maheen estava infestado de parasitas e empastado de tal maneira que era impossível tratá-lo. As chagas do corpo em contato com a água provocavam dores lancinantes, como se invisíveis ferros quentes ainda continuassem a tortura. Marília chamou Daniel para que confortasse esse corpo massacrado. Os dois olharam-se profundamente, como se suas almas estivessem comunicando e transmitindo o amor mais profundo. Daniel viu nesses olhos uma onda imensa que o levava ao coração do mundo e de uma vez para sempre entendeu que não havia limites, apenas aqueles que ele impunha a si mesmo.

Daniel nem pensou em usar o Ank. Finalmente acreditava inteiramente no seu poder. Com isso sentiu uma energia que nem quando se deslocou através da terra ou do ar tinha experimentado. Sentia-se como se até aí tivesse usado um corpo dormente ou entorpecido e que nesse momento se recuperava completamente. Colocou as mãos sobre a cabeça imunda, olhou as chagas desse corpo e concentrou-se. O resultado foi instantâneo. A pele cicatrizou imediatamente e o cabelo ficou liso e limpo, como que convidando a uma carícia imensamente desejada. Em minutos Maheen recuperou o entendimento e a vitalidade. Daniel cobriu-lhe o peito e plexos solar com o Ank, enquanto Maheen entrava triunfante pelo portal de um sono profundo onde um sonho tranquilo a confortava. Em um quarto adjacente Gustavo e Ronaldo ajudavam Sanjit e Arjuna. O estado de ambos não era muito melhor do que o de Maheen. Daniel também colocou as mãos nas chagas e cabeça de ambos. Depois transportou-os para junto dos outros. Daniel fez o mesmo que tinha feito antes. Deitou-os lado a lado na mesma cama e colocou o Ank sobre o peito e plexos solar de cada um por alguns minutos. A recuperação foi quase instantânea, mas a mente teve alguma dificuldade em acompanhar tamanha mudança.

Daniel pensou em Teresa e nas crianças, ao mesmo tempo que desejava que ainda estivessem vivas e se assim não fosse que o mundo parasse, que o tempo voltasse, mas que Ronaldo não tivesse de sofrer o pior martírio que um ser humano pode suportar. Encontrou-as nas masmorras de uma antiga prisão perto de Londres.

Não era nenhuma instituição do governo, mas um castelo medieval, restaurado com tudo o que havia de mais moderno. Só as masmorras continuavam a ser as mesmas. Era um dos lugares mais secretos do mundo. Teresa dormia no chão com as duas crianças. Estas pareciam estar à beira da morte, por fome e falta de bons tratos. Nessa cela encontravam-se outras mulheres, algumas com filhos. As que não dormiam, olhavam Daniel, sem entender o que os olhos viam. Ficaram paralisadas, apáticas, talvez por acreditarem que a fome e o sofrimento aliviam-se com visões.

Daniel ainda pensou que o Ank tinha sido a ferramenta com que uma escola invisível o tinha equipado. O desenvolvimento da consciência que conseguiu acelerar, com todas as suas experiências, também apurou esse poder que não era só dele, mas inerente a todos os seres humanos. Ele sabia que o processo de recuperação de si mesmo era o início da regeneração da Humanidade, por isso levava mais tempo do que aqueles que viessem a seguir. Daí para a frente, para muitos, o restabelecimento da consciência de seus poderes seria muito mais rápido e por vezes instantâneo.

Olhando as suas próprias mãos Daniel tocou a nuca de Teresa que o abraçou soluçando. Depois fez o impensável. Tocou todas as mulheres e crianças dessa prisão. Num espaço que não estava sujeito à limitação do tempo, levou-as para o lugar onde queriam ir. Em seguida pegou em Teresa e nas crianças. O túnel por onde entraram era destituído de tempo e numa fração de segundo Ronaldo tinha diante de si, naquele quarto de hotel de beira de estrada, mas que mais parecia ser um pedaço do paraíso, os entes que ele mais amava e que pensara nunca mais tornar a ver. Faltava, porém, uma coisa importante.

— Maheen, onde está Indira?

— Também a levaram, mas não sei para onde.

Daniel pensou em Indira. Era um bordel nojento, por onde perambulavam homens e mulheres que nem sabiam quem eram. Indira estava sentada numa cama gemendo de dor. Daniel estendeu o braço. A mulher caiu adormecida em cima do colchão manchado de sangue. Agarrou-a com todo o carinho, colocou-lhe a mão na testa e na cabeça, desejando que se curasse e esquecesse tudo o que acontecera desde que foi retirada da residência de Maheen.

De volta a Silver Springs, Daniel sentiu que aquele lugar não mais era seguro. Veio-lhe à mente que o abrigo dos "Amigos de Daniel", também não. Aquilo era apenas uma armadilha, porque mesmo que Loretta tivesse boas intensões, o grupo a que seu marido pertencia sabia de todos os seus movimentos. Naquele lugar haviam mais espiões do que propriamente "Amigos de Daniel". Era urgente retirar todos dali. Maheen estava inteiramente recuperada. Ela lhe diria onde deveriam ir. Daniel expôs o problema a todos e pediu a Maheen para tomar uma decisão.

— O único lugar onde deveremos ir é o Centro de Pesquisa e Comunicação Espacial, perto de Calcutá.

Todos ficaram repentinamente em silêncio. Tanto as monótonas luzes da noite como o contínuo e cadente ruído dos carros que percorriam a estrada, foram abalados pelas sirenes e luzes azuis de dezenas de carros de polícia e vários helicópteros.

39

Nova York, EUA

Anna e Eliana sentiam-se inseguras. De repente, os “amigos de Daniel” pareciam mais inimigos do que amigos. O homem que tinha sido preso e colocado atado a uma cadeira no meio do salão tinha desaparecido. Ambas se concentraram nos diferentes rostos, para claramente notar que muitos não estavam ali por nenhum ideal, mas por dever. Anna andava de um lado para o outro procurando Nasser. A porta que dava para o corredor com os karts de golf estava entreaberta. Qualquer som fazia eco. Anna espreitou e viu Loretta sentada num dos carros de golfe conversando com Christine Lanz. Elas não se deram conta da sua presença e continuaram o diálogo.

— Meu marido já levou o cristal. Ele agradece muito. A esta hora já se encontra nas mãos da Trindade. – disse Loretta apertando a mão da amiga.

— Quando vamos acabar com esta farsa? – perguntou Christine.

— Daniel disse que ia voltar, mas em vez disso conseguiu retirar todos da prisão. Se voltar para vir buscar a filha atiraremos para matar. Ele tem muito poder, é impossível pegá-lo vivo.

— E a filha?

— Tanto ela como Anna e Nasser servirão de reféns.

Anna saiu do esconderijo sorrateiramente e foi avisar Eliana. Teriam de continuar atuando como se nada soubessem. Mas já era tarde. Um dos homens que Anna pensava ser da segurança para proteger os "Amigos de Daniel", saiu pela mesma porta onde ela tinha ouvido a conversa entre as duas mulheres. Anna encheu-se de coragem e entrou novamente na antecâmara. Ainda ouviu as palavras, "Temos de criar uma armadilha, para quando ele vier buscar a filha".

— O que está acontecendo? Venham juntar-se a nós. – disse Anna, com a maior naturalidade enquanto ia ao encontro das duas mulheres.

— Traga Eliana e Nasser, queremos falar com vocês. Temos boas notícias, – respondeu Loretta com ar autoritário. Já não pretendia esconder as suas intenções.

Anna procurou Nasser, enquanto Eliana também chegava junto dela. Os três voltaram ao lugar onde os carros de golfe estavam estacionados. Rapidamente, como se tudo tivesse sido planejado há muito, vários homens agarraram os três. Em cada um colocaram um colete com uma bomba. Taparam-lhes a boca com fita adesiva e ataram os pés e as mãos, sentando-os no chão com as costas encostadas na parede. Abriram uma lata de cola, a qual colocaram na parede e nos cabelos de cada um. Por alguns minutos fizeram pressão segurando as cabeças dos três jovens contra a parede. Quando os largaram, Loretta e Christine, a poucos passos de distância, olharam para os três e riram. Enquanto Loretta dizia:

— Foram bem enganados. Obrigada pelo serviço que nos prestaram.

Quando as duas mulheres partiram, a sala foi ficando repleta de homens armados com metralhadoras e granadas penduradas nos cintos, além da elite Swat. O sinal era atirar à primeira vista. Um dos guardas ficou junto aos reféns. Ele tinha o controle remoto para detonar as bombas quando a hora chegasse.

Nasser sorria, pensando que Daniel os tiraria dali sem problema, o que seria a última prova de que ele era o Messias. Anna tinha os olhos cheios de terror, pensando que tinha falado do Centro de Pesquisa e Comunicação Espacial com Loretta. Eliana preferia morrer do que ver seu pai cair nas mãos daqueles selvagens. Para ela não havia esperança. O mundo acabava ali.

40

Silver Springs, Md. Estados Unidos

Daniel sentia que tinha de estar em dois lugares ao mesmo tempo, mas isso não lhe parecia viável. O raciocínio trabalhava rapidamente, muito mais do que palavras. Ele teria de arranjar uma solução para salvar sete adultos e duas crianças.

— Todos... venham aqui junto à janela. Eu vou abri-la e usar o Ank, antes que os policiais subam. Olhem para o Ank, totalmente concentrados e sem se preocuparem com nada. O único pensamento é ir para o Centro de Pesquisa e Comunicação Espacial, perto de Calcutá. Maheen, você tem de guiá-los. Não duvidem, nem tenham medo.

Daniel abriu a janela e logo ouviu tiros. Sem medo, atirou o Ank como se fosse um boomerang, na direção das estrelas. Enquanto o símbolo da Vida, mais antigo do mundo, subia no espaço brilhando como se fora um sol, os amigos e família de Daniel dissiparam-se nas brumas de impossíveis para quem não acreditasse na sua própria capacidade. Eles sabiam que tinham de acreditar, não havia outra alternativa. Milionésimos de segundo passaram para que tempo e espaço se dissolvessem noutra dimensão.

Apenas segundos tarde demais, os policiais invadiam os quartos vazios, procurando Daniel.

41

Nova York, EUA

Um sentimento muito forte que o aconselhava a cuidar-se de um grande perigo, levou Daniel a parar para pensar. Estava perto do abrigo dos "Amigos de Daniel". Todas as ruas e telhados adjacentes estavam repletos de militares, incluindo a elite Swat, o FBI, mercenários da Blackwater etc. Parecia um exército preparado para uma grande batalha. Helicópteros circulavam os prédios e num deles Richard Morgan e Paul Carnegie, davam instruções ao general encarregado dessa missão.

Daniel estava escondido por uns arbustos junto a uma árvore. O mais pequeno movimento seria imediatamente detectado. Ele ainda não sabia como usar os seus poderes. Pensou então que gostaria de ficar invisível, mas nada aconteceu. Talvez por estar cansado ou porque o medo voltara, faltava-lhe confiança. Foi nesse momento que apareceu no céu uma luz muito intensa, como se o sol tivesse substituído a lua. Conforme ele olhou, todos os outros também presenciaram o mesmo fenômeno, enquanto o Ank retornava às mãos do seu atual dono. Quem olhou para o seu brilho ficou temporariamente cego. Alguns soldados rolavam nos telhados, mais pelo medo do que pela cegueira. Daniel pegou no Ank e mais uma vez desejou ficar invisível e assim foi. Ele ainda precisava de um apoio para ter confiança... Pensou em Eliana.

Estava em frente à filha sem possibilidade de se mexer. Os soldados ao redor dos prisioneiros tinham feito um cerco impenetrável.

Eliana chorava. Daniel concentrou-se e ouviu o pensamento da filha tão querida queixando-se da cola que repuxava o cabelo e as bombas que explodiriam quando seu pai aparecesse. Depois concentrou o pensamento em Anna, para ouvir o grito de desespero e arrependimento por ter falado sobre o CPCE com Loretta. Depois concentrou o pensamento em Nasser, que parecia não ter qualquer rasgo de consciência sobre o perigo que corria. Parecia satisfeito com o que estava acontecendo... Daniel os tiraria dali o que provaria que era o Messias e que salvaria o mundo. Havia algo nesse pensamento que era pesado, faccioso, pernicioso. Daniel não tinha tempo para descobrir mais. Depois concentrou-se no pensamento do agente que tinha o detonador na mão. O pobre pensava qual a melhor maneira de detonar as bombas e safar-se. Estava cheio de medo, teria apenas cinco minutos. "Quando esse Daniel aparecer e se aproximar dos reféns, devo carregar no botão imediatamente. Como fugir? Como ir além do alcance dos estilhaços? Não quero morrer, principalmente agora que..."

Daniel tinha de resolver imediatamente aquela situação difícil. A única maneira era falar telepaticamente, mas eles não poderiam dar nenhum sinal da sua presença, senão as bombas seriam detonadas. E se adormecesse os soldados? Precisava de apenas 15 segundos. Levantou a mão e todos caíram no chão adormecidos. Nesse mesmo instante a porta abriu e apareceram outros, já atirando na direção dos reféns. Daniel paralisou-os no ato, mas outros já vinham para os substituir.

Nesse momento Richard Morgan deu ordem para que a casa e o abrigo fossem bombardeados.

— Loretta ainda não saiu... – gritou Paul Carnegie em pânico.

— Esta é a sua prova para que suba na hierarquia. – respondeu Richard friamente.

A contagem decrescente começou.

No abrigo, Daniel foi atingido no ombro, o sangue era visível.

Rapidamente colocou o Ank no ar pensando no ombro, que se restabeleceu imediatamente e voou para o teto, enquanto telepaticamente dava ordem aos três reféns para subirem. Em menos de um segundo, as bombas desprenderam-se de seus corpos, assim como a fita adesiva e a cola. Daniel ainda tinha momentos em que identificava o seu poder ao Ank. Não é fácil mudar a maneira de pensar de um dia para o outro...

Enquanto balas arrancavam pedaços da parede onde um momento antes tinham estado presos, Anna, Eliana e Nasser faziam a viagem mais estranha das suas vidas. Ao mesmo tempo em que Daniel com o Ank empunhado pela base do laço visualizava o abrigo do Centro perto de Calcutá, todos os que eram verdadeiramente "Amigos de Daniel" foram levados por um vento misterioso para o Central Park. Entre eles alguns soldados.

Muitos viram as explosões e a cratera onde os corpos de Loretta, Christine e centenas de soldados tinham dado o último suspiro, sem que tivessem qualquer noção do que lhes tinha acontecido.

42

Calcutá, Índia

O Centro CPCE era um subterrâneo coberto por um pequeno bosque, o que em qualquer eventualidade também poderia servir de abrigo. Eram muito poucos os que sabiam da sua existência. Tinha sido construído por estrangeiros, que apenas queriam voltar a seus países com algum dinheiro, não passando de pessoas anônimas, sem endereço e inofensivas.

Daniel chegou com Eliana, Anna e Nasser. Marília chorava abraçada à filha, enquanto Maheen e Sanjit faziam o mesmo. Arjuna Patil inspecionava o equipamento. O gerador e a parte eletrônica pareciam funcionar perfeitamente.

Anna rompeu num choro copioso. Ela tinha falado sobre o Centro com Loretta Carnegie. A preocupação estampou-se nos rostos de todos os presentes. Menos Nasser. Anna continuou:

— Perdoe-me meu pai, eu também não consegui o cristal que o senhor me pediu.

— Tudo bem, não se preocupe minha filha. O importante é que estamos juntos e a salvo.

Sanjit Jani sabia que Christine Lanz tinha mentido quando disse que o cristal desaparecera, mas, como que falando em voz alta, perguntou:

— O que teriam feito com o cristal? Que utilidade poderia ter?

— Havia muita dúvida envolvendo esse cristal. – comentou Arjuna. – Alguns cientistas diziam que não era da Terra e... como todos sabemos, tudo o que tenha alguma explicação não terrena, passa a pertencer a áreas restritas. Sabemos que é um cristal rosado, com mais ou menos vinte centímetros de diâmetro, talhado na forma de um octógono, tendo uma pequena ranhura no centro. Esse cristal não se identifica com os cristais catalogados ou conhecidos.

Daniel desapareceu, não sem antes dizer que voltaria em breve. Inusitadamente haviam muitos helicópteros cruzando os ares, não longe do CPCE, perto das torres eólicas. Iriam destruí-las? Eles nunca seriam descobertos.

Rapidamente Daniel estendeu a mão ordenando que o sistema eletrônico de todas as naves deixasse de funcionar, levando-as a retornar à base ou pousar, mas ele sabia que logo viriam muitas mais para substituí-las. Daniel fez um sinal em leque com a mão e todas as torres desapareceram de vista. Elas continuavam no mesmo lugar, mas ninguém podia vê-las. Depois voltou ao Centro, para relatar o que tinha feito.

— Desliguem todos os aparelhos eletrônicos e não usem telefones.

— Estamos em perigo, eu sabia. – disse Anna baixinho, para romper num choro incontrolável.

— Anna, o que foi feito não pode ser mudado. Todos precisamos manter o sangue frio. Algo me diz que estamos no caminho certo. – Disse Maheen com voz firme.

— Vou buscar o cristal, sei exatamente para que serve e é imprescindível para o que temos de fazer.

— Cuidado Daniel, ninguém é invencível. – Teresa disse essas palavras abraçando-se, como que fazendo um escudo contra forças malignas.

— Teresa, de um momento para o outro tudo está fazendo sentido. – Daniel falou olhando os outros tentando transmitir confiança.

Maheen chamou Daniel para outra pequena sala adjacente.

— Daniel, pressinto que você vai correr grandes perigos. Antes de partir, fique aqui por alguns minutos sozinho. Faça silêncio na sua mente, para regenerar a sua energia. É um exercício que também ajuda a ouvir a voz da intuição. Antes de partir não esqueça de visualizar Agartha. Talvez as suas ondas magnéticas cheguem até Ela e as dela até você. Alguns chamam-lhe uma oração, outros diálogo interior... cada um tem a sua própria interpretação...

Porém, Daniel sabia bem o que pensar. Havia no mundo uma gruta feita de uma única safira...

43

Armênia

Nesse dia o céu estava muito estranho. Uma nuvem imensa e ondulante, de uma luminosidade baça, flutuava por cima de todos os continentes, estendendo-se através dos oceanos e parecendo querer cobrir toda a Terra.

Daniel sabia que as comunicações eram quase inexistentes. Haviam vários vulcões em erupção ao redor do planeta, as combustões solares eram inéditas e contínuas, enquanto os povos entravam num estado de pânico que a cada dia tornava-se mais irracional.

Nos primeiros passos da descoberta de si mesmo, Daniel entendeu que apesar de poder desaparecer e aparecer em qualquer lugar segundo a sua vontade, ainda não tinha noção do que esse processo envolvia. A pouco e pouco aprendeu a controlar o voo e nesse momento sabia que estava na Armênia. Porém, o seu desejo de encontrar o cristal não o levou a nenhum lugar específico. Sobrevoava uma montanha cujos picos estavam cobertos de neve. Seria esse o lugar onde o cristal se encontrava? Mas onde?

Daniel lembrou o diálogo com Agartha e sentiu, de uma maneira muito forte, que ela aprovava essa necessidade de encontrar o cristal, mesmo pondo a sua vida em risco. Nesse momento as oscilações na pressão atmosférica, as quais têm origem na temperatura do ar, estando diretamente relacionadas com a radiação solar e os processos de aquecimento das massas de ar, formaram-se a partir de não só influências naturais, como continentalidade, maritimidade, latitude e altitude, mas também de algo artificial, como um sopro gigantesco e medonho que com algum propósito o afastava daquele lugar. Além disso, o ar estava impregnado de magnetismo criando uma vibração muito forte. A princípio Daniel teve uma tontura, sentia que os ouvidos iam explodir, quase perdeu o controle. Ainda se agarrou no Ank, como que pedindo proteção. Foi quando o corpo se encheu de energia fazendo-o sentir-se bem, em harmonia consigo mesmo e com a natureza.

Daniel contornou a montanha. Tinha de manter a altura, o que inconscientemente o fazia mover os braços como se fossem asas. Lembrou-se que quando sonhava que voava fazia exatamente o mesmo movimento, o que não passava de uma reação mecânica, talvez reflexo de alguma memória genética ou cósmica, mas isso não era importante.

O arqueólogo notou uma claridade estranha que vinha de uma espécie de plataforma cravada na montanha. Aproximou-se, tendo o cuidado de ficar invisível. Os vidros pareciam ser parte dos rochedos e flora da encosta, mas na realidade eram feitos de maneira a camuflar uma residência. Olhou para dentro e viu três homens que olhavam fixamente um cristal octogonal, colocado bem no centro, em cima de uma mesa também de cristal. O que fazer? A sua mente parecia receber mensagens, avisando-o que corria um grande perigo. Sem mais nem menos a figura de Waliat entrou no seu pensamento, como um intruso que reclamava por atenção. A palavra "perigo" repetia-se como uma canção, mas tudo o que Daniel queria era uma solução para resgatar o cristal e voltar para o Centro. Como? Teria de ser ele a decidir, ninguém o poderia ajudar.

Daniel transpôs o vidro, entrou na sala e embora invisível, sentiu que deveria ficar longe dos três homens. Reparou então que aquilo não era uma residência, mas uma enorme sala cavada na rocha e com a frente toda em vidro. Tinha apenas três poltronas de mármore, uma mesa de cristal entre elas e junto a uma das paredes estavam outras duas mesas de madeira, compridas e cheias do que pareciam ser aparelhos eletrônicos. Do lado oposto tinha um imenso busto de um deus. "Marduk, quem sabe?" – Pensou.

Daniel olhou a mesa onde o cristal refletia as cores do que o rodeava. Era só pegar nele e desaparecer. Num segundo estaria no Centro. Porém, com tantos avisos do perigo que corria teria de atuar com calma, cuidado e destreza. Ficou pairando no ar, enquanto o pensamento se prendeu a uma só coisa, espalhando terror por todo o seu corpo: e se esses homens conseguissem destruir o cristal? E se eles tivessem mais poder do que ele? O medo não o deixava raciocinar. "É só estender a mão e desaparecer. É só estender a mão e desaparecer." Essas palavras repetiam-se, mas Daniel parecia estar paralisado, enquanto sentia uma grande ansiedade, a qual anulava-lhe a razão, apagando a memória de tudo o que já tinha conseguido. Finalmente, Daniel estendeu a mão, mas o medo e a insegurança eram muito mais fortes do que a vontade. Assim mesmo, agarrou no cristal que parecia não ter peso. Porém, quando pensou no Centro, em vez de se sentir transportado através de uma dimensão sem tempo ou matéria, caiu, estatelando-se no chão junto ao vidro que o separava do resto do mundo, perdendo a invisibilidade.

44

Hillerød, Dinamarca

Richard Morgan, foi recebido por um membro da família dos Duques Slesvig no precioso palácio de Frederiksborg, onde também se encontra o Museu da História Nacional da Dinamarca.

— Finalmente conseguimos matá-lo.

— E a que custo! Morreram mais de 400 militares... Mas enfim, foi para o bem da causa. Agora quero que procurem o Ank. Ele é indestrutível, portanto, se não o encontrarem, significa que Daniel Salinas ainda está vivo. Quer saber uma coisa? Continuo tendo dúvidas. – Disse Ragnar, olhando a paisagem pela janela sobranceira. Numa fração de segundo, a água imaculada e plácida que cercava e refletia o magnífico palácio, pareceu-lhe um presságio anunciando grandes tormentas.

— Já tenho uma equipe no local a quem pessoalmente dei ordens para que o procurem.

O anfitrião serviu-se de um gin tônico, fez sinal a Richard para fazer o mesmo e sentou-se num sofá perto de uma janela. O céu estava esverdeado, com tons amarelos e violeta. Era uma nuvem que os observadores interpretavam como sendo um fenômeno magnético, idêntico à Aurora Boreal, mas os cientistas sabiam que era muito mais do que isso. Enquanto lentamente se alastrava por toda a estratosfera, abraçando a Terra, muitos se perguntavam se seria esse abraço bem-vindo? Ou seria apenas bem-vindo para alguns? O planeta estava entrando no cinturão de fótons, onde ficaria por muitos anos. Seria essa nuvem relacionada com esse fenômeno? Ou seria provocada pelo próprio ser humano, como os chemtrails ou nuvens químicas que os governos diziam ter a finalidade de prever furacões, medir ventos e estudar a melhor maneira de em um futuro próximo manipular o tempo? Mas seria essa nuvem resultado da pulverização feita por aviões militares que impregnam o ar com produtos químicos, alguns proibidos; alumínio, plástico e até células humanas, glóbulos brancos e vermelhos? Ou seria ainda resultado das tenebrosas experiências feitas pelo projeto Haarp no Alaska, embora a China, a Rússia e a Índia também tenham a mesma tecnologia, a qual dizem que tem por finalidade estudar o tempo e evitar furacões e tornados. Todavia, a realidade poderia ser outra, como manipular o tempo, provocar chuvas torrenciais noutros países para enfraquece-los e até mesmo provocar grandes tremores de terra. Esse mecanismo cujos elementos principais incluem instrumentos de alta potência, modulação e frequência serve para estimular a ionosfera. Como alguém disse, uma harpa que os anjos não tocam... Porém Richard, o duque e seus pares, viam nessas obras da mais alta tecnologia, exemplos do seu poder, autoridade e domínio não só sobre os povos, mas também sobre as forças da natureza. A proliferação da desinformação cobria com eficiência todas as suas tramas. Elaborados métodos desinformando as massas dissimulavam realidades proibidas.

— Os aparelhos eletrônicos não funcionam, os aviões não podem decolar, os povos estão em pânico e a nossa vida está perdendo a qualidade.

Pelo intercomunicador o assistente do secretário de Ragnar anunciou a chegada ao palácio do Chefe do Estado Maior que acompanhava uma equipe de cientistas, os mais conceituados do mundo. Entretanto, altas individualidades de vários países também chegaram, entre elas alguns membros da família Rothschild.

∞

Depois de várias horas de reunião, a Aristocracia do Propósito chegou à conclusão de que o que estava ocorrendo com a Terra não era um fenômeno passageiro, mas algo que teria um longo termo. Os primeiros sintomas tinham ocorrido cinco anos antes, e depois disso a situação só se agravou. Todos os dias haviam mais notícias sobre mortes espontâneas, curas espontâneas, falhas nos satélites e aparelhos eletrônicos, acidentes de todo o tipo, falta de eletricidade e com isso falta de água, falta de gasolina, etc. As epidemias já não eram somente as que propositadamente tinham sido provocadas para conter o aumento da população e para o enriquecimento da indústria farmacêutica, mas outras e muitas totalmente desconhecidas, devido às precárias condições de vida, principalmente nas grandes cidades. Por outro lado, muitas crianças nasciam com mais poder de assimilação e entendimento. Na puberdade muitas já tinham desenvolvido o quociente de inteligência de forma a igualar ou superar qualquer cientista. Porém, algumas também nasciam deformadas mentalmente, sem capacidade para entender o que liam, quando eram capazes de ler... Muitas não tinham capacidade para raciocinar ou memorizar. Viviam o dia a dia como crianças recém-nascidas, mas nem por isso deixavam de nascer no seio das "melhores" famílias. Parecia que a Humanidade se dividia em duas raças, como um dos cientistas presentes disse nervosamente, "O trigo e o joio", piada que muitos não acharam graça. O mais preocupante, era o fato dessas crianças nascerem por todos os cantos no mundo, aleatoriamente, o que instigava o perigo da criação de uma elite popular, mas intelectual e extremamente poderosa, que, se se unisse, poderia adquirir capacidade para modificar a estrutura milenária da cultura. Até aí só alguns, os escolhidos, eram senhores absolutos e com poder para reger a economia, a política, a religião, a filosofia e os conceitos humanos. O que fazer para destruir tão grande ameaça? Em resumo, a Terra teria de ser limpa dessa nuvem magnética, que parecia ser a causa do desmembramento da ordem.

A decisão foi tomada. Seriam enviadas várias bombas atômicas para a estratosfera, assim como para cada um dos pólos. Isso seria suficiente para que a vida voltasse à mansa tranquilidade onde a ordem poderia ser restabelecida, segundo os interesses dos que eram os verdadeiros governantes do planeta. Talvez tudo o que acontecia na Terra tivesse sido uma benção disfarçada, visto as últimas previsões mostrarem que a população diminuiria em pelo menos três bilhões, tornando mais fácil o seu controle, principalmente durante o período de reforma. Por outro lado, os sobreviventes aceitariam o genocídio como uma necessidade absoluta para a continuação da vida.

— Lembremos que a lei da desordem está ligada à lei do perfeccionismo. Na medida em que procuramos processos para que uma situação funcione e evolua, a desordem passa a ser um fator necessário e inevitável para o aperfeiçoamento da ordem. – Disse um conde da família real europeia, já que todos têm o mesmo sangue e as divisas não serem mais do que farsas. Com essas palavras ele apaziguava qualquer suspeita de culpas ou remorsos nos corações dos mais fracos.

Muitas decisões foram tomadas nesse dia. Os presentes eram vários membros dessa elite ou federação que dominava e decidia os destinos do mundo, acima de reis, chefes de estado, chefes religiosos, regimes e partidos políticos. Para eles, governar o mundo era um fantástico jogo de xadrez que os entretinha e em cujas estratégias estavam viciados. Todavia, todos tinham bem presente que acima deles havia outro poder, a Trindade, da qual nada sabiam, mas a quem deviam obediência, como seus pais e avós o tinham feito por vários séculos.

A Trindade era contatada através de sofisticadíssimos aparelhos eletrônicos, cuja energia e alcance não dependiam dos satélites comuns. Eles tinham o seu próprio equipamento, tanto na Terra como no espaço. No passado, existiram outros meios ou sistemas de comunicação, como aquilo a que chamaram a Arca da Aliança e outros aparelhos dos quais os seres humanos nunca ouviram falar. A partir do desaparecimento do rei da Terra, o contato com a Trindade sempre foi realizado através de meios de comunicação aprimorados e de extremo requinte.

No dia seguinte ao primeiro encontro no palácio de Frederiksborg, a elite do mundo tornou a reunir-se, desta vez para planejar o momento certo para o lançamento das bombas. Chegara a hora de informar a Trindade dos seus últimos planos e esperar aprovação.

A Trindade aprovou a decisão da Federação da Nova Ordem Mundial. Era uma necessidade premente, que só meios drásticos poderiam resolver. A vida, sobrevivência e poder da Trindade estavam acima de tudo. Fossem quais fossem os meios usados, mesmo destruindo uma grande parte do planeta e seus habitantes, tudo justificaria a eternização e o poder dos descendentes de Marduk. Assim, os grandes caluniadores da Verdade, a qual sempre foi transfigurada no ridículo do absurdo, ficaram tranquilos.

45

Yerevan, Armênia

Os três olhavam Daniel, tentando um esgar que ameaçava um sorriso.

— O homem mais procurado do mundo veio roubar o ninho das águias.

— Tornou a nossa tarefa bem mais prazenteira.

— O Ank não é para miseráveis insignificantes como você. Isso pertence-nos, – gritou Urartian, enquanto se baixava para pegar no Ank, preso no cinto de Daniel.

Foi a primeira vez que Urartian tocou algo mais poderoso do que ele. Depois de ser jogado através da imensa sala, bateu na parede cavada na rocha, caindo totalmente desamparado. Enquanto isso, o Ank ficou suspenso na frente de Daniel que se levantou, cheio de vigor. Nesse momento o monitor deu o sinal de que alguém queria entrar em contato. Os três homens sabiam que Daniel não deveria ouvir essa conversa, mas não havia outra alternativa. Além do mais, ele nunca sairia dali vivo. Daniel ficou onde estava, ainda pensando que o Ank o defenderia. Kamir abriu o sinal. A imagem de Richard Morgan apareceu numa pequena tela.

— A Aristocracia do Propósito, dirigentes da Federação da Nova Ordem Mundial, comunicam que o dia e a hora mais favoráveis para a operação Adoni, em que várias bombas atômicas e de hidrogênio serão detonadas na estratosfera, é o sexto dia do sexto mês, às 6:00 horas. Ou seja, no próximo dia 6 do 6 às 6. Foi também decidido que nenhum governo será notificado. Apenas serão contatados os que fazem parte dos trabalhos e os dignitários necessários a essa operação, sob a proteção da ONU e da OTAN, fieis servidores da Nova Ordem Mundial, cujas operações servirão para dissimular as nossas verdadeiras intenções.

Urartian fez sinal de aprovação aos companheiros. Depois respondeu friamente:

— Aprovado. Queremos que nos ponham ao corrente de todos os acontecimentos. Outra coisa, não admitimos informações que não sejam baseadas em provas contundentes. Daniel Salinas está vivo. Nós nos encarregaremos de destruí-lo. Podem anunciar ao resto do mundo. Matar esse herói popular será parte da estratégia para enfraquecer os povos.

Assim que a imagem desapareceu do monitor, Daniel não teve tempo de avaliar a terrível tragédia que a inconsciente ganância e sede de poder de alguns iria provocar no planeta e na Humanidade. Khaldi abriu a mão de onde saiu algo como raios laser, os quais, ao tocar no Ank, foram repelidos fazendo ricochete, queimando-o, mas ele não sentia dor. A pele rasgada e queimada também não estava tingida de sangue. Daniel sabia agora que estava lutando contra biomáquinas pensantes e semi-orgânicas. Com o cristal numa mão e agarrando o Ank com a outra, preparou-se para partir, mas nesse mesmo momento, Karmir lançou-lhe uma rede, que parecia ter materializado com um pequeno movimento da mão. Porém, com um toque do Ank, Daniel fez a rede virar e cair sobre o agressor. Urartian ficou no meio da sala olhando Daniel, pretendendo petrificá-lo com o olhar, mas o Ank repetiu o mesmo que tinha feito com a rede, voltando o feitiço contra o feiticeiro. Khaldi também já recomposto do impacto tocou Urartian com uma mão, trazendo-o de volta, enquanto que com a outra jogou um lenço de seda vermelho, que caiu em cima do Ank, tapando-o completamente. O Ank caído no chão, parecia ter perdido aquilo que simbolizava, Vida. Daniel baixou-se para o agarrar, mas Karmir pisou-lhe o braço, tentando esmagar-lhe os ossos.

Foi nesse momento que Daniel se sentiu renascer. Foi nesse momento que entendeu uma grande parte da extensão do seu poder e sentiu-se invencível, mas isso o fez subestimar o poder dos adversários. Eles não tinham tanta capacidade quanto ele para usar os seus poderes, mas eram três, e cheios de autoconfiança, porque máquinas não têm medo. Foi uma luta de titãs. O Ank jazia no chão. O cristal também caíra, não longe do Ank. Daniel paralisava um dos adversários para logo os outros dois atacarem. Atingia esses dois e o outro atacava. A invisibilidade de Daniel não funcionava inteiramente com essas três figuras, porque podiam detectar o seu magnetismo nos sensores do organismo eletrônico. Essa foi a razão porque o arqueólogo não conseguiu retirar o cristal e sair sem ser detectado.

Daniel sentiu que precisa recuperar a energia que se esvaía, como se um vampiro invisível o estivesse sugando. Esses homens lutavam com ele como se tudo aquilo apenas fosse uma premeditada brincadeira para cansá-lo e assim poderem absorver a sua energia. Eles sabiam qual era a utilidade do Ank. Dois mil anos antes quase conseguiram obtê-lo, não fosse a crueldade de Jofri, Califa da cidade subterrânea de Badr, que por ser tão impiedoso não conseguiu ludibriar os guardiões da Porta nem os servos de Onias. O Ank era o mais sofisticado gerador de energia que se poderia encontrar na superfície da Terra. Esse objeto era precioso para a longevidade dos seus sistemas bioquímicos e eletrônicos. Agora só faltava absorver toda a energia de Daniel até o último suspiro. Nesse momento o Ank ficaria inteiramente ao seu serviço.

Daniel entendeu que os três seres na sua frente já o poderiam ter morto, havia muito tempo. Eles jogavam com a morte, retirando a pouco e pouco a sua energia que iam absorvendo lentamente, até que ressequido caísse inerte, e assim poderem usar o símbolo que representava a Vida que lhes faltava. Foi esse pensamento que confirmou o que Daniel já tinha descoberto: que esses seres não eram humanos, por isso não sabiam sorrir. Seus olhos eram vidrados, sem vida. Os movimentos eram mecânicos e perfeitamente sincronizados. Tinham inteligência, mas sem um verdadeiro propósito. Apenas atuavam dentro dos parâmetros para os quais tinham sido programados. Os três eram uma só peça. Uma só mente. Obedeciam a um ritual inserido nos núcleos das suas redes plásticas e semi-orgânicas. Representavam as fantasmagorias implacáveis das crenças. Eram ventosas ávidas de criar segredos e tormentos que cada vez mais humilhassem os humanos. Eram máquinas querendo corromper a potencialidade da Vida, para se instalarem em imortalidades tão absolutas como absurdas, vendo correr rios de sangue sem qualquer rasgo de piedade. Aparentemente vivos, eram a literal representação da degradação dos deuses. Eram os monstros das lendas. Humbaba, o monstro que Gilgamesh matou. Humbaba, o terrível gigante sem idade e de metal, guardião da floresta de cedros, onde os deuses viviam, depois de lhe terem dado a tarefa de aterrorizar os seres humanos. Na realidade, tanto Humbaba como a Trindade representavam a mesma coisa. Não passavam de marionetes, robots deixados por alguma mente distorcida e abjeta, tentando eternizar o cadáver da cega ambição de um poder impotente, frente à incapacidade de se tornar imortal, assim como à adormecida, mas nem por isso menos capaz, imensa potencialidade humana. Marduk jazia algures, mas algo do que fora tinha sido vivificado numa Trindade geneticamente plastificada. Talvez as suas moléculas corressem nalguma veia de alumínio ou plástico realçando poderes superiores e outros truques que tinham como finalidade ajudá-lo a percorrer o tempo, na monotonia da mais terrível solidão. As estradas do mundo e das civilizações eram vigiadas por sofisticados androides que obedeciam a uma memória artificial, desumana e maligna, mimicando ordens aos que em seu nome tinham prazer em torturar a Humanidade. Tinha sido devido a esses pedaços de plástico, animados por elétrons de algum organismo com memórias encerradas em fios eletrônicos, que no mundo tantas morriam de fome, que muitos pais foram e continuavam sendo fuzilados, que filhos eram torturados, que mães eram humilhadas, que filhas eram violentadas, que a maior parte da população mundial continuava analfabeta e subnutrida. A Humanidade inteira era manipulada e rebaixada à condição mais abjeta e repugnante da ignorância, da idolatria e da hipocrisia, enquanto a malícia era a nuvem que pairava nas suas televisões, jornais, cinemas, Internet, casas, hospitais, farmácias, escritórios, fábricas, barcos e aviões, incentivando-os a não pensar, a não perguntar e a aprender as mais sofisticadas formas de inércia mental ou violência. Os três eram um só inseto que picava deixando marca, dor e veneno, mas que afinal não passava de inseto. Destruí-los, não era crime, mas dever. Eles eram o símbolo da autoridade que não podia ser questionada nem contestada, cristalizando uma retórica retrógrada, maliciosa e virulenta. Eles eram o vírus mais nefasto que jamais corrompera a Humanidade, principalmente porque tinham-se ocultado debaixo da máscara de deuses benfeitores e imprescindíveis, não permitindo que os seres humanos descobrissem a vulnerabilidade dos ídolos a que chamavam deuses e assim nunca saberem quem eram, de onde vieram e para onde iam.

Numa fração de tempo, Daniel conseguiu cegar e paralisar os três adversários ao mesmo tempo. Rapidamente, retirou o Ank debaixo do lenço de seda vermelho, e espetou-o na ranhura que ficava no meio do cristal. A vibração que o Ank irradiava, aos ouvidos de Daniel parecia ser uma linda sinfonia, mas aos ouvidos da Trindade, que entretanto despertara da estupefação, era um ruído insuportável, que entrava por todos os cantos, cozinhando-os por dentro. Os gestos de uns refletiam o que os outros faziam. Eram como uma imagem sobreposta, sem existência. Três corpos, um único comando. A mente não passava de um elemento eletrônico e ondas de rádio, criados há muitos anos com o fim de imortalizar um mortal com aspirações a deus. De Marduk prevalecera a sua arrogância e malícia em invólucros tão sofisticadamente concebidos, que até pareciam ser humanos. Contudo, bastava um simples olhar para que qualquer um notasse o vazio instalado no lugar da essência humana – a força vital da alma que eles não possuíam.

A luta ainda continuava. Daniel olhava-os antecipando os movimentos, cada vez menos coordenados. Um grito medonho uniu os três que, juntos segurando uma poltrona de mármore, tentavam atirá-la na direção do Ank, mas Daniel com o movimento dos olhos desviou-lhe a direção. A pesadíssima massa de mármore bateu com toda a força no vidro, que era uma das estruturas da habitação, assim como uma barreira protetora. Daniel, também usou os seus poderes, de maneira a que esse impacto fosse tão forte, a fim de destruir esse lugar medonho. Enquanto os vidros se despedaçavam, caindo pelos penhascos, alguns pedaços da nuvem magnética que cercava a Terra, entravam pela abertura desprotegida.

A gruta de pedra e cristal, abrigo do desespero de um moribundo que queria ser imortal, explodiu. Os vidros estilhaçados transformaram a habitação numa boca desventrada da montanha. A vibração do Ank e do cristal, inteiramente unidos, simbolizando o equilíbrio e a força dos princípios feminino e masculino, criou uma onda vibratória tão forte, que colidindo com o fluxo magnético, que é uma força que atrai ou repele, provocou uma contração capaz de exterminar totalmente as forças negativas que aí se tinham alojado e desenvolvido durante tantos anos.

Daniel retirou o Ank do cristal e com um em cada mão pensou em Marília. Quando chegou no Centro perto de Calcutá já não podia ouvir o tremendo ruído da montanha que ruía e que mais parecia o fim do mundo.

Os três corpos nunca seriam encontrados. Tudo o que tinha dividido e humilhado a Humanidade por tantos milhares de anos, sucumbiu, desintegrando-se por baixo dos estilhaços de um passado que tinha sobrevivido escondendo e embaciando a Verdade, enquanto alimentava as populações de raízes daninhas. Era urgente que a História fosse renovada.

46

Calcutá, Índia

Quando Daniel apareceu com o cristal, a alegria de todos manifestou-se com abraços, risos e beijos. Indira atirou-se a seus pés para beijá-los, mas Daniel levantou-a a tempo, abraçando-a com muito carinho. Estava irreconhecível, tinha-se tornado numa lindíssima mulher. Depois encaminhou-a até Marília:

— Indira passou a ser um membro da nossa família. Espero que concorde comigo.

Marília não foi apanhada de surpresa. Antes de Daniel ter partido, já tinham falado disso. Ela também abraçou a jovem mulher, enquanto esta chorava baixinho.

Acompanhado de Sanjit e Arjuna, Daniel desceu até à base das instalações das antenas. Tudo parecia estar pronto para a transmissão. Daniel pediu desculpa, mas naquele momento queria ficar sozinho. Os amigos partiram, não sem antes fazerem uma pequena vênia em respeito.

Daniel pensou em tudo o que tinha acontecido na montanha da Armênia e no perigo que se aproximava a passos largos. Faltavam apenas quatro dias para que bombas atômicas fossem lançadas no ar e na terra. O que fazer? Como evitar tamanha catástrofe? Contudo, naquele momento o que tinha a cumprir era transmitir o que o Ank tinha gravado, mas como? Contornou toda a instalação, examinando peça por peça. Na base de um dos cilindros que faziam parte do equipamento, havia uma pequena plataforma de cristal. No centro tinha uma ranhura na forma de um octógono. Daniel colocou aí o cristal que se encaixou perfeitamente. Nesse momento, toda a estrutura ficou iluminada com uma luz muito forte. Talvez Daniel pensasse que uma linda música iria preencher todos os cantos do Centro, mas não foi isso que aconteceu. O Ank e o cristal formaram uma só entidade com vida própria. Rodopiavam com tal rapidez e intensidade que pareciam estar acionando toda a energia da Terra. Em simultâneo, a luminosidade aumentava, tornando-se tão intensa que mais parecia um pequeno sol. Daniel sentiu uma tontura e teve de afastar-se para não cair. Sentia que o seu corpo era feito de cordas vibratórias, que o preenchiam com uma imensa sensação de harmonia, a qual se alastrou até à mais pequena célula da sua medula. Essa intensa vibração parecia dissolver-se nas ondas do seu próprio magnetismo, levando-o a sentir uma exaltação e um arrebatamento indescritíveis. Tudo o que sentia ia muito além de si e para não sucumbir ele teria de crescer rapidamente.

Quando chegou na sala onde estava a sua família e amigos, os quatro monitores recebiam as imagens da luz provocada pelo Ank. Parecia uma estrela brilhando intensamente, de cores líquidas e variadas, de onde irradiavam ondas vibratórias. Talvez para que todos os aparelhos ao redor do mundo se pudessem ajustar a uma recepção tão inusitada, essa imagem permaneceu intacta por longas horas.

Daniel precisava algum tempo para se ajustar ao que sentia. A sensação era que tinha mudado de corpo, ou o que tinha tido até aí rejuvenescera e era feito de outro tipo de átomos. Sentia que nada em si era denso. Nem os ossos. Era um Novo Homem...

Apesar de tanta experiência Daniel continuava o mesmo na sua humildade de estudante. Intrigado com o CPCE, perguntou a Sanjit e Arjuna, que estavam sentados lado a lado na mesa de controle, embora sem nada que pudessem fazer, além de admirar o que estava acontecendo:

— Como lhes veio a ideia de construir este centro e por onde se guiaram para construí-lo com as proporções exatas?

— Está nos manuscritos que lhe mostrei no Egito, lembra? – perguntou Nasser.

— Mas, se bem me lembro, os manuscritos falavam de um ser humano que iria descobrir os mistérios que tinham sido escondidos da Humanidade há milhares de anos. Era uma profecia. – Respondeu Daniel sem tirar os olhos dos monitores.

Sanjit levantou-se, caminhou até um canto da sala, abriu um cofre de onde retirou uma pasta. Pegou numa folha de papel, como se fosse a coisa mais preciosa do mundo e entregou-o a Anna. Depois fez um resumo da história de seus antepassados.

— Daniel, este documento é a cópia de um dos manuscritos que foram entregues a meu tetravô. Ele era um pária, sem cama onde dormir. Um dia, quando houve um horrível ciclone, refugiou-se numa caverna. Segundo a lenda, que tem passado de pais para filhos na nossa família, um ser informe, mas da nossa raça, vindo das profundezas da Terra, entregou-lhe uns manuscritos e muitas pedras preciosas, incluindo enormes diamantes e sacos cheios de ouro. Em troca ordenou-lhe que multiplicasse essa fortuna, de contrário, ele ou seus descendentes morreriam na maior miséria, infestados de insetos e doenças. Pediu-lhe também para guardar os manuscritos como algo muito sagrado, transmitindo essa obrigação a seus filhos e estes a seus netos, até que estes recebessem um sinal para iniciar a Grande Obra. Desde aí, os descendentes desse homem foram sempre filhos únicos, como Anna é minha única filha, evitando assim divisões de bens. A razão porque teríamos de aumentar essa fortuna seria para ter poder e riqueza suficientes de forma a construir o CPCE, sem interferências externas.

Anna levantou-se e no meio da sala, leu o que estava escrito na folha de papel que Sanjit lhe entregara:

"Nas areias do deserto
a Vida brilha depois da tempestade.
Oito pontas encontradas nas areias do ocidente,
são vendidas ao inimigo.
Os três filhos do rei que morreu, insepulto,
as cidades de terror invadem.
Seus súditos ameaçam o astro.
Outras gentes o preparam:
Ele, o homem, o insignificante,
capaz de tocar na luz,
enquanto o céu move a língua.
No interior da Terra,
as torres que falam são construídas.
A luz brilha.
Ele saberá o caminho,
Dele renascerá o brilho que apaga a escuridão.
O sinal é a luz da chave sob a areia movediça,
aquela que queima e que vivifica,
aquela que dorme na seda vermelha,
aquela que Vive na dinâmica do amor.
Haverá um novo céu e uma nova Terra,
se o astro não se transformar em pó".

— Onde se encontra essa caverna? – perguntou Daniel.

— No tempo do meu bisavô foi destruída por um tremor de terra. O que dela restou fica sob os jardins da minha residência. – respondeu Sanjit.

— E qual foi o sinal que receberam para iniciar a construção do centro?

— Há dez anos sonhei com o CPCE já completo. Pouco tempo depois um pobre homem apareceu no portão da propriedade. Os guardas tiveram de me comunicar, porque ele insistia em falar comigo. Maheen mandou-o entrar. Juntos recebemo-lo na cozinha, mas ele não queria comer, apenas falar comigo a sós. Finalmente, quando fechei a porta do meu escritório, sem se sentar, o pobre homem disse que era hora de começar a construção do centro e que a profecia estava prestes a ser cumprida. Deu-me um plano que teria de ser seguido à risca, juntamente com os desenhos que acompanhavam os documentos do meu antepassado. Antes de sair, virou-se para mim, olhando-me bem nos olhos, dizendo: "As peças mais difíceis de encontrar são as mais importantes. Elas irão aparecer quando forem necessárias."

Depois de uma longa pausa Maheen falou:

— Sanjit Jani e Arjuna Patil desenvolveram um sistema de comunicação e recepção de imagem e som, de maneira a funcionar sem estar sujeito à dependência das comunicações oficiais e dos satélites convencionais. Devido à abundância de fótons que envolvem a Terra, e porque as ondas de som e de imagem para serem transmitidas têm de ser dirigidas de maneira a 'pegarem carona' nos fótons de luz, desde que a energia seja uma corrente de 210v multiplicada por um milhão, a transmissão só poderá ser um sucesso. Quando, há poucos minutos, através dos monitores, vimos a luz e energia do Ank já assente no condutor de cristal, sendo de tal maneira forte que os nossos aparelhos são insuficientes para medir, deixamos de ter dúvidas se o que tínhamos construído seria útil.

∞

Finalmente a intensidade da luz nos monitores diminuiu, dando lugar a imagens que mostravam uma grande parte do que acontecera com Daniel desde que encontrara o Ank.

Na eventualidade da eletricidade voltar e de algum satélite voltar a funcionar, todos os rádios, televisões, computadores e monitores do mundo, nunca eram desligados. Então, quando a transmissão do

Centro de Pesquisa e Comunicação Espacial começou, não houve ninguém no planeta que não a visse ou ouvisse.

Todos os povos assistiram ao resumo das experiências de Daniel Salinas. Depois disso e durante algum tempo a transmissão continuou repetindo a mesma informação, com algumas variantes, que eram outros momentos também vividos por Daniel, mas não tão importantes.

Os governantes dos países diretamente sujeitos à elite que governava o mundo, que por tantos séculos tinham obedecido a ordens e benefícios da Trindade, tentaram por todos os meios interceptar a transmissão, mas todos os esforços foram em vão. A energia alternativa do Centro era eólica, mas ninguém jamais entendeu qual a energia dos aparelhos transmissores. Desde esse dia, apesar dos apagões e falhas de energia de todos os tipos, as televisões, rádios e computadores funcionavam, mas só e apenas para receberem a mensagem emitida pelo CPCE.

Durante a transmissão, na sala do CPCE, a família e amigos de Daniel olhavam as imagens dos monitores com admiração, mas acima de tudo sentiam uma crescente exaltação, que lhes enchia os olhos de lágrimas. Porém, quando ouviram as palavras de Richard Morgan informando a Trindade da data em que bombas atômicas seriam lançadas na Terra e no ar, a preocupação levou os presentes a olhar Daniel, como se ele fosse a única esperança para tamanho absurdo.

Daniel sentiu que tinha de dizer alguma coisa. Na mesa de controle havia um microfone ligado a um amplificador que por sua vez estava ligado ao transmissor que poderia ser direcionado de forma a levar o som à base do Ank através de ondas de rádio. Pegou no microfone e começou a falar. Era uma vontade que lhe vinha de algum lado de si mesmo, o qual estava muito além da mente.

— Reparem que quanto mais brilhante é a luz, melhor se vêm as sombras. Desta maneira o contraste entre o negativo e o positivo torna-se cada vez mais evidente. Apenas temos horas para nos renovar e restaurar o pensamento. Deixemos para trás as velhas tendências, conceitos e pontos de vista antiquados e decadentes. Temos poucas horas para nos alinhar e harmonizar com o fluxo da nova energia que envolve o nosso planeta. Procuremos uma nova consciência, o que traz consigo outra forma de interpretar o conhecimento recebido. As ideias pertencem a uma esfera que flutua e caminha ao encontro dos mais altos e elevados ideais. A bússola é o caminho do amor e da sabedoria, o meio é a razão e o desapego. A Humanidade anda desesperadamente em busca de soluções, coerência e paz. Neste momento está prestes a convergir para o encontro com outro infinito, que ressoa nas vibrações da luz da nova consciência. Os nossos passos pulsam ao contato com a nova estrada. Muitos irão morrer por não conseguirem vibrar no mesmo ritmo. Serão esmagados, como os peixes quando tentam mudar de camadas marítimas. Não conseguindo superar a diferença de pressão, o corpo não resiste. Porém, o controlador desse fenômeno é a mente, que pode ou não adquirir uma consciência adequada ao novo ritmo da Terra. Basta um momento de recolhimento. Temos de ser inteiramente honestos, sem apego ao passado e de coração aberto ao que está pela frente, mesmo sendo um passo no desconhecido, no vazio, para que o pulsar do corpo e da alma passe a ser diferente, dentro do ritmo das novas forças vibratórias. Só dentro dessa nova onda magnética que no corpo humano é criada pela mente, poderemos sintonizar-nos com as novas frequências e sobreviver. Pensemos honestamente. Pensemos no estado da Humanidade. Busquem o que está para lá da solução. Busquem o novo, o desconhecido. Só assim poderemos sobreviver e desencantar esta Humanidade tão sofrida. Só assim poderemos ser aceites pelos povos que nos rodeiam, dentro e fora da Terra, mas que não querem ser contaminados pela nossa ignorância e violência. Amem-se, conheçam-se, entreguem-se ao novo. Não sintam culpa, não temam castigos, nem tão pouco creiam que o vosso poder pertence a outros, sejam eles seres superiores ou deuses. O vosso poder é uma força nata e inteiramente inerente à essência humana. Usem o vosso poder para saltar no desconhecido. Chegou o momento de voar. Libertemo-nos das teias cavernosas da prisão psíquica dos dogmas que têm manipulado toda a nossa conduta, não nos deixando ser livres, para então pensarmos por nós mesmos no uso do nosso maior direito, o livre arbítrio.

Todos os que nos têm limitado, humilhado, escondido a verdade, escravizado, usado nas suas guerras e incitado à violência estão neste momento correndo para os abrigos, pensando que nada lhes poderá acontecer. Contudo, se eles não mudarem o nível de consciência, serão os primeiros a perecer. Com a sua sede de poder e ganância, aliada à teimosa vontade de manter a ignorância reinando, para que o seu poder não seja contestado, a sua matéria ficou tão densa que não poderão sobreviver à transição. Olhem para mim. Eu era um simples arqueólogo à procura de verdades. Libertem-se. Transformem-se. Sejamos o que realmente somos. Em nada nos poderemos apoiar, só em nós mesmos. É esse esforço que nos transforma, tornando a matéria e o espírito capazes de prosseguir. Somos luz. Toda a matéria é luz em diferentes níveis de pulsação, apenas temos de aumentar a nossa vibração para nos livrarmos das cadeias da mentira e isso apenas depende do pensamento. Não há impossíveis. Sejamos parte de uma Luz maior para que a Humanidade se renove. Só assim poderemos descobrir o divino que reside dentro de cada um. Só assim poderemos descobrir a verdadeira alegria de viver e a razão da vida.

47

Château de Ferrieres, França

Richard Morgan foi recebido pelo papa e outras cinquenta pessoas que tinham viajado para um dos palácios da família Rothschild. Todos os presentes olhavam estupefatos para os monitores espalhados pela sala.

— Esse imbecil destruiu a Trindade? Será possível? – gritava o Patriarca Ecumênico de Constantinopla. – Isso não passa de cinematografia. É impossível. Impossível.

— O pior, é que todos já sabem as nossas intenções, mas isso não nos vai impedir de continuar com a operação Adoni.

— Daniel Salinas não tem como interferir. Mesmo que consiga destruir uma parte da operação, não conseguirá deter-nos. A hora prevista para os aviões decolarem é simultânea e coordenada com o lançamento dos torpedos. A contagem final terá início às 5:50, hora de Greenwich.

— Teremos de nos refugiar nos abrigos no dia 5 de junho antes da meia-noite. – interrompeu Rothschild.

— Em que lugar do mundo poderemos encontrar esse criminoso? Temos de matá-lo antes do dia seis. Não quero arriscar. – sugeriu o papa de bochechas bem vermelhas de tanta afronta, onde a raiva e o ódio realçavam a sua índole.

— Poderemos tentar. Se não o conseguirmos, só nos resta esperar que morra com o impacto. Se assim não for, será fácil rastreá-lo quando os satélites voltarem a funcionar. – o Duque de Edimburgo disse isto encolhendo os ombros, sentindo dentro de si um profundo desdém, e logo adicionou:

— O senhor não esqueça que haverá um novo mundo, uma nova ordem, e com isso um único exército, um único governo e também uma única religião...

— Desde que vi esta transmissão pela primeira vez, que tenho tentado entrar em contato com a Trindade, sem qualquer resultado. Será que morreram realmente? O que vai ser de nós? – perguntou a senhora Rhodes.

— Nos primeiros meses continuaremos a usar as antigas diretrizes. Apenas o tempo necessário para nos posicionar. A Trindade quase sempre aprovava os planos que lhe submetíamos. Repararam nisso? – perguntou Henry Rockefeller.

— Na realidade fomos nós quem sempre governou o mundo. – disse a rainha de Inglaterra, de olhos brilhantes de orgulho. Ela era muito mais do que a rainha da Inglaterra; era a rainha do mundo, título que poderia ter por direito. “Quem sabe? Ocupar o lugar da Trindade?” – pensava ela, sentindo as suas joias brilharem ainda mais, enquanto refletiam uma luz negra, que só a si mesma parecia radiante.

Os Bush e alguns dos presentes foram encarregados de fornecer informações de hora em hora, dependendo das condições dos meios de comunicação, visto todos os satélites da Federação terem sido destruídos. Não havia tempo a perder para a preparação desse novo mundo com muito menos população e muito mais fácil de controlar.

Levantando a taça Pierre DuPont saudou:

— Por Marduk.

— Por Marduk. – responderam todos em coro.

48

Calcutá, Índia

Daniel não tinha a mais pequena idéia do que fazer. De um momento para o outro sentiu-se tão só como se fosse a única pessoa que restava no planeta Terra. Racionalmente sabia que tinha de agir sem demora, mas a sua intuição parecia ter-se esvaído. Voltou à base das instalações. Parou diante do Ank e estendeu a mão. Antes que o tivesse tocado, e embora o sistema continuasse funcionando, o Ank voou para os seus braços.

Daniel apareceu na sala de controle, onde todos estavam suspensos vendo nos monitores a nuvem magnética que envolvia a Terra, tornar-se cada vez maior e mais densa. O céu ficava cada vez mais escuro, como se o dia se tivesse transformado em noite.

Nasser levantou-se. Com os olhos bem perto dos de Daniel, pronunciou o inesperado, debaixo da maior arrogância que um ser humano jamais poderia conter. Os presentes ficaram atônitos e sem voz, apenas Maheen, repetia "não... não, meu filho", enquanto caminhava em círculos.

— Chegou o momento de inverter os valores. Você é um estranho. Tudo isto é e sempre será produto do esforço, da inteligência e audácia da minha família. Os heróis têm de ser sacrificados, para serem idolatrados ao ponto de se tornarem deuses. Contudo, a história é escrita por quem os mata. Pelos verdadeiros vencedores.

O que foi feito ou dito é uma realidade efêmera, a ser esquecida e jogada na noite das lendas. A história depende de quem a escreve, não de quem a faz. Os ouvidos gravam na mente a imagem do irreal, o que é muito mais forte do que a realidade constatada pelos olhos. Foi assim que os vencedores continuaram no poder, mesmo que os heróis fossem aparentemente mais poderosos. As massas são corpos inteiramente irracionais, portanto muito fáceis de controlar. Os vencedores só terão de identificar as novas doutrinas ao herói morto, usando o medo, a culpa, o castigo e o desprezo, através da opulência e da humilhação. Todas as religiões e políticas usam o medo e a culpa, por ser a maneira mais eficaz para tornar os povos fáceis de controlar. Assim, no afã da procura por perdão e embuçados na sua miserável condição, os povos serão os próprios a multiplicar por mil o poder dos opressores, enquanto seguem os rituais, dogmas e conceitos que lhes forem ditados, os quais defendem por ser a única coisa com que se identificam. Os pastores desses rebanhos assumem todo o poder, controlando a vida de todos, inclusive a vida sexual. Esse poder é meu por direito. Você será o herói mártir, eu governarei o mundo.

Sanjit não se conteve e interrompeu Nasser;

— Como ousa falar assim...

— Cale a boca. Você não é meu pai. A sua casta, com ou sem a sua riqueza não deixa de ser inferior.

Daniel bem na frente de Nasser levantou a mão. Petrificando-o.

— Não tenho tempo a perder. Maheen, o que está acontecendo?

— Não sei. Nós não participamos desse lado do meu filho, seja ele qual for.

— Eu sei.

Daniel sentia dentro de si a sinceridade, não só de Maheen, mas também de Sanjit Jani, Anna e Arjuna Patil. O que fazer com Nasser? Não podia fugir. Tinha de enfrentar e resolver esse problema. Daniel tirou-o da estupefação.

— E agora? Onde quer chegar, Nasser?

— Vamos lá fora.

∞

Daniel e Nasser foram seguidos por suas famílias e amigos, incluindo Indira. Quando saíram do abrigo o ruído do povo era ensurdecedor. Talvez um milhão de pessoas os esperavam na escuridão, tendo cada um uma vela acesa. Era um espetáculo tão lindo quanto inesperado e aterrorizante. Daniel ordenou a todos que os seguiam para voltarem ao abrigo, temia pela sua segurança. Todos obedeceram menos Sanjit, Ronaldo e Indira, mas Daniel nem deu por isso.

Nasser indicou o caminho por entre as pedras que terminava numa plataforma bem iluminada por um gerador, onde estava um homem falando à multidão. Era Rashid Tibal que gritava a todos os pulmões:

— Aqui está em pessoa o nosso messias, que veio para nos salvar, mas ele tem de provar que não é um falso messias e que na realidade foi escolhido por deus.

Os gritos da multidão eram ensurdecedores. Daniel tirou o microfone da mão de Rashid, não sem antes verificar que vários alto-falantes tinham sido colocados em pontos estratégicos. O sistema de som era alimentado pelo mesmo gerador que iluminava a plataforma.

— Não sou nenhum messias. O meu poder é inerente a todos os seres humanos. Eu mesmo tive e tenho dúvidas. Acreditem em vocês mesmos. A única coisa que sei é que os fenômenos que estão acontecendo no cosmos são reais. Não procurem a salvação em mim ou em ninguém, mas dentro de vocês. Sigam para as vossas casas e protejam as vossas famílias. Entretanto, tentaremos resolver os perigos que se avizinham.

Nasser tirou o microfone da mão de Daniel, dizendo:

— Povos de quase todos os países do mundo aqui presentes, eu sou Nasser Isa Rukh venho de uma família tão antiga como a Terra. Sou descendente dos deuses, e não admitimos que charlatões usurpem o nosso lugar. Porém, apelando a toda a minha benevolência admito que Daniel Salinas pode ser um Iluminado, mas a confirmação só virá quando ele nos provar que seu poder não vem do demônio.

A multidão acenava com as velas. Gritava Amen, Glória, aisa hi ho, evamastu, e outras saudações. Daniel sentia horror em frente ao que via. Ainda não sabia o que fazer, mas olhou para onde seria a entrada do abrigo, selando-o para que ninguém entrasse e fizesse mal a esses entes tão queridos. "O maior perigo não é uma bomba atômica, mas uma multidão mal dirigida e exaltada". Pensava Daniel, quando Nasser continuou o seu discurso.

— Quando Daniel Salinas encontrou o Ank, eu senti que ele era o Messias, Avatar ou Maitreya que todos esperávamos. Foi quando, com a ajuda de outros, mas principalmente de Rashid Tibal, iniciei esta odisseia, que hoje está tendo o seu apogeu. Anunciei a todos os povos da Terra a vinda do salvador. E eis que aqui está. Só falta a prova que nos indicará se esse poder vem do bem ou do mal.

Rashid pegou no microfone.

— Graças a Nasser Isa Rukh que estamos aqui e que podemos presenciar as provas que nos farão acreditar em Daniel Salinas, tendo a certeza que é um enviado de deus.

A multidão gritava "Nasser" "Nasser", enquanto abanava as velas de um lado para o outro. Muitos choravam de emoção. Queriam mais, queriam ver milagres, começaram então a gritar, "Daniel faz um milagre", "Daniel faz um milagre", "Chamatkaar". "Prova que és do bem". Rashid levantava os braços incitando essa imensa massa de gente a cada vez ficar mais emocionada, a pensar menos, a tornar-se mais e mais irracional e perigosa. O que aconteceria se seu herói não satisfizesse os seus desejos?

Temos vários voluntários no cimo deste monte. – Abrindo os braços, olhou para o pico, onde uma luz acendeu, mostrando vários homens, mulheres e crianças, na beira do abismo. – Quando eu contar até dez, todos eles se atirarão ali de cima. Fá-lo-ão com toda a confiança, porque sabem que Daniel Salinas sem mesmo pestanejar, os irá salvar.

A multidão gritava cada vez mais alto. Porém, Daniel tentou pegar no microfone, mas Rashid não permitiu, indo para o lado oposto da plataforma. Foi quando Daniel sem microfone falou e todos ouviram:

— Isto não é um circo. Eu não sou um mágico. Tenham consciência, pensem, raciocinem! Agora todos sabem que quem governa o mundo quer lançar várias bombas atômicas na terra e no ar. A minha prioridade é impedi-los! A minha prioridade é impedi-los e a vossa também. Vão para casa.

Nasser quis interromper o discurso de Daniel, mas o microfone ficou sem som. Foi quando ambos, Nasser e Rashid, começaram a fazer sinais para quem estava no topo do morro se atirar. Seus comparsas, espalhados por pontos estratégicos, agitavam as massas, gritando, "milagre, milagre, atirem-se"...

— Isto não é um circo, parem com isso. – gritou Daniel uma vez mais, enquanto lançava o Ank na direção do topo da montanha. O Ank circulou os que ali estavam e voltou para as mãos de Daniel. Imediatamente muitas pessoas começaram a subir o morro. Alguns já se encontravam perto do cimo. Os primeiros a chegar gritaram dizendo que os outros tinham desaparecido. Foi quando Nasser e Rashid, acompanhados pelos seus seguidores, levaram a multidão quase à loucura fazendo gestos e incitando os que estavam em cima a se atirarem morro abaixo. Daniel uma vez mais fez a sua voz ser ouvida por todos e de uma maneira perfeitamente cristalina:

— Os que se atirarem daquele morro vão morrer. Enquanto eu alimentar os vossos caprichos estou sendo tão inconsciente como vocês. Parem de depender dos outros. Parem de uma vez para sempre de depender dos outros. Deixem de ser mendigos. Saiam desse estado de constante autopiedade. É isso que vos faz serem humilhados pela soberba. É isso que vos transforma nos párias que vocês mesmos tanto humilham. Não é a casta ou o berço ou o dinheiro que vos eleva, mas o brio e a dignidade. Acreditem que têm tudo e todo o poder que veem em mim. Agora vão embora para as vossas casas ou abrigos e pensem no que vos digo.

Nesse mesmo momento, umas vinte pessoas, mulheres, homens e crianças atiraram-se do topo do morro e Daniel não mexeu um dedo. Uma criança planou e voltou para o topo, mas ninguém viu ou não quiseram ver. De resto, todos morreram. Rashid, Nasser e seus cumplices, estavam bem preparados. Aliás, esperavam que Daniel assumisse essa atitude. Tudo tinha sido muito bem planejado. Nasser atirou um lenço de seda vermelho para cima do Ank, que imediatamente agarrou com as duas mãos, sem que nada lhe acontecesse. Enquanto isso, Rashid injetava Daniel com um soporífero. Segurando a sua vítima gritou:

— Provamos que Daniel Salinas está ao serviço do mal. Com tanto poder e servindo o demônio... A única coisa a fazer é eliminá-lo antes que nos destrua. Afinal, ele é a causa do que está acontecendo no mundo e no céu. Quando ele morrer tudo voltará ao normal. Digam-me... morte ou vida para Daniel, o enviado do demônio?

— Morte, morte, morte, kabrastaan, maran... – gritou a multidão, enquanto apagava as velas.

A vigília tinha terminado, mas o espetáculo só tinha começado. Rashid e Nasser continuavam agitando a multidão com a mesma pergunta, recebendo sempre a mesma resposta, cada vez com mais veemência.

Sanjit olhou Ronaldo indicando para cortar o fio que ligava as luzes ao transformador, enquanto Indira tirava a echarpe do sari, colocando-a à volta do pescoço de Nasser e dando um nó com toda a força. Nasser deixou cair o Ank. O lenço de seda vermelha foi levado pela brisa da noite. Sanjit foi mais rápido do que o vento, e usando os fios elétricos como cordas, atou as mãos e os pés de Rashid. Em seguida fez o mesmo com Nasser ajudado por Indira e Ronaldo, que entretanto retirara a echarpe que quase o estrangulou. Daniel sentiu que algo encostado à sua coluna o reavivava. Era o Ank que tinha ficado caído no chão. Num instante deu-se conta do que tinha acontecido. A multidão ainda não se apercebera do que decorria na plataforma, porque tudo estava às escuras. A luz do cimo do morro também tinha apagado. Em segundos, Daniel levou Indira, Sanjit, Nasser e Rashid para o abrigo do Centro. Foi quando se deu conta que as três famílias tinham assistido a tudo o que acontecera pelos monitores.

— Tenho de ir. Mantenham Nasser e Rashid imobilizados. Precisam de tempo para pensar.

Daniel retirou o fio e o anel que Ronaldo lhe tinha dado em Bora Bora. Pegou na mão do amigo colocou as joias na sua palma e com as duas mãos fechou-lhe os dedos.

— Esses objetos são símbolos, como o Ank foi para mim. Eles nos lembram o tempo todo de que em cada um de nós há algo que nos excede. Eu já interiorizei tudo o que aprendi. Seria bom que você fizesse o mesmo. Somos todos iguais, o que eu consegui, meu bom irmão, você também pode desenvolver. Ronaldo abraçou o amigo e depois perguntou:

— Maheen, como toda essa gente descobriu o abrigo?

— Não sei, talvez a energia do Ank... Nasser e Rashid devem saber melhor do que eu.

— A culpa é minha. – repetia Anna chorando.

— Vou selar a entrada do abrigo. Este lugar passou a ser muito perigoso...

Quando Daniel saiu estava invisível aos olhos do mundo. Lacrou a entrada, ou seja, triplicou o número de arbustos, pedras e árvores ao seu redor, além de criar uma redoma invisível e antiaérea. Entretanto, a multidão subia o morro, na esperança de encontrar ídolos e demônios.

49

Planeta Terra

As pestes e as doenças; a falta de água, luz, higiene, assistência social e pessoal especializado em ajudar todos os que se sentiam perdidos; os crimes por falta de segurança e pela insegurança individual; o fanatismo devido à ignorância e falta de orientação; o permissivíssimo por falta de esperança; a desinformação; a falta de compaixão devido à desolação, transformavam todas as cidades, vilas e aldeias do planeta num autêntico inferno. Enquanto isso, em todas as partes do mundo, grupos de pessoas de todas as idades se reuniam, desejando paz e harmonia a todos os povos. Sentia-se no ar que aquilo que todos realmente queriam era uma vida com verdadeira qualidade e uma nova Humanidade.

Daniel pensava ainda no que fazer. Que poderes seriam capazes de abortar a operação arquitetada pelas mentes mais distorcidas que jamais viveram sobre a Terra?

No CPCE, Maheen, Marília, Teresa e Ronaldo com seus filhos ao colo, Sanjit, Arjuna, Gustavo, Eliana e Anna emergiam num lugar que ia muito além de si mesmos, enquanto visualizavam um mundo cheio de sabedoria, amor e paz. Nasser e Indira tinham outro tipo de pensamentos e objetivos. Indira pensava que o momento presente era primordial e se Daniel tinha razão em tudo o que dizia, ela também tinha poder, o qual poderia ser posto em prática. Faltava-lhe, porém, a necessária direção para acionar a vontade. Nasser, por sua vez, meditava nas palavras de Daniel e em tudo o que Agartha lhe tinha dito. Sendo assim, sem dúvida que ele mesmo também tinha poderes, podendo usá-los a qualquer momento. Essa certeza foi tão forte que olhando seus pulsos e tornozelos viu as cordas desfazerem-se em pó. O poder que sentia não tinha limite, e a sua vontade era grande e abrasadora. Tinha de sair dali e matar Daniel. Toda a glória tinha de ser sua e só sua. Quando os outros olharam para o canto onde Nasser tinha estado amarrado, apenas viram o seu vulto subir no ar e desaparecer. Indira intuiu o que ia na alma do filho de Maheen. Isso lhe deu um propósito, uma razão, um objetivo. Numa fração de segundo, sentira todo o ódio e inveja que abrasavam o coração de Nasser. Era uma emoção que encarquilhava a alma, mas também a impulsionava a agir. Daniel estava em perigo, ela teria de protegê-lo. Indira pensou em Daniel com toda a força do arrebatamento que ia no seu ser e imediatamente estava junto de quem mais admirava. Nasser só os encontraria horas mais tarde. O amor é uma estrada lisa e luminosa, o ódio e a ambição são caminhos negros e carregados de fantasmas.

∞

Daniel estava algures numa montanha, no meio do nada, longe de cidades e povoados. Era ele e a Terra. Qual o caminho a seguir? O que fazer? Tinha vontade, conhecia o perigo, sabia quem era o inimigo, mas isso não era suficiente para obliterar uma catástrofe de tal envergadura.

Algo em cima de uma pedra chamou a sua atenção. Era um pau de canela mascado. “Seria possível? Nasser estava perto?” Intuitivamente revestiu-se de invisibilidade e deslocou-se para outro lugar no meio de outra cadeia de montanhas. Preocupado, abraçou o Ank, mas a cada segundo que passava sentia-se mais e mais só. Era uma solidão atroz. Intolerável. No momento em que as lágrimas corriam sentiu uma brisa perfumada de orquídeas mesmo a seu lado, bem junto...

— Indira, o que faz aqui?

Indira ainda não o podia ver direito, mas sentia a vibração do único ser humano que admirou e amou. A pouco e pouco os olhos ajustaram-se e ela disse a única coisa que lhe podia dizer:

— Vim avisar que Nasser está no seu rastro.

— Como? Como?

— Ele entendeu que todos temos o poder de sermos o que quisermos.

— Então se você também entendeu o mesmo, fique invisível. Se ele a vir, saberá imediatamente que está comigo.

— Não consigo.

— Na realidade você não fica invisível. Apenas não permite que os outros a vejam.

— Bloqueei todo o mundo, exceto você. – disse Indira já invisível aos olhos de quem olhasse na sua direção.

— Fiz o mesmo. Só você me pode ver.

Foi nesse momento que ambos se deram conta que nenhum entendia a língua do outro e que o entendimento entre eles tinha ido além de telepatia, incluía sentimentos profundos...

∞

Daniel sentiu uma vontade irresistível de se lavar. Ele não sabia em que lugar do mundo se encontrava, mas ali ainda era dia e o céu continuava imaculado, sem ter sido tocado pela língua da nuvem magnética que rodeava o resto do planeta. Com um prazer tão imenso capaz de fazer vibrar todos os cantos do corpo e da alma, banhou-se num lago alimentado por uma cascata cristalina, enquanto os pássaros enchiam o ar com o último chilrear do dia. As flores pareciam ter mais brilho naquela tarde amena e pacífica, como se o resto do mundo vivesse em paz. Daniel desejava que a vida continuasse vibrando naquela nota, daquela maneira tão harmoniosa. O mundo não podia acabar e a Humanidade tinha de sobreviver, mas naquele momento tudo o que sentia era uma premente vontade de purificar-se e regenerar as energias. Por alguns minutos a necessidade em abster-se de pensar nos males do mundo ultrapassou qualquer rasgo de razão.

Indira entrou na água e fez o mesmo, sentiu o mesmo, desejou o mesmo. Ele olhou esse corpo que tanto tinha sofrido; sido humilhado, magoado e desprezado pela pior ralé, agora transformado num raio de luz, exalando perfumes de flores desconhecidas. Pensou em Marília. No amor que sentia por ambas, confundindo as características de cada, onde uma era passiva e a outra ativa. Inebriado pelo momento presente, que mais parecia um tempo encantado caminhando fora do tempo real, num espaço irreal que desesperadamente queria transformar a loucura que assolava o mundo na delícia do sonho, desejou amar como nunca. Amar sem restrição. Voar até o mais alto grau do amor, e se fosse preciso transbordar ou estourar amando... era tudo o que queria e precisava para continuar. Num último lampejo à imagem de Marília, abraçou Indira. Beijou-a suavemente, com muito carinho, com muito cuidado. Ela correspondia, aumentando o ritmo, o toque, o desejo. Ele esqueceu o perigo, e, repleto de uma loucura desconhecida, absorveu tudo o que ela tinha para lhe dar. Queria que ela o engolisse, que o amasse da mesma maneira e que ambos conseguissem abster-se de pensar. Ela era outro lago e outra cascata, algures num tempo prestes a terminar. Ela era o fim daquele mundo obsoleto e usurpador. Ela era também o novo princípio de uma liberdade ainda difícil de prever e adivinhar. Ele bebia a água que corria e resvalava de todas as fontes dessa mulher, desse verdadeiro símbolo da Vida. Ela era o gineceu que urgentemente pedia para ser fecundado com amor e assim cobrir de flores a sepultura de tanta mulher que tinha passado pela vida sem conhecer um momento como esse. Ela era o sol pedindo para não ser apagado, refletindo-se em todas as mulheres do presente e do passado vítimas da maior infâmia. Para ela, ele era muito mais do que o herói. Daniel representava o novo Homem, aquele que há muito tempo ela e todas as mulheres que espelhava, retratava e refletia, tinham desejado encontrar para serem os pais de outro tipo de gerações. Ela entregou-se plena, nua de pensamentos ou vícios, desguarnecida de artifícios, porque confiava inteiramente que esse homem jamais a iria prender, macular e usar. Ela sempre sonhara com alguém que sem esforço, nem vergonha, nem culpa, destemidamente a olhasse nos olhos de igual para igual, desejando que ela fosse uma parte da sua alma, das suas entranhas, dos seus ideais. Daniel ia além de todas as expectativas e ela não tinha razão nem poder que a inibissem de o amar. O primeiro amor, o derradeiro, o único? Isso não importava. O importante é que ela tinha subido a outro patamar, conhecido outra esfera do sentir, desenvolvido outra parte latente de si mesma. E ele? Teria conseguido entender a razão porque estava naquele lugar? Todas as emoções e situações porque tinha passado, tinham-no desligado dos sentimentos mais profundos de que tanto necessitava para continuar. Aquele lago, aquela cascata, aquela mulher, eram vasos repletos da essência da energia humana onde ele se afogava renovando-se para viver mais um dia. A única nota que vibrava dentro de cada um era também a única que irradiavam. Não havia medo, culpa ou ressentimento. O desejo redobrou enquanto o amor, em toda a sua glória, vivificava esses corpos e almas que se fundiam para se tornarem individualmente mais sublimes.

∞

Daniel vendo o seu reflexo nos olhos negros e transparentes de Indira desejava parar o tempo, mas os minutos passavam galopando. De mão dada escalaram os rochedos, parando no cimo do promontório de onde caía a cascata. Ambos estavam nus, refletindo a intensidade, a simplicidade e a beleza de algum futuro muito mais concreto do que o sonho.

Daniel perscrutou o horizonte com aquele olhar que multiplicava a sua visão por mil. Um vulto aproximava-se rapidamente. Um condor pousado no cimo de um penhasco recebeu o comando para ir buscar as roupas e o Ank, que ambos tinham colocado na beira do lago. Tudo aconteceu muito rapidamente. Com o Ank na mão e Indira a seu lado, Daniel olhou o condor, dando-lhe outra ordem. Antes que Nasser pousasse em cima do mesmo rochedo onde ambos se encontravam, mas que ele não podia ver, o condor atirou-se contra ele, desequilibrando a sua concentração. Nasser caiu no lago, dando tempo a Daniel e Indira para desaparecerem daquele lugar inesquecível.

50

Operação Adoni

Os mísseis estavam prestes a serem lançados. Todas as salas de controle, de que essa operação dependia, estavam repletas de homens e mulheres que ingenuamente acreditavam estar salvando o mundo de uma catástrofe, a nuvem magnética que cobria a Terra. O terror e o medo eram emoções tão fortes e desenvolvidas de tal maneira que lhes tiravam todo o poder analítico, de raciocínio e humano. O próprio instinto de sobrevivência tinha sido atrofiado. Eles sentiam-se os anjos escolhidos pelos deuses. Intocáveis, inatingíveis, superpoderosos. Eles eram as hostes do Senhor dos Exércitos, aclamado por 4.000 anos de demência; a era mais terrível da História humana.

Daniel entrou invisível no abrigo onde estava Richard Morgan acompanhado de Paul Carnegie e várias individualidades. A pessoa designada para dar a última ordem para o lançamento dos instrumentos de destruição era Richard, não o mais poderoso, mas o mais cruel e ambicioso da Federação que queria implantar uma nova ordem na Terra. Estavam tão cegos e desesperados por terem sido descobertos na sua cega ambição, que nem em uma fração de segundo deram-se conta que nada escaparia à sua louca e desvairada busca por poder. O painel na frente de Paul Carnegie, era alimentado por um gerador. As comunicações eram feitas através de ondas de rádio, visto todos os satélites estarem danificados. Daniel colocou o Ank no meio da sala, suspenso no ar e criando à volta de ambos um campo magnético que os protegeria de qualquer tentativa para neutralizá-los. Até aí ninguém se tinha dado conta da sua presença.

Quando Nasser entrou na sala de controle, Daniel logo sentiu a maligna vibração. Olhando na direção do Ank, Nasser ficou visível. Todos os presentes levantaram-se pegando imediatamente nos respectivos revólveres, mas Nasser gritou:

— Eu estou aqui para vos proteger. Daniel Salinas está invisível, tentando abortar o vosso projeto.

Todos atiraram em todas as direções, contudo Daniel já tinha conseguido reverter um pouco da operação Adoni. Indira entrou no momento em que Daniel estendia a mão na direção do Ank, que imediatamente voltou ao cinto do seu amo. Ambos conseguiram desaparecer sem serem alvejados.

Daniel pediu a Indira para voltar ao CPCE, mas ela recusou-se dizendo que também tinha uma missão a cumprir.

— Proceda como se eu não existisse. A minha missão também é muito importante.

Daniel sabia que com Nasser no seu encalço era impossível neutralizar todas as ogivas e reverter as operações. Foi quando se lembrou do que o povo do planeta Shelo, da estrela Alfa, da constelação de Daara, lhe tinha dito. “Quando os humanos desejam a nossa ajuda estamos prontos para assistí-los”. Também lembrou as palavras de Agartha e o perigo que o seu povo corria com as ações humanas. Os povos do Vril e os Jinni também estavam em perigo, afinal todos eram seres terrestres. Invocou os nomes de todos, Waliat, Kunaia, Ninan, Ramol, Lamo, Isha, Kryta, Rhyma e Octaro, além de todos os outros que tinha conhecido nessas viagens a mundos desconhecidos. Não invocou o nome do Avatar Zamuel nem da Grande Rainha Agartha.

Octaro foi o primeiro a aparecer, como se nunca o tivesse deixado e sempre tivesse estado a seu lado encoberto pela invisibilidade. Rhyma apareceu logo em seguida. Com o enorme dedo apontador, tocou-lhe no queixo.

— Daniel, tens mais uma razão para destruir o plano dos homens. – e sorrindo de uma forma meio doce meio maquiavélica, apontou para o filho que carregava nas costas.

Repulsa foi o primeiro impulso, mas logo em seguida Daniel olhou com curiosidade esse pequeno ser que era como ele e como Rhyma, embora também fosse diferente de ambos. Ele representaria o retorno e o futuro. A nova vida. Sim, ela tinha razão, tinha de lutar por esse novo mundo sem segredos nem mistérios, nem que para isso tivesse de morrer.

Kryta e Ninan aproximaram-se de Daniel. Ninan fez uma pequena vênia a Kryta, concedendo-lhe a palavra.

— Daniel, os povos unem-se apoiando a tua vontade. Tu não és um messias, nem é disso que o mundo necessita. Tu és O Unificador. É importante que saibas que a nuvem ao redor da Terra é realmente magnética, mas por si só não provocaria a escuridão que nos cobre. O magnetismo intensificou devido aos naturais e periódicos fenômenos cósmicos. Com suas forças de atração e repulsão sobre outros materiais com o ferro, o níquel e o cobalto, está também sendo um ímã, atraindo o eletromagnetismo dos pensamentos e desejos dos seres humanos por estes se terem tornado tão densos. As intenções e ações humanas ressoam no cosmos e como um boomerang voltam para a Terra. Para melhor visualizar esse fenômeno, poderia dizer que é como uma teia que atrai e prende as imagens e desejos gerados pelo pensamento da Humanidade. O que terá de ser feito é desanuviar essa terrível força provocada pela ambição, ódio e desprezo pela vida. Se nos livrarmos dessa nuvem, que seja para todo o sempre. Estamos a teu lado Daniel, ajudando-te a estimular e intensificar pensamentos profundamente harmoniosos e sumamente cristalinos. A grande mudança só poderá vir desta união, mas ela não poderia ter acontecido se não fosse a tua intrínseca vontade. O mundo inteiro não pode mudar um homem se ele não o aceitar e desejar, mas um só ser humano pode mudar o mundo. Esta jornada extraordinária leva a uma radical mudança no DNA de todos os habitantes deste planeta. As novas energias vindas do centro da Galáxia disparam a velocidade dos átomos através do efeito dos raios cósmicos que continuamente nos atravessam. Este novo campo de energia cria uma nova cadeia de acontecimentos os quais têm por objetivo a magnética sintonia da Vida. A mudança aconteceria contigo ou sem ti, Daniel. Porém, você ajudou a que um grande número de seres inteligentes tomasse a consciência necessária e a vontade indispensável, para sobreviver a esta grande transformação.

∞

Eram 5:23, hora de Greenwich. O céu estava todo coberto pela nuvem magnética que escurecia a Terra. Abaixo dela milhares de luzes anunciavam os visitantes de outros mundos e outras esferas. Daniel ordenou aos Jinni que informassem o povo do Vril com as coordenadas exatas da locação das ogivas a serem lançadas. Os Jinni sabiam tudo o que se passava acima e abaixo da superfície terrestre, além de serem os seres mais rápidos que vogavam pelo interior da Terra. O povo do Vril tinha meios para em segundos, enviar as informações necessárias ao povo do planeta Shelo da estrela Alfa da constelação de Daara, que abertamente sobrevoava a Terra a baixa altitude enquanto esperava instruções.

Quando o povo do Vril enviou as coordenadas para o povo do planeta Shelo, eram 5:55 horas. Milhares de naves cobriam o céu, formando lindos rendilhados com o símbolo do infinito, ∞. De cada junção saía um raio de luz multicor que, direcionado a vários pontos do planeta, anulava em segundos todas as operações. Tudo o que usasse qualquer tipo de gerador ou de energia parou. As centrais nucleares e as ogivas prontas a serem detonadas também foram desativadas. Porém, o perigo continuava espreitando. Haviam outras formas manuais de detonar acidentalmente ou propositadamente explosivos que poderiam provocar enormes catástrofes.

O mundo estava dividido entre as forças do ódio e do amor. Uns tentavam salvar o planeta e a Humanidade, outros queriam por todos os meios destruir uma grande parte dela, sem se importar com as consequências. A irracionalidade superava a coerência.

O plano B dos Aristocratas do Propósito eram aviões, estacionados perto dos locais a serem atingidos, que mesmo pilotados manualmente, tinham capacidade para lançar várias bombas. A única maneira de os deter ia além de os impedir de voar, porque o plano C seria detonar as bombas manualmente no lugar onde se encontrassem. Uma dirty bomb já tinha explodido numa central nuclear da Califórnia, matando mais de um milhão de pessoas. Essa tragédia não podia ser repetida.

Daniel sabia quais eram as entrelinhas de todos os planos da Federação. Numa fração de tempo entendeu tudo o que ainda poderia acontecer. Nem o seu próprio poder, nem o Ank, nem os povos do Vril, do planeta Shelo ou os Jinni o podiam ajudar. Daniel fechou os olhos e invocou os nomes de Agartha e do Avatar Zamuel.

Nesse instante os Povos do Vril, Jinni, do Reino de Shambala e outros que Daniel desconhecia, apareceram em vários pontos das superfície da Terra. Cada membro desses povos tinha na mão uma vara luminosa ou um cristal incandescente de luz fria. Todos apontavam na direção da onda magnética e Daniel levantou o Ank na mesma direção. Depois falou e as palavras surgiram do ponto mais profundo da sua alma, refletindo o que afinal todos queriam.

— Que todas as bombas e material bélico desapareçam da Terra para sempre. Que as forças positivas da natureza reinem e a Humanidade conheça a felicidade.

Nesse momento saiu da Terra uma passarela de luz na direção de outra que parecia vir do cosmos ou de outra dimensão. Uma era dourada, salpicada de vários tons de verde e lilás. A outra azul, rosa e prateada. No ponto onde ambas se uniram dois Seres imensos e aparentemente feitos de luz estenderam os braços na direção da estratosfera, onde imperceptivelmente poderia adivinhar-se a luz do sol para lá da onda magnética. Essas figuras representavam a união sagrada da essência humana e divina, assim como dos princípios feminino e masculino, dos quais o Ank era o símbolo. Ao redor do planeta todos os monitores recebiam as imagens do que estava acontecendo. A Terra, esse imenso organismo vivo, irradiava luz, como se de um momento para o outro a sua aura tivesse ficado visível aos olhos de todos.

Nesse momento de deslumbramento seria quase impossível pensar. Porém, o perigo continuava. Nasser tinha levado algum tempo para recompor-se. O imenso ódio nascido da inveja e a grande ambição por poder, tinham sido o freio que o incapacitara de encontrar o alvo do seu rancor com facilidade, mas por outro lado, Daniel esquecera de ficar atento.

Nasser era a essência do que os seres humanos por milhares de anos tinham chamado força do mal e que personificaram na figura de Satanás. Porém, a realidade é bem diferente. O mal é o resultado de uma mente incapaz de usar a razão consciente, permitindo que a razão sem consciência e as emoções fiquem ao serviço do instinto. O mal é a força produzida por um ser sem capacidade para admirar ou sentir a essência do Belo e do Bem, que nos seus objetivos universais transcendem todos os medos e ambições, sublimando o sentir e a consciência.

Enquanto as bombas, símbolos da humana hipocrisia rotulada de necessidade pacífica, eram transpostas para algum lugar no espaço onde poderiam explodir sem interferir na harmonia dos astros, os povos da superfície e do interior da Terra iam tomando outra consciência. Tudo acontecia em segundos. A nuvem magnética desaparecia, desintegrando-se, na medida em que as consciências se transformavam e as mais densas morriam. O novo ainda era imprevisível, mas nem por isso menos desejado, o que mostrava que o medo se esfumava do coração humano. O horror da violência, do medo, da ganância, da humilhação, da ignorância, da miséria e do vulgar, dava lugar ao Belo, porque o amor e a beleza não se permitem conter vestígios de qualquer uma dessas manifestações. A Terra cantava glórias através do vento que se fazia sentir na carícia que ondulava os mares, os rios, as plantas e as nuvens brancas que como por milagre apareceram acenando num céu azul.

Porém, ainda haviam cantos sujos na casa terrestre. Nasser, continuava vivo, como se algo ou alguém quisesse dar-lhe outra chance. Todavia, ele continuava sendo a personificação do irracional, de tal forma, que não foi abalado pelo que viu acontecer na sua frente. A cegueira provocada pelo ódio invertia todos os valores, na demente procura por um poder primitivo, mas não menos destrutivo. Ele personificava a arbitrária e lúgubre noção de castas. A impropriedade da razão. A hipocrisia do fanatismo. A ardilosa mentira que tinha tornado a verdade numa moribunda cheia de chagas, aparentemente desprezível. Ele era a teimosia do desejo de poder que beatificava a ignorância, preferindo a ficção à verdade. Só que, aquilo que tinha sido ficção por quatro mil anos, foi desmascarado, não passando de uma farsa ridícula e sem sentido, envernizada por leis que apenas protegiam os antiéticos, revestidos pelas máscaras do cinismo a que chamavam moral. Na sua cegueira e desejo de matar Daniel, Nasser não via que tudo o que acontecera ia além de noções de moralidade ou de qualquer poder material ou terrestre, porque a Verdade não tem moral e o poder é um fardo.

Daniel, extasiado pelo que via, irradiando sentimentos puros e nobres e descobrindo outros que lhe eram desconhecidos, esqueceu de se proteger. Desatento à aproximação de Nasser, permitiu que este lançasse a chama do ódio pelos olhos e pelas mãos, que o fulminariam em décimos de segundo. Contudo, Indira estava bem atenta. Quando ela viu Nasser posicionar-se de maneira a investir sem hesitação ou desequilíbrio, colocou-se entre os dois homens. Num último gesto, que não lhe vinha do desespero, mas do amor ao bom e que se espelhava num ideal maior do que ela, oferecia-se num sacrifício que a sua alma sabia ser inevitável. Nesse ideal ela via um futuro onde jamais alguma mulher seria sujeita às infâmias que ela tinha sofrido. Indira levantou a mão de onde saíram os raios que destruiriam o maior inimigo do único homem que a tinha amado, não importava por quanto tempo. No entanto, o seu gesto chegou um pouco tarde, os raios do ódio tinham sido mais rápidos do que os da defesa e do amor. Ambos morreram e com Nasser o mal desapareceu. A Vida estava agora no limiar de uma nova História, de uma nova cultura, de outra raça.

O planeta ficou no mais perfeito silêncio. As aves tinham parado de cantar, as águas pararam de borbulhar, o sofrimento parado de lamentar, o crente parado de rezar, o vento de uivar, a criança de chorar. Agartha e o Avatar Zamuel desapareceram dentro de um eixo de luz que unia, envolvia e alinhava as três esferas essenciais, do ser humano e da Terra. Tanto do interior do planeta, como do cerne de todos os humanoides – de dentro, de fora e de cima, passando pela superfície da Terra e pela superfície do corpo, até à ionosfera, assim como à parte mais extrema do campo bioelétrico a que também chamam energia vital ou aura, os campos magnéticos alinhavam-se. As três esferas da terra e do corpo humano estavam finalmente sincronizadas. Nesse mesmo instante, o sistema solar entrou em conjunção com o centro da Via Láctea. Entre a Terra e o ponto negro ao redor do qual a galáxia flutua, não havia qualquer obstrução. A harmonia era total.

∞

Os céus recolheram as passarelas já sem mistérios, e nas profundezas da Terra reinava a harmonia que ajudava os mutantes a transformarem as suas deformidades e filosofias numa verdadeira ânsia de paz e justiça. Era o momento sagrado da passagem de uma consciência primitiva para outra mais elevada. De uma raça para a seguinte. As moléculas banhadas pela intensíssima chuva de fótons que atravessavam o planeta e que as aceleravam, rejubilavam desde os ossos aos neurônios, tornando a matéria cada vez menos densa, mais leve e mais rápida. O pensamento, dos que sobreviveram à grande passagem, também ficou menos pesado e livre dos grilhões que não os tinham deixado voar.

Daniel olhou ao seu redor, todos estavam imóveis, apenas sentindo as vibrações da passagem para outro céu que não era mais do que outro estado de consciência. Com o corpo de Indira nos braços, não chorou, nem lembrou. Ela também era parte da história de um passado que não podia ser repetido, nem na lembrança. O presente chamava à reconstrução. Finalmente, as cinzas dos insepultos adubaram a nova Terra, enquanto bilhões e bilhões de fantasmas puderam descansar depois de terem vivido milhares de anos sem saber quem eram.

EPÍLOGO

As três mulheres, Marília, Maheen e Anna, atravessavam o deserto. Marília dirigia como que deslizando na terra inóspita. Aproximavam-se rapidamente do lago El-Mufid, no Deserto Branco a oeste do rio Nilo. O que as rodeava parecia um cenário conhecido. Antes de passar uma certa duna lembraram as formações do deserto tal como era há pouco menos de dois mil anos.

No crepúsculo, quando as primeiras estrelas deram o sinal de que a Terra não estava só na imensidão do Universo, uma delas parecia aproximar-se cada vez mais. As três amigas sabiam que não era nenhuma estrela cadente ou meteoro. A luz intensificava, aproximando-se sem pressa e tornando-se cada vez maior. A nave ficou pairando por alguns minutos acima do veículo para em seguida voar, estacionando a alguns metros de distância. Parecia um ovo rodeado por uma nuvem circular. Uma força prazerosa impeliu as três mulheres a aproximarem-se sem medo. A passarela de luz azul indicou uma escada. No topo, um pequeno e gracioso homem, de imensos olhos negros acolheu-as, convidando-as a entrar.

Anna e Maheen sorriam como que encantadas por chegar a casa e rever a família. Marília foi recebida com muito carinho e muitos sorrisos. Alguns dias se passaram até que Kunaia as acompanhou à entrada da nave e, com uma vara, abriu um buraco profundo. Marília pensou que a vara era o símbolo da iniciação, na qual os homens tinham substituído as espadas. As guardiãs do símbolo da vida, lanterneiras da Humanidade, deixaram deslizar a caixa feita de uma só ametista, até às mais recônditas entranhas do planeta. Nela repousava o instrumento que servira para despertar Vida na mente humana, de forma a entender o seu próprio poder. A chave não tinha mais o que abrir, todos os mistérios tinham sido revelados. O símbolo da vida podia dormir. A verdadeira Vida tinha voltado à Terra.

RENOVA GRAF
www.renovagraf.com.br